TUIJIN GUANGXI GONGYE LÜSE GAOZHILIANG FAZHAN
YAOSU ZHICHENG JI LUJING YANJIU

推进广西工业绿色高质量发展
要素支撑及路径研究

陈禹静　著

广西人民出版社

图书在版编目（CIP）数据

推进广西工业绿色高质量发展要素支撑及路径研究 / 陈禹静
著 . — 南宁：广西人民出版社，2022.9
ISBN 978-7-219-11449-0

Ⅰ . ①推… Ⅱ . ①陈… Ⅲ . ①工业经济—绿色经济—经
济发展—研究—广西 Ⅳ . ① F427.67

中国版本图书馆 CIP 数据核字（2022）第 178438 号

策划编辑 严 颖
责任编辑 吴语诗 徐蓉晖 廖 献 蓝雅琳
责任校对 周娜娜
封面设计 李丽莎莎 王程媛

出版发行 广西人民出版社
社 址 广西南宁市桂春路 6 号
邮 编 530021
印 刷 广西桂川民族印刷有限公司
开 本 787mm×1092mm 1 / 16
印 张 17
字 数 324 千字
版 次 2022 年 9 月 第 1 版
印 次 2022 年 9 月 第 1 次印刷
书 号 ISBN 978-7-219-11449-0
定 价 50.00 元

前　言

工业是区域经济增长的动力源泉，是区域技术创新及其扩散所引致的新供给的增长源泉。改革开放以来，工业的高歌猛进，一方面推动中国经济社会快速发展，创造了巨大的经济红利，另一方面与此相伴的是人与自然的矛盾日益加剧，生态环境日趋恶化。工业粗放式发展所造成的资源环境问题给可持续发展蒙上了严重的阴影。这引起了人们对传统发展模式的反思。如何摆脱这种经济增长以环境破坏为代价的魔咒？

2005年，时任浙江省委书记的习近平，在安吉县天荒坪镇余村考察时，首次明确提出"绿水青山就是金山银山"的理念（简称为"两山"理念），这是习近平总书记对于人与自然关系，经济发展同生态保护关系生动而深刻的论述。2015年，习近平总书记主持召开的中共中央政治局会议通过《中共中央　国务院关于加快推进生态文明建设的意见》，正式将"坚持绿水青山就是金山银山"写进中央文件；此后习近平总书记在党的十九大报告中，进一步深刻阐述了"两山"理念的丰富内涵和深远意义。"两山"理念成为习近平生态文明思想重要组成部分，为新时代推进生态文明建设、实现人与自然和谐共生提供了根本遵循。"两山"理念强调在发展过程中要正确处理好发展和生态保护的关系，强调发展和生态环境保护是须臾不能松劲的两件大事。

长期以来，广西加快转变发展方式，狠抓工业提质增效，工业总体呈现从量的厚积到质的飞跃、从结构的优化到效益的提升。工业内部结构逐步完善，重工业比重逐年上升，实现了由轻工业带动向重工业拉动的转变；糖、铝、机械、冶金等传统产业在"二次创业"中加快转型升级，新兴产业实现从萌芽拔节到发展壮大的蜕变，现代工业产业体系日趋完善，形成食品、汽车、冶金、石化、机械、建材、电力、有色金属、造纸与木材加工、电子信息等10个千亿元产业，其中电子信息等7个产业超两千亿元，食品产业突破四千亿元。但是，广西工业对自然资源要素依赖程度高，产品技术含量和附加值不高，大部分产业被低端锁定局面没有根本改变，工业高投入、高能耗、低效益、低产出的发展特征明显。2020年，广西六大高能耗产业①产值占比近40%，消耗近九成的煤炭能源和近八成的用电量，工业能源消费占消费总量的66%，工业二氧化硫排放占排放总量的86%，工业烟（粉）尘排放占排放总量的85%。广西工业迫切需要加快绿色转型。

2021年4月，习近平总书记视察广西时强调，广西"要在推动边疆民族地区高质量发展上闯出新路子……在推动绿色发展上迈出新步伐……"，此前2017年4月习近平总书记视察广西时就特别强调，"广西生态优势金不换"。两次视察广西的重要讲话指示精神都蕴含着广西要走绿色高质量发展之路，让良好生态环境成为人民生活质量的增长点、成为展现美丽形象的发力点的内涵要求。中共广西壮族自治区第十二届委员会第三次会议审议通过《中共广西壮族自治区委员会关于厚植生态环境优势　推动绿色发展迈出新步伐的决定》强调，绿色是生态文明建设的底色，绿色发展是高质量发展的必要要求。未来广西要融入国内国际双循环新发展格局和解决我国社会主要矛盾都离不开工业发展。在"两山"理念指引下，广西要推进工业发展，必须转变工业发展传统模式，依托绿色技术创新驱动工业绿色高质量发展，重塑工业竞争新优势，走出一条既能发展经济，又能保护资源环境的绿色高质量发展之路。

本书在认真梳理"两山"理念提出的背景、理论基础、科学内涵的基础上，对工业绿色高质量发展内涵及发展支撑要素做了论述，并提出了广西推动工业绿色高质量发展的重点领域和支撑要素优化路径。广西应牢牢把握高质量发展的要求，推动工业绿色发展，将自然生态优势转化为经济社会优势，从而走出一条人与自然和谐共生的新时代中国特色社会主义壮美广西的可持续发展之路。

---

① 六大高耗能产业分别是石油加工、炼焦及核燃料加工业，化学原料及化学制品制造业，非金属矿物制品业，黑色金属冶炼及压延加工业，有色金属冶炼及压延加工业，电力及热力的生产和供应业。

目 录
CONTENTS

第一章

『两山』理念与工业绿色高质量发展

党的十八大以来，中国一直在以"绿水青山就是金山银山"理念（简称"两山"理念）为核心的习近平生态文明思想指引下，大力推动经济实现高质量发展，并用实践证明"两山"理念是人类共通的生态文明建设思想。"两山"理念立足我国国情，把握未来趋势，从根本上更新了人类对于资源环境的传统认知，深刻揭示了生态保护与经济发展之间的辩证统一关系，是以习近平同志为核心的党中央对生态文明建设的科学总结，集中体现了"以人为本"的发展理念。"两山"理念是推动绿色发展之各项实践行动的理论支撑和指导原则，是推动工业绿色高质量发展的实践遵循。

第一节　"两山"理念概述

一、"两山"理念提出背景

随着中国经济发展高歌猛进，经济生态链紧密相承，在我们获得巨大经济红利的同时，与我们息息相关的生态环境日趋恶化。寻求经济绿色发展、平衡经济增长和环境保护之间的关系引起了国家和社会的高度重视。2005年，时任浙江省委书记的习近平，在安吉县天荒坪镇余村考察时，首次明确提出"两山"理念，这是习近平总书记对于人与自然关系、经济发展同生态保护关系生动而深刻的论述。分析"两山"理念提出的时代背景，有助于我们更好地理解"两山"理念的基础和内涵。

（一）西方国家对环境污染的反思和治理

工业革命，为世界创造了巨大的财富。但工业文明带来繁荣的同时，也加剧了人与自然的矛盾。全球生态环境日趋恶化，异常气候导致的自然危机日益频繁，资源和能源供应日趋紧张。在传统的经济发展模式下，社会经济的发展是以大量占有、利用自然资源，继而破坏、牺牲自然环境为代价，导致了经济发展、自然资源和生态环境的不可持续。这也引起了人们对传统发展模式的反思。面对工业革命以来全球面临的严重生态危机，各个国家、组织相继作出回应[①]。美国政府决心"把可持续发展的美国带入21世纪"，大力推行绿色农业和生态农业；欧盟加大对环保研究和环保技术、环保产业的投入力度；日本政府制定和实施以"21世纪新地球"为主题的绿化地球百年行动计划等。发展中国家也加入全球绿色行动中，"亚洲四小龙"之一的韩国于2008年8月正式提出"低碳绿色增长"模式，并将其作为国家发展战略之一；巴西政府重视绿色能源研究，在生物燃料技术方面居于世界领先地位；前印度总理辛格承诺到2050年前人均温室气体排放量不会超过发达国家，致力于发展低碳经济，创造未来"绿色经济"大国。由此，全球"绿色革命"风起云涌，绿色消费、绿色制造、绿色产业应运而生，"绿色现代化"成为全球发展趋势[②]。

（二）改革开放后我国经济高速发展对环境的影响

改革开放以来，我国以经济建设为中心，大力发展经济，各省区市的地区生产总值保持高速增长，给人民生活带来了深刻变化，在人民群众幸福指数总体提升的同时，也在某些方面出现问题。由于我国采用过度依赖自然资源的传统粗放型发展模式，而不是依靠技术进步和科技创新来提高生产效率，资源能源投入量和投资规模过大，我国面临严峻的资源短缺和环境污染形势[③]。改善生态环境已经成为广大人民群众的热切期盼。近几年来，我国相继制定和出台了各种产业结构调整政策、措施或手段，并已初见成效。但是环境问题在几十年间呈叠加式、集中性爆发，生态环境问题治理难度大，治理方法复杂，改善经济发展与环境保护相矛盾的状况必须花大力气。探索经济发展与生态环境的辩证关系，"两山"理念把战略思路和行动方案统一起来，加强理论指引[④]，增加相关举措，为我国经济绿色发展指明有效途径。

（三）中国特色社会主义建设进入新时代，解决社会主要矛盾的迫切需要

2017年10月，习近平总书记在党的十九大报告中明确指出："中国特色社会主

① 方文，杨勇兵.习近平绿色发展思想探析［J］.社会主义研究，2018（4）：15-23.

② 钟华."绿水青山就是金山银山"理念的解析［D］.北京：华北电力大学（北京），2020.

③ 沈满洪.习近平生态文明思想研究：从"两山"重要思想到生态文明思想体系［J］.治理研究，2018，34（2）：5-13.

④ 陈建成，赵哲，汪婧宇，等."两山理论"的本质与现实意义研究［J］.林业经济，2020，42（3）：3-13.

义进入新时代，我国社会主要矛盾已经转化为人民日益增长的美好生活需要和不平衡不充分的发展之间的矛盾。"这个社会主要矛盾，贯穿于新时代中国特色社会主义的整个过程和社会生活的各个方面，决定了我们的根本任务是集中力量为人民群众创造美好生活。社会主要矛盾中的不平衡包括很多方面，经济建设与生态文明建设的不平衡就是其中一个重要内容，这里的"不充分"包括生态产品、生态服务提供的不充分，这里的"美好生活"包括人民群众应在宜居的生态环境中生产和生活。中国特色社会主义进入新时代，我国生态文明建设也迎来了新阶段。在经济发展的同时，人们日益渴望蓝天白云、青山绿水，期盼田园风光、鸟语花香……人民对美好生活的向往就是将来的奋斗目标。习近平总书记明确指出："环境就是民生，青山就是美丽，蓝天也是幸福。"①良好的生态环境是人民群众生活的增长点，提供更多优质生态产品以满足人民日益增长的优美生态环境需要，才可以提高人民群众在经济社会发展过程中的幸福感和获得感。

二、"两山"理念基础

中国化马克思主义生态观贯穿于中国特色社会主义建设始终，发挥着不可替代的作用，事关国家永续发展，是人与自然和谐共处的必然要求。我国生态文明建设经历了一个由不成熟到比较成熟，由不完善到比较完善的过程，党中央始终坚持马克思主义，在解决我国现实生态环境问题的过程中也借鉴马克思主义生态思想，并形成了十分丰富的中国化马克思主义生态文明建设思想，依据本国国情建立了比较完整的思想体系②。

（一）马克思主义生态观

马克思主义认为人与自然相互影响，人是自然的一部分，自然又是人的对象。面对全球性生态危机，马克思将人与自然、人与人、人与社会的关系联系起来进行考察③。第一，要实现"人类和自然的和解"。马克思已经对人与自然的关系进行了论述，人类与自然的关系并不是征服与统治，一味地改造自然只会适得其反，人对自然的态度应该是敬畏与热爱，应该在认识自然规律的基础上正确发挥其主观能动性，这样才能保证人与自然长期协调发展④。第二，要实现"人类本身的和解"，也就是要正

①　中共中央文献研究室.习近平关于社会主义生态文明建设论述摘编［M］.北京：中共文献出版社，2017：8.

②　刘苗苗.习近平绿色发展思想研究［D］.南宁：广西大学，2018.

③　高炳亮.论马克思对生活内容的观照与阐述［J］.东南学术，2019（6）：72-80.

④　王芳.以政治经济学基本原理推进我国生态文明建设［C］//天津市社会科学界第十六届学术年会优秀论文集：中国特色社会主义制度和国家治理体系显著优势（中）.2020：11-19.

确认识人与人的关系，即社会关系。"人类本身的和解"意味着人与人、人与社会的和谐关系，还意味着社会各项制度的完善，在这种状态下，人类能获得更长足的发展。在马克思看来，这"两种和解"是密切相关的。人与自然的关系会影响人与人、人与社会的和谐关系，人类生产生活环境恶化，人与自然的关系达不到和谐，就难以实现人与人、人与社会的和谐。人与人、人与社会的关系不和谐，人们就不会用整体思维看待人与自然的关系，对于环境保护也缺乏自觉性，那人与自然的和谐也不可能达到。由此对于人类自身的生存和发展都会产生消极影响。马克思主义关于"两个和解"的思想①，将人与自然、人与人、人与社会的关系作出明确说明，引发了人们对于经济发展方式、生活方式的思考，是"两山"理念形成的理论基础和基本前提②。同时，"两山"理念，不仅揭示了保护自然的重要性，而且认识到实现"鱼与熊掌兼得"的可能性，"两山"理念在马克思主义生态思想基础上向前迈进了一步。

（二）中国传统生态思想

中国有深厚的尊崇自然、尊重规律、保护生态的文化传统。如儒家"天人合一""天行有常"的生态思想，认为人与自然也是相互联系的有机整体，人类的社会经济活动会对自然产生影响③。四时变化、万物生长都有其自身的规律，人们只能去掌握它、适应它，而不能违背它。道家道法自然思想，认为世界上的一切，包括人都是从"道"产生的，强调人与自然的相互融合、相互统一；道法自然的生态规律观，强调人类顺应自然、遵循自然规律行事就能达到和谐而宁静的状态。佛家"万物平等"思想，认为事物的存在与发展皆有内在的因果关系，一切事物都是相互依存、互为条件的，大自然的一草一木充满着生趣，有自己的内在价值，人类与自然、周围环境是平等的，要维护生态的平衡，必须顾及自然环境之物④，这是众生平等的生态价值观。总的来看，中国传统文化蕴含着朴素的生态思想、"尊重生命"的生命价值原则、人与自然的辩证关系的思想精华，内涵丰富、博大精深。这些都是生态文明建设思想的哲学基础。"两山"理念汲取了这些思想精华，强调了生态系统是经济系统的物质基础，经济增长必须建立在保护生态系统的基础之上⑤，甚至"宁要绿水青山，不要金山银山"，强调要按照大自然规律活动，以取之有时、用之有度的人与自然关系，走永续发展之路。

---

① 赵连君.马克思主义中国化是中国共产党百年伟业的根本经验［J］.长白学刊，2022（1）：1-8.
② 李静，于容皎.加强生态文明建设 促进生态经济发展［J］.区域治理，2019（36）：53-55.
③ 沈满洪.习近平生态文明思想的萌发与升华［J］.中国人口·资源与环境，2018，28（9）：1-7.
④ 李静.习近平"两山理论"及实践探索研究［D］.长春：东北师范大学，2020.
⑤ 苏利阳，郑红霞，王毅.中国省际工业绿色发展评估［J］.中国人口·资源与环境，2013，23（8）：116-122.

（三）西方可持续发展思想的扬弃

1987年，第八次世界环境与发展委员会会议形成了以《我们共同的未来》为题的研究报告，并经第四十二届联合国大会辩论通过，提出了可持续发展的概念——"既能满足当代人的需要，又不对后代人满足其需要的能力构成危害的发展"。1992年，联合国环境与发展大会提出了人类"可持续发展"的新战略和新观念：人类应与自然和谐一致，可持续地发展并为后代提供良好的生存发展空间，为此应变革现有的生活和消费方式，建立人与自然和谐统一、人类之间和平共处的"全球伙伴关系"[①]。可见，可持续发展的核心在于，能够在维持自然生态环境安全的基础上，促进经济和社会的发展。可持续发展理论产生于环境恶化、生态退化等全球性生态危机背景下，形成了一系列基于"自然—经济—社会"复杂系统发展理论。可持续发展思想以经济可持续发展为基础，以生态的可持续发展为条件，以社会的可持续发展为目标，以资源有效利用和良好生态环境为标志。其中，经济发展是人类社会赖以存在和发展的物质前提，也是人类文明得以延续、生态问题得以改善的物质保证。但是可持续发展并不是单纯追求经济的增长，而是在经济决策中要将环境影响、生态保护等因素都考虑进去，在保护生态环境的基础上通过适当的技术手段和政府调控实现生态的可持续发展。由于强调人的发展与自然的发展的一致性、经济的发展与社会的发展的一致性、经济的繁荣与资源的永续利用的一致性等基本理论，可持续发展理论逐步成为国际共识[②]。再从《2030年可持续发展议程》来看，该议程是联合国各成员共同倡议和制定的新的全球可持续发展目标，它提出了一个共同的愿景，要让所有人享有人权，实现性别平等；为实现这一愿景，提出了兼顾经济、社会和环境等可持续发展的三个方面的17个目标和169个具体指标，这些目标和指标涵盖了涉及可持续发展的各方面。我们看到可持续发展开始关注以人的全面发展为最终目标的社会可持续发展，着眼于改善和提高人民生活质量，大力发展民生事业、加快提升人口质量、努力消除贫困、促进社会公平，最终构建起一个能够满足人类生存和发展需要的社会环境，实现社会的可持续发展。"两山"理念的形成和发展，充分借鉴和发展了可持续发展理论的重要思想。

（四）中国特色社会主义道路中生态文明建设的实践探索和理论发展

在中国特色社会主义道路的实践探索中，中国坚持马克思主义生态观和发展观，结合中国经济社会与资源环境实际，顺应时代发展需要，对中国特色社会主义生态文明建设进行了实践和探索。第一阶段，生态文明建设的早期探索时期。新中

---

①　李静，于容皎.加强生态文明建设　促进生态经济发展［J］.区域治理，2019（36）：53–55.
②　李静.习近平"两山理论"及实践探索研究［D］.长春：东北师范大学，2020.

国成立伊始，面对落后的国内经济社会和复杂的自然生态状况，基于对马克思主义生态观的基本认识，中国开始了生态文明建设的初步探索。以毛泽东为核心的党的第一代中央领导集体充分认识到人与的自然关系中自然的客观性和优先性，对我国林业、水利、人口等生态方面问题做过多次调查研究，依据调查结果形成了相关指导性文件，旨在减少环境污染，加强生态环境保护。例如，基于对森林生态系统的认识，提出"森林是十分宝贵的资源"，并提出走群众路线，依靠人民群众做好绿化工作；面对薄弱的水利基础条件，提出"水利是农业的命脉。我们也应予以极大的注意"①。"一定要把淮河治好"，并指出"要把黄河的事情办好"。通过兴修水利为农业提供动力，也为防治洪涝灾害起到巨大的作用。1960年提出"增产节约""要使祖国的河山全部绿化起来"②的口号。第二阶段，生态文明建设的探索发展时期。改革开放以后，以邓小平为核心的党的第二代中央领导集体和以江泽民为核心的党的第三代中央领导集体将工作重心转移到经济建设的同时，深化了对人口、资源和环境协调发展的认识。例如，党的十一届三中全会后，在党中央的重视下，先后制定、颁布、实施了森林法、草原法、水法等，对保护、利用、开发以及管理资源环境提供了强有力的法律保障，促进了生态环境的保护③，同时，倡导全民植树造林。党的十四届五中全会上江泽民首次明确提出了"在现代化建设中，必须把实现可持续发展作为一个重大战略"，把可持续发展作为我国新时期的一项方针政策。在党的十六大报告中，江泽民指出要促进"可持续发展能力不断增强，生态环境得到改善，资源利用效率显著提高"④。第三阶段，生态文明建设全面发展时期。进入21世纪以后，快速城镇化、工业化与有限的资源供给和环境容量之间的矛盾日益凸显，党中央开始把注意力转向促进各领域实现全面协调可持续发展上来，提出科学发展观和生态文明建设两大重要成果。其中，科学发展观第一要义是发展，核心是以人为本，基本要求是全面协调可持续，根本方法是统筹兼顾；提出生态文明的本质是统筹人与自然和谐发展，党的十七大首次将"生态文明"写入党的全国代表大会报告，第一次将生态文明作为一项战略任务提出来，标志着中国对人与自然和谐统一、生态文明建设的认识更加科学和深化。第四阶段，生态文明建设走向全面成熟时期。党的十八大以来，面对突出的生态环境问题，以习近平同志为核心的党中央把生态文明建设作为统筹推进"五位一体"总体布局和协调推进"四个全面"战略布局的重要内容，指出："走向生态文明新时代，建设美丽中国，是实现中华

① 毛泽东.毛泽东选集：第1卷［M］.北京：人民出版社，1991：132.

② 中共中央文献研究室，国家林业局.毛泽东论林业（新编本）［M］.北京：中央文献出版社，2003：51.

③ 李静.习近平"两山理论"及实践探索研究［D］.长春：东北师范大学，2020.

④ 江泽民.江泽民文选：第1卷［M］.北京：人民出版社，2006：532.

民族伟大复兴的中国梦的重要内容。"提出"保护生态环境就是保护生产力，改善生态环境就是发展生产力""绿水青山就是金山银山"①，深刻揭示了经济发展与环境保护的辩证关系。习近平生态文明思想提出了生态文明建设的原则、任务和组织保障，系统阐述了新时代生态文明政治观、发展观、群众观、历史观和世界观，标志着我国生态文明建设全面融入全方位、各领域，从全面发展走向全面成熟的新时代。综上所述，随着生产力和生产关系的发展，理论不断充实和丰富，形成了一脉相承的生态思想。共产党人不断汲取前人成果、着力推动生态文明建设，最终形成了内涵丰富、指向明确的"两山"理念，作为指导我国新时代推进生态文明建设的核心理论之一。

三、"两山"理念的科学内涵

对自然资源的利用和获取是人类生存和发展的一项实践活动，而对于自然资源的获取和利用的方式方法则显现出人类对于自然以及人与自然关系的态度。经济与生态密切相关②。首先，自然界是人们经济活动的场所，而经济系统是人类生态系统的一个子系统，经济系统不可能独立存在，经济系统的发展受到生态系统的制约③；其次，经济发展依赖于自然环境，反过来又会影响生态系统的变化。可以说，二者相互影响，相互制约。在生产力迅速发展的今天，生态环境保护工作越来越受到人们的重视，在人类经济发展规模与生态承载力状况产生矛盾的情况下，自然生态系统受到严重破坏。因此，人类作为经济发展与环境保护之间的中介，必须充分发挥主观能动性和创造性④，正确认识二者之间的关系。采取相关措施实现二者的良性互动。"两山"理念以一种通俗的形式表达了生态环境保护与经济发展之间的辩证关系，具有丰富的内涵。

（一）"两山"理念的绿色发展观

"两山"理念的核心思想在于实现经济发展与生态环境保护互动双赢，实现经济社会的绿色发展。"两山"理念倡导绿色发展思想，其基本要求是"既要绿水青山，又要金山银山"。也就是既要保护好生态环境，又要发展好经济，在保护好生态环境的基础上发展经济。这是对传统发展实践的一种反思，传统发展实践简单地

①　熊秋良.认识中国共产党领导中国式现代化道路的三个维度［J］.求索，2020（1）.
②　卢国琪."两山"理论的本质：什么是绿色发展，怎样实现绿色发展［J］.观察与思考，2017（10）：80-87.
③　黄晋鸿.牢牢把握新一轮工业革命的机遇：学习习近平总书记关于新工业革命的重要论述［J］.红旗文稿，2018（20）：23-25.
④　叶战备.网络安全和信息化工作的引领思想：习近平总书记关于网信事业发展的重要论述及特色［J］.学习论坛，2019（2）：5-12.

用绿水青山去换金山银山，只要金山银山不要绿水青山，造成环境污染严重、资源约束趋紧、生态系统退化等一系列严重问题[①]。"两山"理念倡导绿色发展的基本原则是"宁要绿水青山，不要金山银山"。这实质是对传统发展实践中出现的"宁要金山银山不要绿水青山"错误思想的有力批判，是对这种思想所导致的破坏生态环境不良现象的坚决抵制。"两山"理念倡导绿色发展思想最高境界是"绿水青山就是金山银山"。在实践中要求我们善于把生态优势转化为经济优势，利用先进绿色技术，推动产业绿色发展。

（二）"两山"理念的绿色财富观

自然资源和自然价值是一切财富的源泉。如果没有了自然资源和自然生态系统，人类社会的一切财富都将枯竭。人们在追求金钱、创造财富的过程中必须保护好自然资源和自然价值作为财富源泉的属性，即"金山银山"也必须是绿色的。当出现生态环境保护和物质财富创造二者发生矛盾的时候，要坚持生态优先的原则，切实做到保护和优化生态环境放在首位，从实际出发，因地制宜，找准保护生态环境和发展经济的结合点与切入点，结合当地实际有选择性地发展绿色工业、绿色农业、绿色服务业等，从而把绿水青山转化为金山银山。[②]

（三）"两山"理念的绿色幸福观

"两山"理念包含的绿色幸福观就是要努力使人民群众既能享有丰富的物质文化产品，又能享有良好的生态环境和生态产品。增进人民福祉必然要求"既要绿水青山，又要金山银山"。"既要绿水青山"就是不断满足人民群众对优质的生态环境以及优质生态环境关联的生态产品的需求；"又要金山银山"就是不断满足人民群众对丰富多彩的物质文化生活的需求。百姓富和生态美的有机统一就是人民的福祉。简言之，良好的生态环境有利于提升老百姓的幸福感，从而更好地激发人民群众投身经济建设的积极性，实现经济发展与生态环境保护的良性循环。

第二节　"两山"理念对工业的实践指向——工业绿色高质量发展

综观人类的发展，尤其是工业革命以来，是人与自然相互作用和依赖的演变过程。伟大的工业革命，为世界创造了巨大的财富。但工业文明带来繁荣的同时，也加剧了人与自然的矛盾，全球生态环境日益恶化，异常气候导致的自然危机日益频

① 汤景泰，林如鹏.论习近平新时代网络强国思想［J］.新闻与传播研究，2018，25（1）：5-20，126.
② 王建国.河南践行"两山论"推动绿色发展研究［M］.北京：中国经济出版社，2019.

繁，资源和能源供应日趋紧张。在传统发展模式下，社会经济的发展以大量占有、利用自然资源，继而以破坏、牺牲自然环境为代价，导致了经济发展、自然资源和生态环境的不可持续。这引起了人们对传统发展模式的反思。

一、工业绿色高质量发展内涵

围绕"两山"理念发展绿色工业经济是大势所趋。理解并践行"两山"理念，推动工业绿色高质量发展的内涵是实现绿色发展的基本前提，是激发践行"两山"理念推动工业绿色高质量发展的动力系统的核心支撑[①]。

（一）工业绿色发展内涵

工业绿色发展是绿色发展在工业领域的延伸和具体化。在工业化推进过程中要推动绿色发展，必须切实践行"两山"理念。面对日益严峻的生态环境问题，既不能为了"绿水青山"，退回"靠天吃饭"的农业文明，因为这不能满足人民群众日益增长的美好生活需要；也不能停留在工业文明，为了"金山银山"而忍受生态环境遭到破坏，必须走一条新的工业绿色发展道路。从"两山"理念角度出发，工业绿色发展就是实现"工业绿色化"和"绿色产业化"。所谓工业绿色化，就是要改善由于工业发展而造成的生态环境问题，以资源集约利用和环境友好为导向，在工业发展的同时保护环境，修复生态，保障生态环境应有的功能，以达到工业发展和生态优良二者的有机统一。所谓绿色产业化，就是把绿水青山的优质生态优势转化为经济优势，为人民群众提供优质的绿色产品和绿色服务，增进人民群众的福祉。

工业绿色发展主要包括工业生产的绿色化（绿色生产）、产品的绿色化（绿色产品）和绿色产业化。具体而言，一是绿色生产，即工业生产的绿色化。在促进工业规模持续扩张，创造更多的福利、就业机会和产品的同时，将节约资源能源和减少环境影响的理论纳入整个工业价值链的各个环节，通过调整和优化产业结构，开发利用新能源和替代资源，创新技术、政策和管理，尽可能地减少工业发展对资源的依赖和对环境的影响。二是绿色产品，即终端产品的绿色化。工业部门需要通过促进产品生态设计、推动技术创新和商业模式创新，提供更多的绿色产品，使产品的能效不断提高、环境影响不断降低，同时产品结构中节能环保型产品的比重不断提高。三是绿色产业，即绿色产业化。这主要通过自主创新和技术进步、健全激励与约束机制，发展和壮大那些能够有助于减少负面环境影响，提供环境友好产品、服务和设备的产业，使得绿色新兴产业发展对经济增长、就业创造的贡献不断提高。

① 孙明雨.中国工业高质量发展评价与时空特征研究［D］.兰州：西北师范大学，2021.

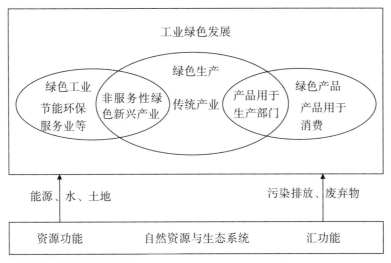

图1-1 工业绿色发展的内涵框架①

因此，工业绿色发展的内涵可以表述为，在促进工业经济持续较快增长、创造更多福利和就业机会以及提供更多、更好的工业产品和服务，满足人们日益增长需求的同时，通过绿色化工艺系统和生产过程、生产绿色低碳产品、发展绿色新兴产业，控制工业能源资源消耗规模和降低增长速度，削减主要工业污染物排放量，降低工业发展所带来的资源和环境风险，从而协调工业发展与资源环境容量供给有限性之间的矛盾。工业绿色发展是一种绿色低碳、资源节约、环境友好的工业发展模式。

（二）工业高质量发展内涵

党的十九大报告明确提出"我国经济已由高速增长阶段转向高质量发展阶段"。2017年，中央经济工作会议作出一个重大判断，即由"高速增长"转向"高质量发展"是我国经济发展进入新时代的基本特征，并正式定调推动"高质量发展"是当前和今后一个时期确定发展思路、制定经济政策，实施宏观调控的根本要求。"高质量发展"代替"高速增长"成为今后中国经济新的与根本性的发展目标。高质量发展着重强调的是以新发展理念推动各个方面实现高质量。新发展理念是一个有机整体，创新、协调、绿色、开放和共享五个发展理念是相互促进、相互加强的协同关系。高质量发展即创新成为第一动力、协调成为内生特点、绿色成为普遍形态、开放成为必由之路、共享成为根本目的。

在我国经济发展由"高速增长"转向"高质量发展"的时代背景下，工业发展的内涵也随之发生变化，大致梳理习近平总书记关于新时期推进工业发展的相关讲话，可以总结出新时期工业高质量发展的新内涵。

---

① 图片来源：苏利阳，郑红霞，王毅.中国省际工业绿色发展评估［J］.中国人口·资源与环境，2013，23（8）：116-122.

表1-1　习近平总书记关于新时期推进工业发展的讲话

关键点	内容	出处
工业发展需要注重品牌，拥有自己核心竞争力。	工业是我们的立国之本，要大力发扬自力更生精神，研发生产我们自己的品牌产品，形成我们自己的核心竞争力，推动国家繁荣富强，工人阶级要把这个历史责任承担起来。	2013年7月21日，在武汉调研时讲话。
工业化、信息化、城镇化、农业现代化是"并联式"同步发展。	我国现代化同西方发达国家有很大不同。西方发达国家是一个"串联式"的发展过程，工业化、城镇化、农业现代化、信息化顺序发展，发展到目前水平用了二百多年时间。我们要后来居上，把"失去的二百年"找回来，决定了我国发展必然是一个"并联式"的过程，工业化、信息化、城镇化、农业现代化是叠加发展的。	2013年9月30日，在十八届中央政治局第九次集体学习时的讲话。
处理好工业化、城镇化和农业现代化关系。	要处理好工业化、城镇化和农业现代化的关系。工业化、城镇化需要土地，农业现代化要保证土地数量和质量。现在的问题是，在一些地方工业化、城镇化压倒了农业现代化，打败了农业现代化。	2013年12月12日，在中央城镇化工作会议上的讲话。
工业化带动中西部发展成为重要增长极。	这类地区要积极推进新型工业化，加强基础设施建设和环境保护，壮大城市综合实力，提高产业和人口集聚能力，成为带动中西部和东北地区发展的重要增长极，推动国土空间均衡开发。	2013年12月12日，在中央城镇化工作会议上的讲话。
新一轮科技革命和产业革命给工业化发展带来新机遇。	信息技术、生物技术、新能源技术、新材料技术等交叉融合正在引发新一轮科技革命和产业革命。这将给人类社会发展带来新的机遇。	2014年6月3日，在国际工程科技大会上的讲话。
产业化创新是推进新型工业化的重要方面。	一是要推进新型工业化、信息化、城镇化、农业现代化同步发展，逐步增强战略性新型产业和服务的支撑作用，着力推动传统产业向中高端迈进，通过发挥市场机制作用、更多依靠产业化创新来培育和形成新增长点。	2014年12月1日，在中共中央召开的党外人士座谈会上的讲话。
推进新型工业化，要增强战略性新兴产业和服务业的支撑作用，推动传统产业向中高端迈进。	要切实把经济工作的着力点放到转方式调结构上来，推进新型工业化、信息化、城镇化、农业现代化同步发展，逐步增强战略性新兴产业和服务业的支撑作用，着力推动传统产业向中高端迈进。	2014年12月9日，在中央经济工作会议上的讲话。
新型工业化是新的增长点之一。	新的增长点在哪儿呢？就在我们身边，就在党的十八大提出的新型工业化、信息化、城镇化、农业现代化之中。	2014年12月9日，在中央经济工作会议上的讲话。

续表

关键点	内容	出处
创新驱动是新型工业化的核心。	中国梦具体到工业战线就是加快推进新型工业化。把制造业搞上去，创新驱动发展是核心。	2015年7月17日，在同吉林省企业职工座谈时的讲话。
新技术改造传统产业潜力巨大。	新一轮科技和产业革命正在创造历史性机遇，催生互联网+、分享经济、3D打印、智能制造等新理论、新业态，其中蕴含着巨大商机，正在创造巨大需求，用新技术改造传统产业的潜力也是巨大的。	2015年11月15日，在二十国集团领导人第十次峰会第一阶段上的讲话。
做好信息化和工业化深度融合。	可以做好信息化和工业化深度融合这篇大文章，发展智能制造，带动更多人创新创业。	2016年4月19日，在网络安全和信息化工作座谈会上的讲话。
人类正在经历信息革命，带来生产力质的飞跃。	从社会发展史看，人类经历了农业革命、工业革命，正在经历信息革命。农业革命增强了人类生存能力，使人类从采食捕猎走向栽种畜养，从野蛮时代走向文明社会。工业革命拓展了人类体力，以机器取代了人力，以大规模工厂化生产取代了个体工场手工生产。而信息革命则增强了人类脑力，带来生产力又一次质的飞跃，对国际政治、经济、文化、社会、生态、军事等领域发展产生了深刻影响。	2016年4月19日，在网络安全和信息化工作座谈会上的讲话。
数字时代引发工业发展变革。	与以往历次工业革命相比，第四次工业革命是以指数级而非线性速度展开。	2017年1月17日，在世界经济论坛2017年年会开幕式上的主旨演讲。
重视数字经济和工业融合发展。	要在数字经济和新工业革命领域加强合作，共同打造新技术、新产业、新模式、新产品。	2017年7月7日，在二十国集团领导人汉堡峰会上关于世界经济形势的讲话。
创新促增长，加快新旧动能转换。	要把握新工业革命的机遇，以创新促增长、促转型，积极投身智能制造、互联网+、数字经济、共享经济等带来的创新发展浪潮，努力领风气之先，加快新旧动能转换。	2017年9月3日，在厦门召开的金砖国家工商论坛上的讲话。
促进创新链和产业链精准对接，加快科技成果转化。	要加大应用基础研究力度，以推动重大科技项目为抓手，打通"最后一公里"，拆除阻碍产业化的"篱笆墙"，疏通应用基础研究和产业化连接的快车道，促进创新链和产业链精准对接，加快科研成果从样品到产品再到商品的转化，把科技成果充分应用到现代化事业中去。	2018年5月28日中国科学院第十九次院士大会、中国工程院第十四次院士大会上的讲话。

续表

关键点	内容	出处
促进工业化合作是国际合作的重点。	我们将共同建设金砖国家新工业革命伙伴关系，加强宏观经济政策协调，促进创新和工业化合作，联手加快经济新旧动能转换和转型升级。	2018年7月25日，在约翰内斯堡举行金砖国家工商论坛上的讲话。
同合作伙伴建立新工业革命伙伴关系。	如今，我们正在经历一场更大范围、更深层次的科技革命和产业变革。大数据、人工智能等前沿技术不断取得突破，新技术、新业态、新产业层出不穷。	2018年7月26日，在南非召开的金砖国家领导人会晤大范围会议上的讲话。
运用数字化、网络化、智能化推动"三新经济"发展。	我们要顺应第四次工业革命发展趋势，共同把握数字化、网络化、智能化发展机遇，共同探索新技术、新业态、新模式，探寻新的增长动能和发展路径，建设数字丝绸之路、创新丝绸之路。	2019年4月26日，在第二届"一带一路"国际合作高峰论坛开幕式的讲话。
工业高质量发展是国际合作的关键点。	我们应该把握改革创新的时代机遇，深入推进金砖国家新工业革命伙伴关系，在贸易和投资、数字经济、互联互通等领域不断打造合作成果，助力五国经济发展，努力实现高质量发展。	2019年11月14日，在金砖国家领导人巴西利亚会晤公开会议上的讲话。
数字经济是推动新兴工业化的重要力量。	当前，全球新一轮科技革命和产业变革深入推进，信息技术日新月异。5G与工业互联网的融合将加速数字中国、智慧社会建设，加速中国新型工业化进程，为中国经济发展注入新动能，为疫情阴霾笼罩下的世界经济创造新的发展机遇。	2020年11月20日，致2020中国5G+工业互联网大会的贺信。
加大绿色发展、工业化领域合作。	加大发展资源投入，重点推进减贫、粮食安全、抗疫和疫苗、发展筹资、气候变化和绿色发展、工业化、数字经济、互联互通等领域合作，加快落实联合国2030年可持续发展议程，构建全球发展命运共同体。	2021年9月21日，在第七十六届联合国大会一般性辩论上的讲话。

　　根据上述习近平总书记关于新时期推进工业发展的重要论述来看，新时期工业发展正处于新一轮科技和工业革命带来的历史性机遇中，创新驱动是新时期推进工业高质量发展的核心，以创新促增长、促转型，加快新旧动能转换，增强战略性新兴产业和服务业的支撑作用，运用新技术推动传统产业向中高端迈进，研发生产自己品牌的产品，增强自身核心竞争力，从而增强区域经济实力。通过上述分析，作者归纳总结新时期工业高质量发展的内涵包括以下五个方面。一是高端化。新时期推进工业高质量发展，关键在于创新驱动，目的是提高供给体系质量。当前我国科技创新能力与高质量发展水平和人民对美好生活的需求还不适应，特别是一些关键核心技术的"卡脖子"问题依然存在。只有牢牢把握科技革命带来的机遇，站上科技创新的制高点，才能更好赢得发展的主动权和话语权，才能为推进工业化提供战

略支撑。二是网络化。"互联网+""大数据+""人工智能+",以平台思维重建需求、研发、营销、渠道、激励等不同的在网组织形态,形成不同功能的行业互联网、企业互联网及各类大数据中心,加速政府、企业、研发机构、用户及各类介体的协同治理,形成平台化、协同化、生态化的工业创新治理体系。三是信息化。近年来国家支持两化(信息化和工业化)融合发展,随着很多新兴信息技术的产生和应用,各种信息要素渗透在工业发展的各个环节,是推动工业高质量发展的重要科技助力,也是优化工业系统管理水平的重要手段。工业信息化水平提高能促进工业运行效率提升,降低工业企业成本,优化工业结构,促进绿色发展,增强创新能力,进而促进工业高质量发展。四是协同化。习近平总书记指出,我国的工业化、信息化、城镇化、农业化是叠加发展的。所以,新时期工业高质量发展必须不断探索"四化"同步发展路径。目标是解决人民群众日益增长的美好生活需要和不平衡不充分发展的矛盾。要求建设优势彰显、协调联动的新型区域关系,建设工农互促、融合发展的新型城乡关系,为推进工业高质量发展提供良好环境[①]。

(三)工业绿色高质量发展内涵

如前所述,工业绿色发展侧重通过绿色化工艺系统和生产过程,生产绿色低碳产品,发展绿色新兴产业,为人民群众提供优质生态环境和生态产品等。工业高质量发展则侧重解决工业发展的驱动力、发展的标准和尺度、发展的目的和发展的途径等问题。因此,工业绿色高质量发展是工业绿色发展和工业高质量发展的并集,工业绿色高质量发展包含了工业绿色发展和工业高质量发展的所有部分,即同时满足两者的全部内涵。所有包含在工业绿色高质量发展内的部分都必须从绿色发展的视角去考虑。

一是注重绿色技术为核心的创新驱动。新时期推进工业绿色高质量发展,关键在于绿色技术领域的创新驱动,目的是提高绿色产品供给体系质量。绿色技术是当今乃至未来科技创新的主要方向。绿色技术创新投入的多少决定绿色创新能力的高低,绿色技术创新的产出不但能带来经济效益还能带来环境效益。二是注重提升工业结构绿色比重。工业绿色高质量发展是工业结构朝绿色产业占比不断提升优化的发展。绿色工业结构的目标能够协调优化各类绿色资源配置,淘汰落后的生产企业,提升绿色产业效率,降低资源消耗,减少污染,推动工业绿色高质量发展。工业结构优化也提高了技术密集型产业的比例,有效地促进了工业创新能力提高,进而带动经济发展,提高社会效益[②]。三是注重绿色发展促进工业高质量发展。党的

① 走好新时代的新型工业化之路 [N].人民日报,2017-12-16.
② 林兆木.关于我国经济高质量发展的几点认识 [J].冶金企业文化,2018(1):26-28.

十九大报告指出，加快生态文明体制改革，建设美丽中国。工业发展与生态环境的矛盾并不是要不要发展工业的问题，而是如何发展工业的问题。以可持续发展理论为指导，绿色发展是缓解资源约束矛盾的根本出路，是实现工业高质量发展的前提。我们需要做的是走出一条区别于传统工业化模式的新型工业化道路，降低单位工业增加值能耗，减少污染物排放，提高技术制造业和服务业比重，实现工业的绿色低碳发展。四是注重深化绿色工业领域开放合作。开放是推进工业绿色高质量发展的重要内容。坚持引进来与走出去相结合的双向开放，利用好国际国内两个市场、两种资源，从绿色的角度就是吸引国外资本、技术、人才向绿色产业投入；走出去是出口国内产品，从绿色的角度则是鼓励大量出口低污染、低能耗、高技术含量的绿色产品，同时引导我国工业企业扩大对外绿色产业投资，不断提升在全球价值链中的位置，树立良好的国际形象。五是注重实现共享绿色高质量发展成果。绿色发展理论为高质量发展提供了更为丰富、更广泛的理论内涵，工业绿色高质量发展要求能够创造更多绿色物质财富，更要求创造更多的以低碳绿色环保为内涵的精神财富，以满足人民日益增长的对生态环境优美所需、对优质绿色产品和绿色服务所需，增进人民群众的福祉。

二、工业绿色高质量发展的支撑要素

工业绿色高质量发展是效率变革、质量变革与动力变革的综合体现，是资源、物质资本、劳动力、技术进步、制度和市场不断优化对工业发展的影响，从系统动力学的视角看，工业绿色高质量发展不仅体现了工业绿色新兴产业的发展与集聚，也表现为资源、资本、人力、科技、制度、市场等要素的集聚配置[①]，是各种经济要素不断正向强化综合配置效率的最终成果，以资源、资本、人才、科技、制度、能源、土地、市场为基础，绿色信息系统和绿色交通为支撑，构建工业绿色高质量发展的要素支撑体系。

（一）人才是工业绿色高质量发展的根本

绿色经济人才对工业绿色经济发展的驱动是多方面的，高科技绿色经济人才的投入激发了科技研发产出，人才和科研产出进一步催生绿色新兴产业的产生，绿色经济产业结构优化升级。可以说，绿色经济人才培养直接为绿色科技研发和绿色新兴产业发展提供了有力的科技和人力资源支持，更是发展"两山"理念的重要动力来源，源源不断地输送动力，维持可持续发展。

（二）科技创新是工业绿色高质量发展的核心

随着科技进步和全球化发展，工业经济发展实现了从绿色资源直接开发的初级阶段向以高新技术为支撑的高级阶段的转变。绿色科技进步提高了绿色资源勘探及开发的可能性和效率，可有力促进新兴绿色产业的发展和绿色经济体系的构建[①]。通过绿色新兴产业的系统化集聚，以集群的优势克服传统的资源约束，提高工业发展质量，有效实现有关地区供给侧结构性改革和发展方式转变，促进社会经济快速可持续发展。

（三）资本是工业绿色高质量发展的关键

在资本、劳动和科技三种要素中，绿色资本是绿色经济发展最主要的驱动力。市场是看不见的手，引导社会资本加快转为绿色资本，参与高效率的绿色经济领域资源配置[②]。一方面，资本会向具有广阔市场前景和利润空间的绿色新兴产业加大投入，促进传统产业升级和新兴产业培育；另一方面，资本和科技的结合不仅可以加快人才培养，更有力提高研发效能，以更丰富而先进的科技成果促进工业绿色经济要素耦合效率的提升，加快工业绿色经济发展。

（四）能源是工业绿色高质量发展的前提

此前国家发布的《工业绿色发展规划》中曾明确提出，绿色能源的发展理论成为工业全领域、全过程的普遍要求。工业绿色发展推进机制基本形成，绿色能源制造产业势必也是工业发展的重要特色之一。绿色能源一般指清洁能源、可再生能源，如风力发电、太阳能、潮汐能、生物能、地热能等多种可以循环开发的能源，是今后工业经济发展能源板块重点引领性的指标能源。

（五）市场是工业绿色高质量发展的重点

高效益是高质量发展的重要内涵，其根本就是要坚持市场在资源配置中的决定性作用，促进高效率利用要素资源。要求加大要素市场化改革力度，实现较高的资本效率、劳动效率、土地效率、资源效率、环境效率等，用较少的投入形成更多有效产出，特别是使全要素生产率处于较高水平，为工业绿色高质量发展提供动力。

（六）信息技术是工业绿色高质量发展的依托

新一代信息技术的普及提高了各个国家和地区的信息化水平，使得网络技术、数字技术和智能技术广泛应用于产品研发设计与制造之中，将人工智能和数字技术

① 李萍."建设壮美广西 共圆复兴梦想"的科学内涵：习近平题词与新时代广西发展研究之一 ［J］. 传承，2020（2）：4-10.

② 李萍."建设壮美广西 共圆复兴梦想"的重大意义：习近平题词与新时代广西发展研究之二 ［J］. 沿海企业与科技，2019（3）：68-72.

融入传统制造业中，生产越来越多地实现自动控制、智能化、柔性化，从而使生产效率大为提升。

（七）交通是工业绿色高质量发展的支撑

随着科学技术的不断进步及信息化时代的到来，人类步入物品全流通时代，在社会发展中交通运输所占据的位置越来越重要。随着生态条件的改善，作为社会生产、服务的连接枢纽，交通运输也在逐步完善及发展[①]。现今交通枢纽建设，多式联运推广等，绿色交通的发展最大限度地满足了各经济区运输的需求，同时有效减少交通运输给人民群众生产生活环境带来的污染，向人民群众提供优质环境与服务。因此，绿色交通是工业绿色高质量发展的重要支撑。

（八）环境是工业绿色高质量发展的保障

绿色环境主要指绿色政策。坚持不懈优化政策环境，以解决园区、产业、企业的绿色发展难点、痛点、堵点为靶心，系统集成修改、完善、制定各类工业绿色高质量发展优惠政策、扶持政策，推进各项工业绿色高质量发展改革举措落地见效。

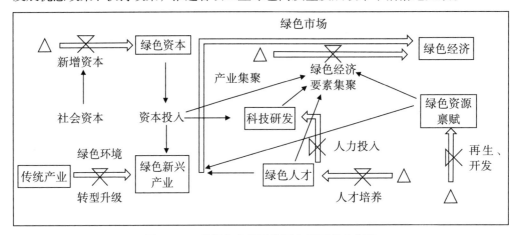

图1-2　工业绿色高质量发展支撑要素动力图

第三节　广西推动工业绿色高质量发展的意义

作为后发地区，经济不"壮"、地区不"富"是广西的重要区情，工业发达理应成为"壮美广西"建设的第一内涵。建设壮美广西必须准确把握习近平新时代中国特色社会主义思想的丰富内涵，以经济建设为中心，推动工业绿色高质量发展，切实释放工业新活力、培育工业新动能、形成工业新优势，最终实现工业绿色高质

① 孙明雨.中国工业高质量发展评价与时空特征研究［D］.青海：西北师范大学，2021.

量赶超。

一、是加快广西经济持续健康发展的必然选择

习近平总书记指出："绿色发展，就其要义来讲，是要解决好人与自然和谐共生问题。"[①]在经济新常态发展背景下，广西在解决和平衡资源环境和经济可持续增长，将主战场转向工业高质量发展，推动工业绿色经济高质量发展方面面临前所未有的机遇与挑战。广西资源型产业占比过大、新兴产业培育不足、产业研发创新能力不强、企业结构不合理等缺陷使其加快推动广西工业高质量发展的步伐和推动经济生态可持续发展成为必然选择。积极且扎实推进广西经济持续健康发展，要加快广西工业现代化突破粗放式工业发展方式，抓住新技术革命时代发展机会，加快发展、转型升级、全面提质，推动广西工业绿色高质量发展是顺应时代潮流，遵循经济社会发展规律，尊重生态规律，保护自然、利用自然，推动经济与环境共赢的必然选择。

二、是加快建设新时代中国特色社会主义壮美广西的内在要求

"发展是解决一切问题的基础和利器""以经济建设为中心是兴国之要"[②]，也是强省（区）之要。工业振兴是硬道理，也是壮实力必然选择，是解决生态环保投入难、持续难问题的关键。现阶段，工业不够发达仍是壮美广西建设的最大短板，随着全国经济由高速增长阶段转向高质量发展阶段，工业发展增速和提质仍是建设中国特色社会主义壮美广西的核心任务。当前和今后一个时期，中国特色社会主义壮美广西建设必须牢牢扭住工业发展这个中心，围绕绿色高质量发展的要求，突出重点、补短板、强弱项，着力在把握发展规律、创新发展理论、转变发展方式、破解发展难题中深化改革，不断提升运用绿色先进技术的能力，加快工业绿色发展节奏、提高工业绿色发展质效，让广西工业真正"壮"起来。

三、是加快广西现代化建设进程的必由之路

党的十九大报告提出到2035年基本实现社会主义现代化的奋斗目标。实现这个目标，广西要着力改变居民收入水平与经济发展水平还不够匹配、城乡和区域之间发展还不够平衡的现状，关键在于实现工业发展从量的扩张到质的提高这一根本性

①　习近平.共同构建人与自然生命共同体［J］.环境，2022（3）：10-11.
②　科学发展观学习专题讲座材料［EB/OL］.（2015-03-24）［2022-09-01］.https：//www.docin.com/p-1102717394.html.pdf.

转变。现在，广西资源型产业占比重大，在全球产业链、价值链中的地位总体上处在中低端，科技对工业发展的贡献率还不高，源头创新不足，科技成果转化渠道不畅。当今世界，新一轮科技革命和产业变革正在蓬勃兴起，我们只有加快资源型产业科技创新和产业转型升级步伐，才能在激烈的国际竞争中赢得主动，才能加快推进现代化事业。

四、是广西参与"一带一路"建设的重要前提

世界百年未有之大变局正加速演变，气候变化、疫情防控等全球性问题对人类社会带来的影响前所未有，共建"一带一路"国际环境日趋复杂。2021年4月22日，习近平主席以视频方式出席领导人气候峰会并在会上讲话时说道：中方将生态文明领域合作作为共建"一带一路"重点内容，发起了系列绿色行动倡议，采取绿色基建、绿色能源、绿色交通、绿色金融等一系列举措，持续造福参与共建"一带一路"的各国人民。习近平总书记的重要讲话，为我们坚持以高标准、可持续、惠民生为目标，推动共建"一带一路"高质量发展不断取得新成效指明了前进方向。广西要立足"一湾相挽十一国，良性互动东中西"的独特区位，推动工业绿色高质量发展，顺应当代科技革命和产业变革大方向，抓住绿色转型带来的巨大发展机遇，大力推进绿色产业和绿色产品引进来和走出去，充分通过工业领域的绿色开发更好地盘活开放发展这盘棋。

五、是广西筑牢南疆生态安全屏障的迫切需要

作为祖国南疆和珠江上游的重要生态屏障，广西的生态文明建设意义尤为重大，既关系到广西人民的生活环境和生命健康，也与下游粤港澳人民的生产生活、生态安全息息相关。习近平总书记在广西视察时强调"广西生态优势金不换，必须把生态文明建设放在突出位置来抓"。新时代背景下，广西应全面构建起生态安全战略新格局，尊重自然、顺应自然、保护自然，坚持把节约优先、保护优先、自然恢复作为基本方针，把人与自然和谐相处作为基本目标，坚决推动工业绿色高质量发展，不断满足人民群众对蓝天碧水青山优质环境、优质产品和优质服务的需求，积极回应人民群众从"求生存"到"求生态"、从"盼温饱"到"盼环保"的现实需求，让良好生态环境成为广西人民生活质量的新增长点、成为广西展现美丽形象的新发力点、成为国家生态安全的有力屏障。

第二章 广西工业绿色高质量发展成效

长期以来，广西坚定实施"工业兴桂""工业强桂"战略，大力推进工业化进程，工业发展取得长足进步，工业发展逐步进入发展方式转变、经济结构优化、增长动力转换的关键时期。工业内部结构逐步完善，糖、铝、机械、冶金等传统产业在"二次创业"中加快转型升级，新兴产业实现从萌芽拔节到发展壮大的蜕变，现代工业产业体系日趋完善，龙头企业数量增长、规模扩大、带动作用凸显，特色鲜明、集中度高、关联性强、市场竞争优势明显的千亿元产业集群基本形成，其中食品、冶金等2个产业产值超过2000亿元，汽车、有色金属、石化、机械、电子、电力、建材、造纸与木材加工等8个产业产值超过1000亿元①，汽车、机械、金属新材料、化工、电子信息等产业集群在全国具有较大影响力。

第一节　广西工业绿色高质量发展概况

近年来，随着广西工业化进程的持续加快，创新驱动工业绿色高质量发展的能力不断增强，产业规模不断扩大、质量效益稳步提升，龙头引领、链条完善、集约发展的产业集群正在加快形成，绿色化、智能化、高端化生产体系正在加快构建，支撑全区经济高质量发展的"工业树"不断壮大。

一、工业规模总量实现跨越发展

在"工业兴桂""工业强桂"以及"工业振兴发展"等战略推动下，广西工业发展总体呈现"三年一台阶、五年翻一番、十年大跨越"的发展态势。2005年广西工业增加值突破1000亿元、2008年突破2000亿元、2011年突破3000亿元、2014年突破4000亿元、2018年突破5000亿元；2021年，在内外环境复杂多变、新冠肺炎

① 数据来源：广西工业和信息化厅，数据为2020年产值。

疫情持续、要素紧缺价格高升等多重困难叠加影响下，广西工业增加值突破6000亿元，与上年相比增长16.3%，工业经济彰显了较强韧性和活力，为全区经济高质量发展提供坚实的基石。

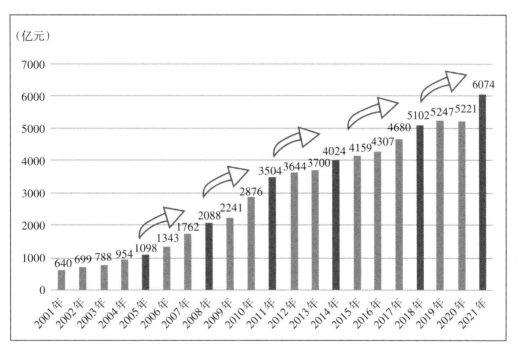

图2-1　广西工业增加值规模扩张趋势

数据来源：《广西统计年鉴（2021）》及2021年广西统计公报。

二、产业结构优化升级步伐加快

当前，广西处于工业化发展中期阶段，必须协同推动传统产业升级改造与新兴产业培育壮大，加快产业链向上下游延伸、生产技术向高端化跨越、产品向高品质化迈进。近年来，广西持续加快特色主导产业发展步伐，以汽车、机械、电子信息、高端金属新材料、绿色高端石化、高端绿色家居、生物医药等为重点的7条支柱产业链，以新能源汽车、5G通信设备及应用、高端装备制造、前沿新材料等为重点的4条战略性新兴产业链加快构建，截至2020年，"7+4"关键产业链总产值占规模以上工业总产值的比重达到70%以上，全区战略性新兴产业增加值占规模以上工业增加值比重由"十二五"期末的5.4%提高到16%，拥有工业战略性新兴产业企业986家，占全区规模以上工业企业总数的比重由"十二五"期末的6.3%提高到14.5%。

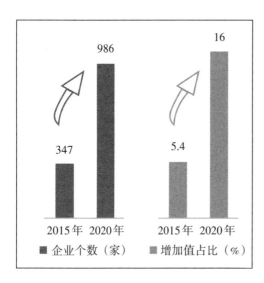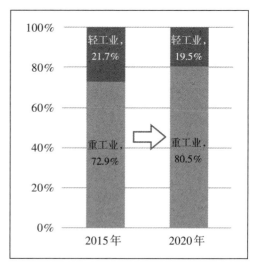

图2-2　广西战略性新兴产业发展趋势　　　图2-3　广西轻重工业营业收入结构变动趋势

数据来源：广西统计局官网、《广西工业和信息化高质量发展"十四五"规划》。

三、企业引领带动作用显著提升

围绕"强龙头、补链条、聚集群"，着力培植工业树、打造产业林，深入开展招大引强，实施龙头企业培育计划，龙头企业带动产业链发展作用凸显，市场主体总体呈现"龙头牵引+中小微活跃"的双向发力局面。2020年，广西大型企业实现营业收入6851亿元，占全部规模以上工业企业营业收入的37.3%，比2015年提高2个百分点；高新技术企业2806家、瞪羚企业107家、全国专精特新"小巨人"企业27家、单项冠军企业2家，桂林高新技术产业开发区、南宁高新技术产业开发区、

图2-4　广西各类型企业营业收入占比变动（按企业规模分）

数据来源：《广西统计年鉴（2021）》。

柳州高新技术产业开发区、北海高新技术产业开发区等进入国家级高新技术开发区行列。截至2021年底，全区产值超百亿元工业企业数量达23家，其中民营企业9家，营业收入超2000亿元企业实现零的突破，新增一批填补产业链缺失环节的关键产品，广西柳工机械股份有限公司、上汽通用五菱汽车股份有限公司、东风柳州汽车有限公司等龙头企业本地配套率分别提高到48%、57%、44%。

四、绿色循环生产体系日臻完善

围绕补链强链延链、扩大先进产能、提升工艺装备、推进智能制造、加快绿色改造等重点领域，大力实施"千企技改"项目，加快推动产业绿色化、智能化、高端化发展。持续推进能源清洁低碳转型，组织实施绿色制造体系，大力推进糖、铝、冶金、建材等传统产业节能技改，铝、铜、钢铁等重点企业能耗和排放水平达到国内行业领先。园区循环化改造工程加快实施，建设了一批示范试点项目，循环体系实现协同发展，初步形成以南宁、柳州、梧州等市为重点的资源综合利用集聚区，以资源循环利用为核心的循环经济产业链，有力推进了广西经济绿色低碳循环发展。"十三五"时期，全区规模以上万元工业增加值能耗累计下降0.76%，万元工业增加值用水量累计下降56.2%；累计推进2196家企业实施技术改造项目2869个，完成投资1026亿元；创建国家级绿色园区6个、自治区级绿色园区10个，创建国家级绿色工厂45家、自治区级绿色工厂81家，培育国家级绿色产品30种、自治区级绿色产品17种。

专栏2-1　广西传统产业绿色智能化改造重点项目

汽车产业：发展中高端车型，提升整车自主研发能力，增强零部件综合集成水平，重点推进东风柳汽商用车基地、华奥汽车贵港年产10万辆轻型客车技术改造等项目建设。

机械产业：发展工程机械、内燃机、通用机床等关键产业链，着力推进玉柴国六发动机数字化工厂、柳工高端装载机生产线升级改造等项目建设。

铝产业：加快发展铝业精深加工，生产制造高性能铝合金新材料，加快实施中铝集团广西防城港生态铝工业基地、南南铝业电子汽车新材料精深加工技术改造等项目建设。

冶金产业：发展建筑用钢、汽车用钢、船舶用钢、不锈钢新材料等关键产业链，加快建设柳钢集团防城港钢铁基地一期工程、盛隆冶金防城港产业升级技术改造等项目。

石化产业：发展石油炼制、改性沥青、橡胶、化纤、化肥、煤化工等产业链，基本形成广西北部湾石化智能制造示范基地，重点实施华谊钦州化工新材料一体化基地一期工程、天亿石化钦州液化气综合利用一期工程等项目。

糖业：加快推进制糖企业数字化、网络化、智能化改造，加快糖全产业循环利用，推进糖业精深加工，重点实施东亚集团崇左中泰产业园糖业循环经济综合利用、贵糖集团粤桂热电循环糖厂搬迁技改等项目建设。

第二节　广西十大千亿元产业发展概况

一、食品产业

近年来，广西加快推动地方特色食品产业健康发展，通过本土特色企业带动和外地龙头企业引进相结合的方式，鼓励和引导行业企业创品牌、拓市场，不断把"桂"字号特色产品培育壮大，形成了集群效应明显、区域品牌优势突出、质量效益水平提升的良好发展态势。

——产业规模。"十三五"时期，广西食品产业保持平稳健康发展，食品产业规模总体呈现前升后稳的发展态势。从企业规模来看，2020年广西规模以上食品工业营业收入实现2347亿元，企业数量为866家，比2015年增加54家，其中农副食品加工业，食品制造业，酒、饮料和精制茶制造业，烟草制品业企业数量分别为546家、167家、151家、2家，除制糖、烟草制品等行业，因企业战略重组、去产能等影响外，其余行业企业数量规模均稳步提升。从产品产量来看，多年来广西蔗糖、蚕茧、八角、玉桂、松香、芒果、罗汉果等产量全国第一；木薯、淀粉、木瓜、桐油、山茶油、茴油、奶水牛乳制品、柑橘、龙眼、荔枝、芭蕉、火龙果、稻谷等产量名列全国前列；水稻面积居全国第三位，桑园面积居全国第一位；核桃、

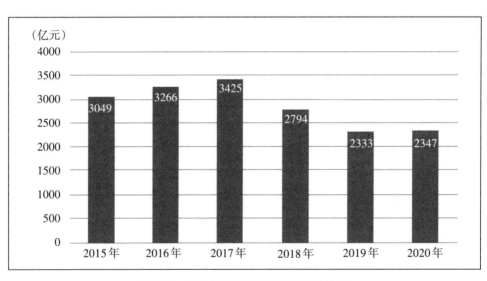

图2-5　广西食品产业营业收入变动情况

数据来源：《广西统计年鉴（2021）》。

注：食品产业计算包含农副食品加工业，食品制造业，酒、饮料和精制茶制造业，烟草制品业等4个行业。

板栗、柿子、柚子、食用菌、马蹄等特色农产品在全国占有重要地位；烤烟、香猪、茶叶、白酒、水产品等享有较高知名度。

表2-1　2015—2020年广西食品行业规模

行业	2015年		2016年		2017年		2018年		2019年		2020年	
	企业数量（家）	营业收入（亿元）	企业数量（家）	营业收入（亿元）	企业数量（家）	营业收入（亿元）	企业数量（家）	营业收入（亿元）	企业数量（家）	营业收入（亿元）	企业数量（家）	营业收入（亿元）
规模以上工业	5518	20443	5464	22231	5723	23805	6058	18708	6185	17441	7099	17646
农副食品加工	528	2026	518	2157	539	2340	563	2084	503	1711	546	1714
制糖	94	530	87	521	87	590	87	606	82	526	83	409
食品制造	133	354	135	422	140	436	145	208	147	160	167	183
罐头制造	15	36	14	36	14	37	14	10	14	7	12	6
酒、饮料和精制茶制造	149	446	145	486	150	441	153	284	142	222	151	194
酒的制造	38	158	36	158	34	162	35	108	28	82	28	85
烟草制品	2	224	2	202	2	207	2	219	2	240	2	257
卷烟	1	223	1	201	1	207	1	219	1	240	1	256
合计	812	3049	800	3266	831	3425	863	2794	794	2333	866	2347
食品行业占比	14.7%	14.9%	14.6%	14.7%	14.5%	14.4%	14.2%	14.9%	12.8%	13.4%	12.2%	13.3%

数据来源：《广西统计年鉴（2021）》。

——产业链条。聚焦产品精深加工、产业延链强链、产业融合发展等领域，广西加快打造链条完整、聚集度高、竞争力强的优势特色食品加工产业集群，产业集约化水平得到全面提升。推动特色食品工业与旅游、文化融合式发展，以及对包装、运输等相关产业带动，实现产业链向高端化延伸，打造形成了以粮油加工，制糖，肉类加工，水产品加工，果蔬加工，方便食品制造，乳制品制造，酒、饮料和精制茶制造，烟草制品等为重点的特色食品工业体系。龙头企业引领带动作用显著增强，布局引进大海粮油、娃哈哈集团、可口可乐公司、统一集团、今麦郎集团等一批大型企业，真龙香烟、力源粮油、燕京漓泉啤酒、皇氏牛奶、南方黑芝麻等广西本土品牌产品享誉业界，拥有国内最大的制糖企业——广西南华糖业集团有限公司，全国最大的水牛奶生产加工企业——广西皇氏集团股份有限公司，桂酒、米粉、油茶、六堡茶、粮油加工等一批特色食品加工企业闻名全国，柳州螺蛳粉、梧州六堡茶、横州（2021年前称横县）茉莉花茶、合浦大月饼等成为广西地方特色食品的亮丽名片。2020年，柳州螺蛳粉销售收入达110亿元，配套及衍生产品销售收入超130亿元；横县通过实施茉莉花"1+9"战略，茉莉花及相关产业产值达125亿元，以一带多走出一条地方特色产业兴旺之路。

——绿色化改造。聚焦优化产业和产品结构，着力增加食品产业绿色供给，提高农产品就地加工转化能力和资源利用率，推动食品加工产业向绿色、低碳、循环发展。鼓励企业加快推进具有自主知识产权的重大技术、核心技术研发，采用先进工艺、技术、设备推动传统食品质量提升和产业升级改造。重点开展新型安全农副产品贮运保鲜技术研发、特色农产品精深加工技术与附产物高值化利用及新产品开发、畜禽水产品绿色加工流通与质量控制关键技术研究、米粉等生产自动化与冲泡保鲜关键技术研究等技术攻关。2020年，广西共完成重大科技成果转化项目883项，其中涉及食品领域145项，占比达16.4%。质量安全水平加快提升，"十三五"时期全区颁布实施螺蛳粉、柠檬鸭、六堡茶等食品安全地方标准27项，制定百香果、甘蔗醋等地方食品生产技术规范等标准241项，全区251家企业获有机产品证书410份，181款食品打入欧美市场，为特色食品质量安全监管和产业标准化、工业化高质量发展奠定了坚实基础。

专栏2-2　广西食糖产业绿色化发展之路

糖业是广西传统优势产业，近年来广西加快推动糖业供给侧结构性改革，通过标准种植、科技赋能、绿色升级等加快推动糖业产业链向高端延伸，蔗糖精深加工取得新成效，特色红糖、冰糖、液体糖浆、甘蔗浓缩汁、甘蔗醋饮料、糖果、药用糖等近20个产品实现了产业化生产，全区糖料蔗种植面积稳定在1100万亩以上，食糖产量稳定在600万吨以上，糖料蔗种植面积和食糖产量已连续17个榨季占全国60%左右。

加快糖业供给侧结构性改革。推动制糖企业战略重组和去产能，持续开展糖业"对标定标追标"活动，加快糖厂自动化、智能化、数字化改造，产能利用率加快提升，产业集中度明显提高。制糖企业从2015年的17家减少到2020年的10家，其中广西南宁东亚糖业集团、广西糖业集团有限公司、广西洋浦南华糖业集团股份有限公司、南宁糖业股份有限公司、广西凤糖生化股份有限公司、广西湘桂糖业集团有限公司等6家企业年制糖能力均超过百万吨；2019/2020年榨季，6家制糖企业产业集中度达到81%，比2014/2015年榨季提高23.6个百分点。稳步推进去产能工作，截至2020年底，全区共关停糖厂16间，淘汰落后产能6.7万吨，产能利用率大幅提高。加快推进糖业全产业链延伸，蔗糖深加工产品超过20个，综合利用产品30余种。

加快完善糖业标准化体系。大力推进糖料蔗绿色种植，集成推广水肥一体化、生物防治甘蔗螟虫等技术，联合攻关甘蔗良种选育，"十三五"期间成功选育并推广了桂糖42号、桂柳05—136号等一批综合性状优良、适宜机械化耕种的糖料蔗品种。2019/2020年榨季，全区糖料蔗良种覆盖率达到93%，比2014/2015年榨季提高10个百分点，其中桂糖42号种植面积329.7万亩、桂柳05—136号种植面积303.4万亩，分别占全区糖料蔗种植面积的29.3%、26.9%，改变了长期以来台糖系列品种占主导地位的局面。全区已建成甘蔗良种繁育推广基地51个，其中一级基地7个、二级基地16个、三级基地28个，建设面积约7.1万亩，甘蔗良种扩繁体系基础较好，有力保障了糖业高质量发展。高标准推进"双高"糖料蔗核心基地建设，"十三五"以来广西统筹各级财政资金150多亿元，建设实现生产规模化、种植良种化、生产机械化、水利现代化的糖料蔗生产基地，2019/2020年榨季，"双高"基地综合机械化率63.72%，其中机收率15.82%，糖料蔗联合收获机拥有量1158台，糖料蔗生产机械化实现自我突破。

强化科技赋能支持作用。加快提升制糖自动化、智能化、数字化生产水平，广西南宁东亚糖业集团、广西糖业集团有限公司、南宁糖业股份有限公司、中粮糖业控股股份有限公司等大型制糖企业率先应用全流程智能化生产和控制系统。推广应用国际先进水平的自动化连续煮糖、全自动分蜜机等装备，全区三分之一的糖厂实现了自动卸蔗、自动装包码垛，生产效率大幅提升，传统制糖生产工艺取得重大突破，膜法绿色制糖技术已经具备产业化推广条件。广泛引导通信、物联网、北斗定位、遥感等现代信息技术应用于蔗田测量、土地确权、甘蔗收获、砍运调度、农机农具管理、仓储物流管理等领域，启动建设广西糖业大数据云平台（"糖业云"），积极打造糖业大数据基础支撑平台、涉糖农业大数据服务平台、制糖工业大数据服务平台、泛糖产品交易大数据服务平台、糖业金融大数据服务平台、糖业政务监管大数据服务平台等六大平台。搭建广西泛糖产品交易平台，整合产品交易、仓储物流、金融服务、防伪溯源和大数据服务等功能，"糖业信息产业集群+电子商务+现代物流"的现代商业模式完成构建并开始发挥作用。

推动制糖工业向绿色循环经济转变。深入推进蔗糖精深加工，扎实推进蔗渣、糖蜜、滤泥等副产品高值化利用，加快推进甘蔗植物水产业化生产，推广应用先进节能高效设备，降低生产汽耗和电耗，推进蔗叶综合利用，提高蔗叶综合利用率，制糖副产品逐步向高值化利用转化，蔗渣浆由造纸转向生产绿色高档餐具，年产能达到9万吨，并出口欧美发达国家；蜜综合利用由生产酒精转向生产附加值高的酵母、酵母提取物等产品，酵母产能10万吨以上，绿色环保餐具产能9万吨以上，广西已成为国内重要的绿色高档餐具、酵母、酵母提取物生产基地；糖机制造、仓储物流、生产服务等关联产业得到较快发展，糖业新经济增长点逐步形成。节能减排、清洁生产水平不断提高，百吨蔗耗标煤、吨蔗耗水分别比"十二五"期末下降了2.46%、34.2%，继续保持全国领先；蔗渣利用率、糖蜜利用率均达到100%，所有糖厂均开展水循环利用。

二、汽车产业

近年来，广西立足汽车工业发展的优势基础，不断整合资源，增强自主研发能力，建立和完善有自主核心技术的整车性能开发体系，推动产业高端化和集群化发展，汽车工业在全区工业中的主导地位和带动作用进一步增强，成为全国汽车产业重要的集聚区之一。

——产业规模。2020年，广西汽车产量174.5万辆，占全国汽车产量的7%。整车制造产业加快壮大发展，2020年，广西汽车产业集群整车制造超过200万辆，整车企业10家，比2015年增加4家，上下游配套规模以上企业350多家；汽车整车制造营业收入1007.85亿元，占全部汽车制造产业的58%，比2015年提高8个百分点。其中，柳州依托3家整车企业、4家专用车企业，集聚了广西方盛实业股份有限公司、柳州上汽汽车变速器有限公司、柳州双英汽车配件制造有限公司、柳州市嘉诚汽车饰件系统有限公司等1000多家骨干零部件企业，形成了千亿汽车产业集群。新能源汽车产业规模位居全国前列，2020年，广西新能源汽车产量达18.23万辆，与上一年相比增长190.58%，销量18.18万辆，与上一年相比增长173.75%，占全国的13.3%，广西新能源汽车产销量跃居全国第一。

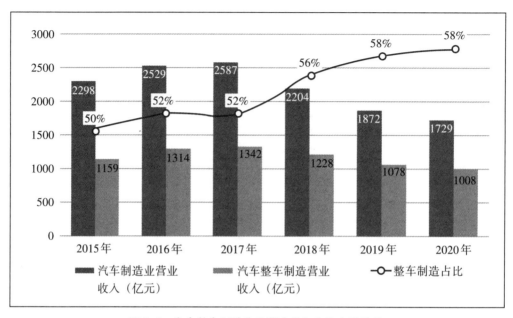

图2-6 汽车整车制造产业营业收入占比变动趋势

数据来源:《广西统计年鉴(2021)》。

——产业链条。积极推进汽车及新能源汽车全产业链发展,基本构建了包括载货汽车、客车、乘用车、车用内燃机、汽车零部件等较为完整的产业链,形成多品种、多系列、较为完善的整车和零部件生产及配套体系,中国重汽集团柳州运力专用汽车有限公司、柳州五菱汽车工业有限公司、柳州延龙汽车有限公司、柳州乘龙专用车有限公司、广西玉柴专用汽车有限公司等一批较具实力的专用车生产企业迅速发展。广西获得工信部支持建设面向东盟的南方汽车出口制造基地,广西汽车企业自主研发的微型车、多用途汽车(MPV)、运动型多用途汽车(SUV)、车用柴油机等产品在国内具有较强竞争力,拥有了"五菱""宝骏""乘龙""风行"等一批自主品牌。新能源汽车产业链加快布局,以柳州、南宁、贵港、桂林为核心的新能源汽车产业基地初步形成,上汽通用五菱汽车股份有限公司的小型纯电动乘用车已经跃升至行业龙头地位,市场占有率高达51%[①],宏光MINI EV多次登顶国内新能源汽车销量榜首。

——绿色化改造。以柳州汽车城为重点,建立自主研发体系,开展关键核心技术攻关,推动电池、电机、电控和整车设计制造等全产业链协同发展,逐步打造成为中国区域性新能源和清洁能源汽车产业基地。强化技术创新和新产品研发,加快推进重大项目建设,推动汽车产业向轻量化、高端化、智能网联方向发展,鼓励企

① 数据来源:2020年新能源汽车国家大数据联盟联合多家权威机构在北京发布《中国小型纯电动乘用车出行大数据报告》。

业提高技术装备水平，引进国内外著名企业，积极研发以电力等绿色能源为主的动力产品，近年来已成功研发新能源电动后桥、电机、电控、混合动力系统等产品，实现产品从设计到量产的突破。布局推进高智能化工厂建设，推广数字化检测、智能监控、智能管理、智能物流配料等智能制造生产技术，构建光伏发电和中水循环利用系统，加速碳达峰、碳中和目标的落实。

专栏2-3 广西汽车集团绿色化发展之路

"十二五"时期，为整合汽车产业相关存量资源，广西以五菱集团为主体，组建了广西汽车集团。多年来，广西汽车集团加快资源整合，提高产品迭代的转型升级速度，加强新能源产品开发应用，提出了"加强创新驱动、优化产业结构"的目标，加快培育发展新动能，集团资产总量规模不断扩大，连续5年营业收入突破200亿元。

持续提高整车和新能源汽车市场占有率。在整车业务领域方面，积极响应市场需求，加快产品升级和结构调整，"十三五"期间整车产销量一直呈增长态势，产品销量从2016年的4.3万辆增长到2020年14万辆以上。在新能源汽车方面，不断开发适用于各行业、场景的新能源专用车、新能源改装车，丰富新能源整车产品系列，2020年6月以乘用车理念升级的五菱客车慧巴F9生产成功，初步集成了全承载、宽悬架、电子电器智能化技术，标志五菱客车正式迈向大中型客车、旅游客车市场领域。

积极拓展产品谱系。推动产品从单一轻型客车车型拓宽到公交车、校车、特种房车、物流车、售卖车、警务车、医疗防疫车等系列，适用于多种场景，提升产品商品化利用率，在桂林市进行了客车基地搬迁改造项目，全方位提升全工艺生产能力，已达到国内领先水平，依托技术研发及制造水平的进步，产品竞争力也逐步增强。拓展传统仓栅车、厢式车优势，货改车市场占有率从2016年的55%上升至70%左右，连续多年稳居同行业第一；研发推出环卫车、冷藏车、房车、轻卡冷藏车、翼开启售货车、医疗废物转运车等高附加值的特种改装车产品系列，特种冷藏车市场占有率达38%，在细分市场排名第一。

加大研发和技改投资力度。以个性化、批量定制为主攻方向，着力研发打造以五菱观光车、五菱巡逻车等为代表的非道路车，重点推动智能驾驶系统、车联网技术等平台化、一体化的非道路车研发，已出成果的无人驾驶观光车在浙江省宁波象山东海半边山旅游度假区、浙江省淳安县下姜村、南宁荔园山庄进行试运营；五菱产品进入公安部警用装备采购中心，以其小巧便利、绿色电动的特点颇受城市公安青睐，在城镇乡村、社区居委巡逻治安中发挥重要作用。非道路车呈稳步发展态势，产品销量从2015年的2500辆增长到2019年的3924辆，在2020年国内疫情态势逐步向好之际，更是着力冲破了旅游市场的"寒冬"，助力景区经济回暖。

三、冶金产业

广西矿产资源优势突出，锰矿、稀土矿等资源储量居全国前列。近年来，广西充分利用东盟以及全球区域内的铁矿石、镍矿、铝土矿等矿产资源，加快发展外向型资源保障体系，通过国内、国外两种资源的有效利用，冶金产业发展实现从低技术水平、高消耗向高技术水平、高附加值转变。

——产业规模。近年来，广西着力推动冶金产业"二次创业"及供给侧结构性改革，产业结构优化升级步伐加快，产能利用率得到大幅提升。2020年，广西冶金产业企业359家，比2015年减少129家，但在内外环境压力不断加大的背景下，产业营业收入实现4366亿元，比2019年增长15.2%，比2015年增长17.1%。产品加快向高附加值延伸，钢材产品主要以热轧宽带、中厚板、冷轧板带、棒材、高速线材等为主；铁合金产品主要为锰系铁合金和锰盐产品。广西柳州钢铁集团有限公司成为我国华南和西南地区最大、最先进的钢铁联合企业之一，2020年广西锰矿石产量分别为83.56万吨，比2015年下降89.8%，铁矿石产量为10.87万吨，比2015年下降98.6%，铁合金产量比2015年下降43.4%，但粗钢、生铁、钢材产量均实现加大幅度提升，分别比2015年提高60.9%、19.3%、33.4%。

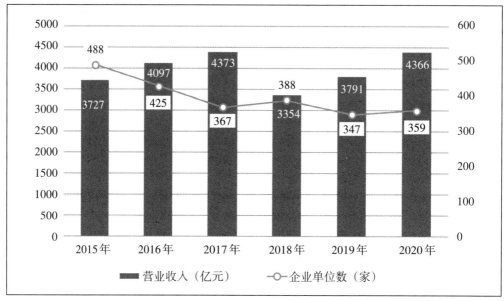

图2-7 广西冶金产业营业收入占比变动趋势

数据来源：《广西统计年鉴（2021）》。

注：冶金产业计算包含黑色金属矿采选业、有色金属矿采选业、黑色金属冶炼及压延加工业、有色金属冶炼及压延加工业等4个行业。

表2-2 广西冶金产业主要产品产量变动趋势

产品名称	2015年产量（万吨）	2016年产量（万吨）	2017年产量（万吨）	2018年产量（万吨）	2019年产量（万吨）	2020年	
						产量（万吨）	比2015年增长（%）
锰矿石	821.99	977.48	1127.52	82.70	103.72	83.56	-89.8
铁矿石	799.28	495.82	283.32	80.35	17.15	10.87	-98.6
粗钢	2146.05	2109.57	2265.26	2243.43	2662.71	3452.23	60.9
生铁	1222.00	1216.59	1310.75	1426.77	1466.12	1457.30	19.3
钢材	3545.75	3645.08	3271.11	3194.09	3346.74	4731.54	33.4
铁合金	542.39	521.08	521.15	346.55	324.79	306.94	-43.4

数据来源：《广西统计年鉴（2021）》。

——产业链条。近年来，广西着力推进打造冶金产业"一核、三带、九基地"^①产业布局，优先发展以钢铁为主的冶金工业，发展壮大临港冶金精深加工产业，重点发展高附加值的汽车用钢、家电用钢、电工用钢、工程机械用钢等精品钢材和锰铁合金、镍铁合金等关联产品，全力发展锰系列精深加工。冶金产业品种升级持续推进，初步形成了以企业为中心，产学研用相结合的技术创新体制和机制，关键品种生产取得突破。瞄准冶金前沿技术和关键品种，广西柳州钢铁集团有限公司、广西南南铝加工有限公司、中信大锰矿业有限责任公司、中铝广西有色稀土开发有限公司分别建成了钢铁研发中心、航空交通铝合金新材料与应用研究院、广西锰业研发中心、南宁研发中心，有力促进了产业转型升级与创新发展。在钢铁产品方面，锅炉和压力容器用钢板、船体结构用钢板、汽车结构用钢板、高层建筑用钢、管线钢等产品生产已实现产业化；铁合金产品方面，四氧化三锰、软磁铁氧体、高纯硫酸锰、锰酸锂、镍钴锰酸锂、锂离子动力电池等锰系新材料产品已实现产业化。

——绿色化改造。加大科技投入和技术改造力度，建设一批现代化生产装备，鼓励在冶金产业选择基础条件好的企业持续推进绿色工厂创建工作，推广普及绿色产品，重点针对二氧化硫、氮氧化物、化学需氧量、氨氮、烟（粉）尘等主要污染物，推进清洁生产技术改造，选择一批减排潜力大、成熟度高、先进适用的重大低碳技术示范推广，逐步建立基于技术进步的清洁生产高效推行模式，冶金产业绿色制造体系加快构建。"十三五"以来，广西盛隆冶金有限公司积极推进产业升级改造项目，通过购买产能、产能合作等多种方式解决项目所需产能指标；广西柳州钢铁集团有限公司冷轧低碳钢带获评"全国市场质量信用AA等级"；广西贵港钢铁集团有限公司充分依靠新建成的超短节能流程120吨电炉及特棒生产线项目技术优势，大力发展拉丝、紧固件、中高碳、轴承用钢等优特钢系列产品，形成了建筑钢与特殊钢并存的产品结构。

专栏2-4　广西柳州钢铁集团有限公司绿色化发展之路

　　柳钢集团作为广西钢铁行业龙头，紧抓我国钢铁工业布局战略性调整、广西冶金产业"二次创业"的历史机遇，遵循源头削减、过程管控、末端治理的原则，在科技创新、节能降耗、智能制造等方面持续发力，优化工艺路线，调整产业结构，推动实现清洁安全高效生产，铸造低碳生活，全面推进集团碳达峰、碳中和工作，取得了高质量可持续发展的喜人成绩。

---

　　① 一核：以防城港作为广西冶金产业发展布局的核心；三带：防城港—贵港—来宾—柳州钢铁产业带、防城港—北海—玉林—梧州不锈钢产业带，防城港—崇左—百色锰产业带；九基地：防城港经济技术开发区综合性冶金基地、柳州钢铁基地（含来宾铁合金）、贵港钢铁基地、北海铁山港（临海）工业园不锈钢基地、玉林龙潭产业园不锈钢制品基地、梧州不锈钢供应基地、百色锰产业基地、崇左锰产业基地、贺州矿山装备铸造基地。

积极优化工艺技术，推广先进节能技术，不断提升能源利用效率。柳钢集团运用最先进的环保工艺，多项环保技术在全国属首创，多项环保成果在全国率先实现。在废气治理方面，自主研发的烧结烟气氨法脱硫技术，将焦化氨水用于烧结烟气脱硫，以废治废，脱硫效率达98%以上，在全国率先实现了烧结、球团烟气全脱硫。柳州本部2020年吨钢综合能耗比2015年下降了42.36千克标准煤；碳排放强度持续降低，吨钢二氧化碳排放量由2015年的1.76吨降低到2020年的1.65吨，下降了6.25%。

始终坚持清洁生产，充分回收利用各种余能余热资源，大力发展循环经济。柳钢集团高炉煤气、转炉煤气、焦炉煤气、余热余压等均作为清洁能源被用于企业自发电。柳州本部自发电量占企业总电量78%以上，防城港钢铁基地自发电量占企业总用电量90%以上，处于全国领先水平。2021年下半年，柳钢集团还将重点抓好二焦焦炉烟气脱硫脱硝改造、焦炉煤气脱硫废液提盐、A2煤场棚化工程、烧结球团脱硫系统烟气净化及尾气消白改造、转炉三次除尘改造、广西钢铁和中金镍铁项目烧结烟气脱硫脱硝等项目，助力绿色低碳发展。

从管理节能、结构节能和技术节能方面入手，持续开展结构调整和节能减排。在能源管理方面，柳钢集团投资建设能源管控中心系统，实现对能源生产使用的信息化监控，为能源管理提供实时数据，优化调度动态平衡，动态反映能源成本。柳钢集团在生产废水资源化方面取得显著成效，现已实现污染事故为零，外排废水、废气、工业废水基本实现近"零排放"的目标。2020年，柳钢集团又投入使用一座回用量能力3000吨/每小时的废水处理站，截至2020年，柳钢已建有4座全厂性废水处理站，对生产用水过程外排废水、零星生产用水户排水等进行处理后作为工业水全部回用，基本实现"零排放"。

破旧立新，加快智能制造，提升生产效率，降低能源消耗。在破"旧"方面，积极响应国家新发展理念要求，2021年7月31日，正式淘汰拆除6号1500立方米高炉。自投产以来，6号高炉累计产铁1750万吨，是一座名副其实的功勋高炉。在立"新"方面，以"数字柳钢"建设为重点，大力推广基于5G技术、工业传感器、工业物联网、大数据、AI等技术在工业流程各环节的应用，实现工艺过程、产线管控和生产经营向智能化的方向发展。同时，构建以广西钢铁智慧园区为试点的云平台，实现园区可视、可管、可控、业务全数字化、系统全连接、数据全融合。

实施绿化工程，努力建设"花园式"厂区、4A级景区。柳钢集团每年安排专项费用400多万元用于厂区绿化，打造"花园式"工厂；积极参与柳州市的环境绿化工作，投入1200多万元用于柳州本部周边绿化美化建设，为生态宜居柳州添砖加瓦。截至2020年，柳州本部绿地覆盖率超35%。同时，以"厂区即景区"为目标，按照4A级景区建设标准，计划在防城港钢铁基地打造"智慧钢铁小镇"，将其打造成为具有全国企业代表性、示范性的地标文化名片，达到"园林中有钢厂、钢厂中有园林"的目标。

四、石油化工

广西沿海地区具有良好的港口条件，距中东原油产区近，接卸海外原油运输成本低。近年来，广西以临港产业体系为依托，加快构建多元石油化工产业体系，沿海向西南地区供应成品油的通道已初步形成。

——产业规模。依托中石油广西石化分公司和中石化北海炼化公司两大龙头炼化企业的带动，广西石油化工产业规模不断壮大，炼化一体化发展模式初步形成。2020年，广西石油化工产业营业收入1222亿元①，其中石油加工炼焦及核燃料加工

---

① 石油化工产业计算包含：石油和天然气开采业、石油加工炼焦及核燃料加工业、化学原料及化学制品制造业、化学纤维制造业、橡胶和塑料制品业。

业、化学原料及化学制品制造业营业收入分别为588亿元、503亿元。2019年，广西原油加工产品规模达1637万吨，比2015年增长14.5%，2020年受外部环境影响，产量下降到1276万吨。原油加工一体化能力稳步提升，截至2021年底，中石化北海炼化已具备每年800万吨原油加工能力，拥有15套主要生产装置；中石油广西石化公司累计加工原油达1亿多吨，成为我国西南地区首个加工原油突破亿吨大关的炼化企业；生产汽煤柴等各类产品9400多万吨，实现工业总产值近4800亿元，上缴税费近900亿元，成为我国西南地区稳定可靠的成品油供应基地。

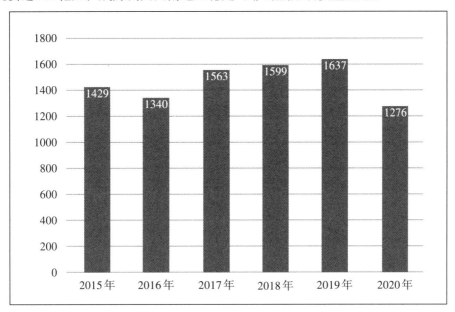

图2-8　广西原油加工量变动趋势（单位：万吨）

数据来源：《广西统计年鉴（2021）》。

表2-3　主要石化产品产量

产品名称	2015年产量（万吨）	2016年产量（万吨）	2017年产量（万吨）	2018年产量（万吨）	2019年产量（万吨）	2020年产量（万吨）	2020年比2015年增长（%）
硫酸	368.3	367.4	385.3	337.4	383.3	444.1	20.6
烧碱	43.8	46.2	95.7	53.7	61.7	82.4	88.3
农用化肥	116.9	95.6	84.9	41.2	30.5	54.1	−53.7
发酵酒精	69.6	59.7	79.2	30.6	38.2	55.1	−20.7
化学药品原药	0.7	0.7	0.9	2.9	1.7	2.7	274.0
原油加工量	1428.8	1339.9	1562.5	1598.8	1637.3	1276.2	−10.7

数据来源：《广西统计年鉴（2021）》。

——产业链条。加快推动构建以原油加工为源头，乙烯、丙烯、芳烃为下游，精细化工和终端化工应用产品为延伸的生态链条，绿色化工产业已发展成为全区重要的工业支柱产业和优势产业。坚持"围绕园区抓产业、围绕产业抓项目"，以绿色石化产业为招商引资主攻方向，加快广西石化产业配套体系建设，初步形成了"油、煤、气、盐"四头并进的较为完整的石化产业链，林产化工、钛白新材料等特色化工产业初具规模，精炼石油产品制造业、涂料油墨类制造业、合成材料制造业、专用化学品制造业、橡胶制品业等行业加快向高附加值发展。园区集聚效应显著，初步形成了钦州石化产业园、北海铁山港石化产业园、田东石化工业园区等石化产业基地，汇集了中国石油、中国石化、中国海油、上海华谊集团、浙江恒逸集团、桐昆集团等一批大企业集团，形成了国企、民企、外企多种形式的混合资本投资发展格局。

——绿色化改造。围绕实现碳达峰、碳中和目标，贯彻循环经济、节能减排、生态保护、安全发展的理论，构建生态型绿色化工产业，推进传统化工产业绿色低碳转型升级。利用北部湾原料供应条件、港口化工原料罐区进口条件，重点引进一批化工新材料和特种化学品项目落户，落户广西的孚宝化工码头、苏伊士危废处置、普莱克斯大型空分等达到国际标准的专业配套建成投产，进一步提升片区绿色石化产业配套服务。狠抓一批重点产业项目建设，重点推进高端化工化纤、化工新材料、清洁燃料等一批补链延链项目，填补绿色高端石化产业链，华谊化工新材料一体化基地、恒逸石化钦州高端绿色化工化纤一体化基地、桐昆北部湾（钦州）绿色石化一体化产业基地、中国石油广西石化炼化一体化升级转型百万吨乙烯等石化龙头项目落户并开工建设，绿色高端化工新材料产业集群成为全区重点优势产业集群。

专栏2-5　广西钦州石化产业园绿色化发展之路

2009年启动建设的广西钦州石化产业园是西南地区唯一以"中国石油化工"命名的化工园区，入选了国家首批循环化改造示范试点园区，2017年以钦州石化产业园为核心的广西北部湾石化产业基地列入国家"十三五"时期西部大开发重大工程项目储备，经过多年的壮大发展，现已成为西南地区最大的能源化工基地，临港绿色石化产业实现突破发展，对经济发展的支撑作用不断凸显。

严守安全环保底线。开展科技攻关，推进原料、装置运行和产品结构优化，推动企业开源节流降本增效。全面加强产业谋划布局，坚持"强龙头、补链条、聚集群"，加强园区企业在用地、原料、供热、码头等方面加强合作，促进循环经济和资源高效利用，实现装置互通、物料互供、链条互联、优势互补；同时要求落户园区的项目具有投入产出大、带动作用强、工艺技术先进的基本条件，且项目需与园区产业链紧密联动发展。

加强环保体系建设。厚植绿色低碳发展理论，走"资源节约型、环境友好型"发展道路，致力于打造成为"国内领先、世界一流"环境友好型炼厂的广西石化，投入超30亿元推进园区环保建设，全力打造绿色炼厂，在烟囱口加装复杂的过滤系统，依靠化学反应把其中的物质消耗转化成水蒸气，并实现园区全覆盖。自项目投产以来，截至2020年底，园区累计节能45万吨标准煤、节水977万吨，从源头上实现污染物资源化、减量化，清洁生产达到世界一流水平。

严格污水排放执行标准。按照国家《污水排放综合标准》一级标准，按照"清污分流，污污分流"的原则，对污水分类收集与分质处理，从项目设计阶段就力求污染物排放本质达标，废水全进行生物化处理，合格后部分排放，部分回收利用；回收雨水进行处理补水，每年可回收雨水100万立方米以上，大大降低了新鲜水的使用量。厂区排水系统主要包括含油污水系统、含硫污水系统、含盐污水系统、生活污水系统、雨水系统，污水管网采用管道架空方式输送，其中含硫污水经酸性水汽提装置处理后，再送至污水处理场进行深度处理，废水排放污染物远低于目前执行的《石油炼制工业污染物排放标准（GB 31570-2015）》限值要求，排污处理技术达到全国乃至世界领先。中石油广西石化投产10多年来，污水100%达标排放，先后荣膺国际项目管理大会（IPMA）国际卓越项目管理最高奖项——特大型项目金奖，2018年获得广西"清洁生产企业"荣誉称号，2021年获得广西壮族自治区"绿色工厂"荣誉称号。

全力开发高端新产品。落实精细管理，精选原油品种，拓展原料来源，先后加工世界上27个国家的58种原油，出厂产品合格率达到100%。围绕劣质原油加工、减油增化、减油增特，大力开展技术攻关，在实现"吃粗粮、产精品"的基础上，不断开发高端产品，打造市场知名品牌产品，取得国家级科技进步奖2项，突破"卡脖子"技术壁垒，全力打造"信息化工厂""智能化工厂"，技术经济指标逐年提升。

五、机械工业

近年来，广西机械工业发展迅猛，呈现总量扩大、质量提升的良好发展局面，涌现出玉柴、柳工等一批国内外知名企业和品牌，成为广西继食品、冶金、汽车之后的第四大工业产业。

——产业规模。2020年，广西机械产业企业实现营业收入1281.7亿元，与上一年相比增长7.7%，其中金属制品制造业营业收入213亿元，与上一年相比增长6.1%；通用设备制造业营业收入326亿元，与上一年相比增长8.7%；专用设备制造业364亿元，与上一年相比增长6.6%；铁路、船舶、航空航天和其他运输设备制造业62亿元，与上一年相比下降11.9%；电气机械及器材制造业301亿元，与上一年相比增长18.5%。产品市场占有率稳步提升，2020年，广西发动机产量为19939万千瓦，比2015年增长7.5%；工程机械、内燃机产量分别占全国的17%、10%，排全国前三位，工程机械、电工电器、石化通用机械、农业机械、机床工具五个行业所占比重较大，占全区机械工业比重76%左右，特别是电工电器行业占45%左右、工程机械行业占10%左右；玉柴柴油发动机销量53.45万台，排全国第三，柳工欧维姆预应力锚具国内市场占有率居全国第一，上汽通用五菱的微型汽车和多功能乘用车、广西玉柴机器股份有限公司的车用柴油机等产品市场占有率排名全国第一。

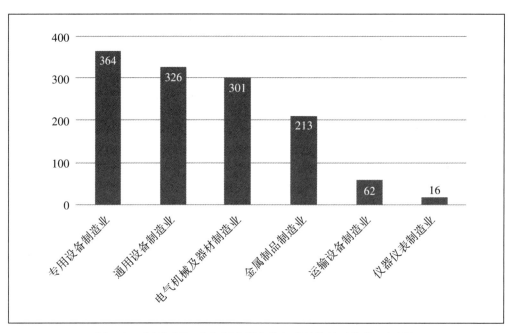

图2-9　广西机械工业各行业营业收入变动趋势（单位：亿元）

数据来源：《广西统计年鉴（2021）》。

　　注：机械产业计算包含金属制品业，通用设备制造业，专用设备制造业，汽车制造业，铁路、船舶、航空航天和其他运输设备制造业，电气机械及器材制造业等6个行业。

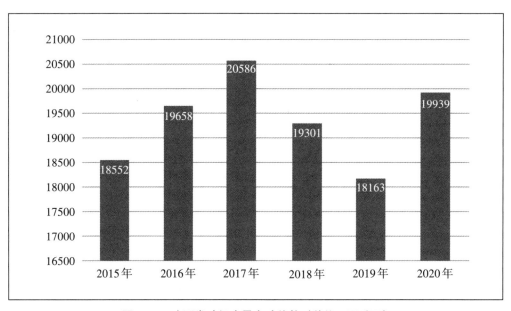

图2-10　广西发动机产量变动趋势（单位：万千瓦）

数据来源：《广西统计年鉴（2021）》。

——产业链条。广西大力推进产业结构优化和体系再造，机械工业不断迈向中高端，广西柳工集团有限公司、广西玉柴机器集团有限公司等重点机械行业企业的生产技术水平位于全国前列，初步构建南宁高端装备制造城、广西智能制造城（柳州）、广西先进装备制造城（玉林）"两企三城"机械产业集群，形成包含载货车、客车、乘用车车用内燃机、汽车零部件工业、装载机、挖掘机、内燃机、水电设备、橡胶机械等较为完整的产业格局。积极开展产业链精准招商工作，补齐延长配套产业链，持续推进新一代整机产品更新换代，提高产品市场适应性。在工程机械方面，整机产品包括挖掘机械、铲土运输机械、工业车辆、路面施工与养护机械等，零部件配套产品包括发动机、变速箱、液压件、铸锻件、基础结构件等，广西柳工集团有限公司智能铲装遥控装载机886H、990F挖掘机等新产品完成研发试制。在内燃机方面，整机产品包括车用气体发动机、车用柴油发动机、船电动力发动机、军用特种动力等；内燃机零部件配套产品包括机体/缸盖类铸件、滤清器、曲轴、油底壳、连杆、传感器等。

——绿色化改造。加强自主创新能力，以高端化、平台化、通用化、国际化为原则，建设新产品研发、新工艺应用、供应链管理、智能制造等高效协同的绿色化产业体系。"十三五"时期，广西玉柴机器集团有限公司在传统动力领域领先推出全系列满足车用国家第六阶段机动车污染物排放标准和非道路国家第四阶段机动车污染物排放标准的发动机，在新能源领域成功完成技术路线的确定并推出新品，形成传统动力与新能源动力并驾齐驱的产品战略全布局；与德国埃贝赫公司合作成立发动机排气技术公司，开发生产发动机的后处理催化消声器（封装），加快推进高效节能环保柴油机后处理系统项目，并实现批量生产。广西柳工集团有限公司持续推进技术创新，推动产品升级换代，开展H系列装载机、F系列挖掘机以及传动、液压零部件等研发，进一步降低生产能耗、提升资源循环化利用水平。

专栏2-6　广西柳工集团有限公司绿色化发展之路

近年来，柳工集团瞄准碳达峰、碳中和目标，全面推动构建绿色低碳循环发展经济体系，大力发展绿色低碳的新技术、新产业和新业态，构建绿色低碳的技术产业支撑体系，推进企业发展和产品生产加速向数字化、电气化和清洁化方向转型。

扩大新型节能技术应用。建立健全绿色低碳循环发展的经济体系，进一步优化企业生产能源结构，促进新型节能环保技术、装备和产品研发应用，成功推出新一代电动装载机、挖掘机，柳工电动装载机856H-EV凭借安全环保、强劲有力、高效节能等性能优势，在川藏铁路建设工程中发挥了关键作用，有力征服川藏铁路极限工况，引领行业技术发展方向。柳工集团研发生产的856E-MAX电动装载机已领先行业，实现大量交付，自上市以来电动装载机充分发挥了动力强、满斗率高、故障率低、节能明显、静音等多重优势，既能满足企业生产能力的输出，同时也能达到企业低碳排放的环保要求。

推动科技自立自强。不断加大研发投入，建立研发项目张榜挂帅制度和研发项目奖励，同时建立专家梯队成长通道，依托柳工集团五大国家级研发中心，汇聚一批柳工集团科学家和海外标杆企业创新人才，集聚全球创新力量。"十三五"期间，柳工集团研发投入保持年均10%以上的增长率，申请技术专利成果达1358项，成功研制全国首台5G智能遥控装载机、无人驾驶压路机，新一代绿色纯电动智能化装载机、挖掘机成功推向市场，领导行业技术发展，先后荣获国家科技进步奖5项，参与"天眼"、港珠澳大桥等国家超级工程建设。

发展绿色循环经济。积极贯彻新发展理念，将节约文化融入企业战略布局上，大力发展环境产业，推动实施建筑垃圾资源化项目，将建筑材料废弃物进行回收处理，经过移动破碎筛分转化成建筑领域的再生骨料，实现绿色循环经济模式。柳工集团开展的柳州市移动式建筑垃圾资源化项目处理建筑垃圾量可达到50万吨/年，90%以上的建筑垃圾可转化为再生骨料，建筑垃圾达到资源化、减量化、无害化利用，真正变废为宝、再生利用。

六、建材工业

近年来，广西以供给侧结构性改革为主线，加快建材工业转型升级和绿色发展步伐，一批新技术、新装备、新产品加快发展，逐步形成以水泥制品、光伏、新型装配式建筑材料、先进陶瓷等绿色建材产品为主的行业发展格局。

——产业规模。2020年，广西建材企业营业收入1627.3亿元，与上一年相比增长12.1%，其中非金属矿采选企业营业收入144亿元，与上一年相比增长29.2%；非金属矿物制品企业营业收入1484亿元，与上一年相比增长10.7%。主要产品有硅酸盐水泥熟料、水泥、瓷质砖、天然大理石建筑板材等，桂林龙胜滑石矿为中国第二大滑石矿，其中2020年水泥产量12149万吨，比2015年增长9%。

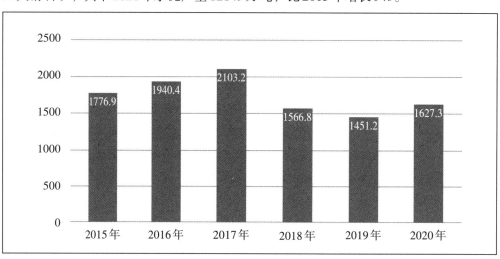

图2-11　广西建材工业企业营业收入变动趋势（单位：亿元）

数据来源：《广西统计年鉴（2021）》。

注：建材产业计算包含非金属矿采选业、非金属矿物制品业等2个行业。

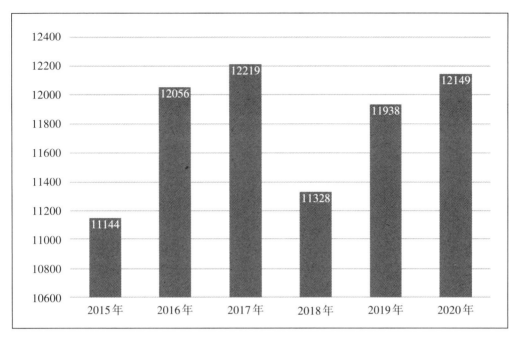

图2-12　广西水泥产量变动趋势（单位：万吨）

数据来源：《广西统计年鉴（2021）》。

——产业链条。紧紧围绕供给侧结构性改革和加快产业结构优化调整，压减水泥、平板玻璃等行业过剩产能，改善企业发展环境，增强企业创新能力，扩大新型、绿色建材生产和应用，优化产业布局和组织结构，从而有效提高建材工业的质量和效益。着力培育新增长点，积极承接东部建筑卫生陶瓷转移，打造滑石、碳酸钙、高岭土深加工产业示范基地，形成以水泥、水泥制品、平板玻璃及玻璃深加工、建筑卫生陶瓷、非金属矿深加工及制品、无机非金属新材料及制品、传统房建材料、新型墙体材料等多产业、多门类、多层次的较完备的建材工业体系。

——绿色化改造。推动建材相关企业通过依靠推广应用余热余压利用技术、电机变频技术、烟气脱硫脱硝技术、富（全）氧燃烧技术、高压注浆成型技术、粉磨节能技术、陶瓷超薄技术、非金属矿气流磨技术等先进节能减排技术推进建材行业技术节能。引导企业提升清洁生产水平，开发并利用适用技术实施节能减排技术改造，推广适用于建材的能源梯次利用技术装备，推进能源、环境、节水合同管理，研究完善重点行业清洁生产标准，降低能耗和排放水平，重点发展新型碳酸钙、新型干法水泥、优质浮法玻璃、高档建筑卫生陶瓷和新型建筑材料，提高非金属矿深加工程度。新型干法水泥快速发展，高效除尘设施的大量使用，主要污染物单位排放强度不断下降，环保治理成效显著，广西新型干法水泥产能占总产能80%以上，利用纯低温余热发电达90%，均位居全国前列。

七、电力工业

近年来，广西加大电力行业投资建设力度，持续完善电网结构，电力工业实现快速发展态势，供电能力和供电水平不断提升，初步构成结构清晰、布局合理的电网体系，打造坚强可靠、绿色高效的智能电网，有力支撑经济社会快速发展。

——产业规模。截至2020年底，广西拥有500千伏输电线路9252公里、220千伏输电线路19755公里，电网500千伏系统呈现"四横两纵"网架格局，实现全区14个设区市全覆盖，220千伏系统形成以环网和链式结构为主的坚强骨干网架，110千伏系统县域全覆盖。2020年，广西境内电源装机达到5147万千瓦，其中水电1756万千瓦、火电2341万千瓦、核电217万千瓦、风电643万千瓦、光伏发电190万千瓦、风电发电193万千瓦；全年发电量1935亿千瓦时，全年全社会用电量2025亿千瓦时，比上一年增长6.2%，增速居全国第六；电力生产企业营业收入508.6亿元，比2015年增长61.1%；全年全社会用电量、最高用电负荷分别达到2025亿千瓦时、3520万千瓦，在2015年的基础上分别增加691亿千瓦时、1270万千瓦，是2015年的1.52倍、1.56倍。

表2-4　广西电力行业营业收入变动趋势

行业	2015年营业收入（亿元）	2016年营业收入（亿元）	2017年营业收入（亿元）	2018年营业收入（亿元）	2019年营业收入（亿元）	2020年	
						营业收入（亿元）	比2015年增长（%）
电力、热力的生产和供应业	1214.6	1131.9	1051.2	1224.7	1370.2	1488.0	22.5
电力生产	315.8	310.6	342.6	416.7	487.9	508.6	61.1
火力发电	141.4	118.6	122.2	183.4	237.7	235.6	66.6
水力发电	169.6	152.8	140.2	129.7	124.3	123.6	−27.1

数据来源：《广西统计年鉴（2021）》。

——产业链条。持续优化电源结构，推动电力工业多元化发展，提升新能源装机占比，截至2020年底，广西境内电源装机5160万千瓦，是2015年的1.49倍，非化石电源装机占比超过50%，风电、光伏装机分别为650万千瓦、200万千瓦，较2015年分别增加610万千瓦、188万千瓦，分别是2015年的16.25倍、16.67倍[①]。积极拓展电力开放合作，广西500千伏电网依托"西电东送"南通道，以南部沿海火电基地和红水河流域水电基地为支撑，推动完善电力网架格局，2016年金中直流投

——————————

① 数据来源：广西电网公司统计数据。

产，开启云电送桂，新增送入电力超300万千瓦，加上原有规模144万千瓦，区外送入电力总规模超450万千瓦。安全稳妥发展核电，稳步推进防城港红沙核电3—6号机组建设，加强核电厂址资源规划和保护，加大核电利用知识普及力度；清洁高效发展煤电，加快重启神华国华广投北海电厂及桂东电力贺州燃煤发电项目建设，满足工业园区用热需求，建设一批高效利用的背压式热电联产机组，持续推进在运煤电机组超低排放和节能改造，有序开发沿海后续煤电项目建设，强化北部湾能源基地建设。

——绿色化改造。以转变能源发展方式和提高发展质量为中心，构建清洁低碳、安全高效的现代能源体系，提高能源保障能力。加快构建现代智能电网，稳步推进乌东德电站送电广东广西特高直流示范工程建设，提高电力输送能力，加大储能、"互联网+"、需求侧响应等新技术的应用，提升电网智能化水平。在风电装机、光伏装机容量逐年递增的同时，广西已连续三年全额消纳清洁能源，实现"零弃水、零弃风、零弃光"，2020年广西全额消纳水电496亿千瓦时，风电106亿千瓦时，光伏发电17亿千瓦时，核电168亿千瓦时，相当于实现替代标煤约2203.6万吨，减少二氧化碳排放约5729万吨，减排效果相当于千万亩森林的净化效果。

专栏2-7 中国南方电网有限责任公司绿色化发展之路

近年来，南方电网公司聚焦低碳发展、绿色发展，发挥电网的"绿色平台"作用，有序推进水电、风电、光伏、核电以及生物质等可再生能源的有序开发和充分利用，推动可再生能源高质量发展。

精细化调度区域电源。深入实施西电东送国家战略，建成投产昆柳龙直流、云贵互联等六项重点工程，其中昆柳龙直流工程是世界首个特高压多端柔性直流输电工程，创下19项世界第一。"十三五"期间，广东、广西、云南、贵州、海南等南方五省区水电、风电、光伏累计装机较"十二五"末分别增长22%、115%、1070%，非化石能源装机和电量占比连续五年超过50%，位居世界前列；南方电网已形成"八交十一直"西电东送大通道，送电能力达到5800万千瓦，五年累计送电量达到1.07万亿千瓦时，清洁能源电量占比达到84%，累计减排二氧化碳超过7亿吨，相当于3.7亿棵普通成年树一年的二氧化碳吸收量。

推动绿色低碳转型。南方电网公司推动绿色低碳转型，充分发挥大电网资源优化配置作用，持续开展清洁能源消纳专项行动，清洁能源消纳水平领跑全国。2020年，南方五省区水能利用率超过99.5%，风电、光伏发电利用率均达99.7%，基本实现全额消纳。大力推动能源供给侧结构优化调整，非化石能源装机和电量占比连续五年超过50%，位居世界前列；南方五省区2020年单位GDP电力二氧化碳排放较2005年下降51%，为实现碳达峰、碳中和目标奠定了坚实基础。

提升输配电损耗管理数字化智能化水平。在助力交通运输业绿色低碳发展方面，"十三五"以来，南方电网公司累计建成充电桩4万余个，搭建了珠三角城际、海南岛环岛快速充电网络，打通北京至珠三角高速充电网络；建成充电服务平台"顺易充"，为100万户用户提供便捷高效的充电服务，让电动汽车畅行无阻。在港口岸电、电蓄冷、电磁厨房等13个重点领域积极推进电能替代，五年来累计实现替代电量约1000亿千瓦时，促进用户侧减少碳排放超过6600万吨，2020年南方五省区电能占终端能源消费比重达32%，高于全国平均水平。

八、有色金属

广西有色金属矿产资源极为丰富，铝产业更是广西的"家底产业"。近年来，广西持续推进有色金属"二次创业"，产品生产逐步走向规模化、一体化、基地化、生态化，产业精深加工链条加快完善，聚群效应显著增强。

——产业规模。广西是中国重点有色金属产区，2020年有色金属行业企业营业收入1858.6亿元，比2015年增长49.0%，其中有色金属冶炼及压延加工业营业收入1753亿元，比2015年增长88.7%。十种有色金属产量达到414万吨，比2015年增长162.6%，主要产品有铅、锌、锡、铟、镓、稀土功能材料、氧化铝、电解铝、铝型材、高精度铝板带箔、航天航空用铝合金材料等，其中铝工业成为广西最具发展潜力的优势产业。2020年，氧化铝、电解铝产量分别达到941.1万吨和217.8万吨。

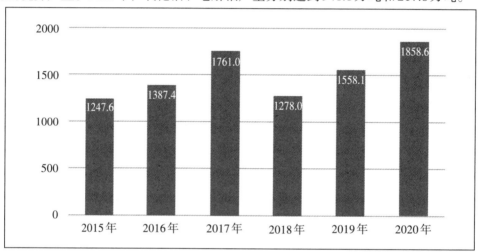

图2-13 广西有色金属行业企业营业收入变动趋势（单位：亿元）

数据来源：《广西统计年鉴（2021）》。

注：有色金属行业计算包含有色金属矿采选业、有色金属冶炼及压延加工业等2个行业。

表2-5 广西有色金属主要产品变动趋势

产品名称	2015年产量（万吨）	2016年产量（万吨）	2017年产量（万吨）	2018年产量（万吨）	2019年产量（万吨）	2020年	
						产量（万吨）	比2015年增长（%）
十种有色金属	157.7	180.4	230.2	285.9	373.8	414.0	162.6
铝	57.6	78.4	120.6	167.6	227.8	217.8	278.3
锌	50.2	46.2	46.2	49.9	50.3	66.1	31.7
锡	1.2	1.1	1.5	0.9	0.8	1.0	-13.3
氧化铝	846.0	906.0	1045.8	818.6	846.5	941.1	11.2

数据来源：《广西统计年鉴（2021）》。

——产业链条。广西铝工业已建成包括铝土矿勘探、开采，氧化铝，电解铝，铝型材，板材，带材，箔材，碳素，氟化盐等比较齐全的工业体系，形成粗加工到深加工、低附加值产品到高附加值产品生产的比较完整的产业链，逐步推动铝工业实现由资源开发型向综合加工制造型的转变。持续优化产业结构，铝材加工产能增长迅猛，铝加工从普通的建筑型材逐步向高端建材，重点推动铝下游精深加工产品由较为单一的普通建筑铝型材，向航空航天、轨道交通、海洋船舶、电子电器、城市建筑及消费品等中高端铝材和大型部件延伸。南南铝业股份有限公司成功研发供应乘用车覆盖件用的6系铝合金板，广投柳州银海铝业股份有限公司开发出高性能、高附加值的宽幅铝合金船板、罐车料，并形成年产3万吨罐车料的加工能力；铝土矿—氧化铝—电解铝—铝精深加工的铝全产业链基本形成，氧化铝、电解铝、铝精深加工产业链取得新进展，金属新材料产业集群有力推动延伸家电精品钢、航天和轨道交通用铝、铝轮毂、铝车身等下游高端产品。

——绿色化改造。以建设资源节约型、环境友好型有色金属产业体系为重点，加快推进广西生态铝工业基地、广西南国铜业、百色生态型铝产业示范基地、沿海铜镍基地、河池生态环保型有色金属产业示范基地、梧州国家级"城市矿产"示范基地建设。

专栏2-8　广西铝产业绿色化发展之路

铝产业是广西重点资源型产业，在国民经济中占有十分重要的地位。"十三五"以来，广西铝产业在转变发展方式、促进结构调整、推动科技创新与进步、提升发展水平、加强资源综合利用、加快节能减排和绿色发展等方面取得了长足进步，铝产业呈现出结构调整与转型升级向纵深方向转折，终端产品发展向中高端和高端方向转变。

打造"铝—电—网"发展模式。积极探索创新"铝—电—网"一体化的铝产业发展模式，建成百色新山、莲塘、湖润、马隘4座220千伏变电站及平果—田东—田阳—德保—靖西相连相通220千伏输变电线路的区域电网，已建成覆盖铝产业的网架结构，实现孤网安全运行，较大幅度地降低电解铝企业的铝水生产成本，广投银海百色铝业、信发铝业原停产的电解铝产能大幅提升，华磊新材料、来宾银海铝二期等项目实现竣工投产。

推动生态型铝产业加快发展。推动广西平果和泰科技有限公司6万吨/年氟化铝、中铝广西分公司50万吨/年赤泥综合利用等项目竣工投产，铝产业配套产业日益完善，生态型铝产业链初具规模；百矿集团德保、隆林、田林等项目建设完成。先后启动建设贵港中强铝业全铝车厢、柳州博瑞恩半固态压铸铝合金模板、南南电子汽车新材料精深加工技术改造、广西正润日轻高纯铝科技有限公司偏析法高纯铝技改、广西百兴金兰铝工业园铝精深加工等一批铝精深加工项目，有力推动产业链延伸。

搭建行业高层次人才发展平台。百矿集团与上海交通大学已成立先进铝合金材料联合研究中心；德保华银铝业与中南大学、平果市与中车研究所共建产学研基地；国家级专家服务基地、中国高校（百色）科技成果转化中心及百色市科技成果交易平台在百色高新区揭牌；南南铝加工有限公司等企业聘请国家工程院院士、"铝973"项目首席科学家等一批国内顶尖铝加工专家作为研发的中坚力量，并聘请德国、美国、瑞士等铝加工行业知名企业专家作为顾问。

九、造纸与木材加工

广西是全国生态环境最优良的省区之一，森林覆盖率达62.5%，人工林面积超过1.34亿亩，约占全国的十分之一，是全国主要的速生丰产林生产基地，木材产量超过4200万立方米，林木采伐许可证发证蓄积量超过全国总量的四成，以约占全国5%的林地，生产出了超过全国50%的木材，丰富的木材资源奠定了造纸与木材加工业"千亿元产业"的基础。

——产业规模。广西全力把速丰林基地建设向规模化、产业化加快发展，充分利用岩溶地区有限的土地资源，致力于建设现代化的林业强区。"十三五"期间，全区造纸与木材加工行业产值年均增长14%，2020年达2900亿元，企业数量1543家，比2015年增长81.5%。其中，林业总产值年均增长11.8%，2020年超过7500亿元，五年实现"三级跳"，从全国第五位跃升到第二位；林下经济产值达到1235亿元，年均增长11.6%；林业生态旅游产值达到1300亿元，比"十二五"末增长6倍多。多项产品产量稳居全国前列，"高林""丰林""三威"等纤维板以产量大、质量优而享誉全国，人工林、速丰林面积多年稳居全国第一；全区木材产量达3500万立方米，居全国第一；人造板产量5000万立方米，年均增长10%，居全国第三；广西已成为全国桉木旋切单板生产基地，异型胶合板、木衣架产量居全国第一。

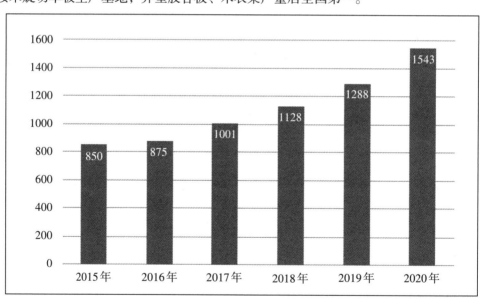

图2-14　广西造纸与木材加工行业企业数量变动趋势（单位：家）

数据来源：《广西统计年鉴（2021）》。

注：造纸与木材加工行业计算包含木材加工及木竹藤棕草制品业、家具制造业、造纸及纸制品业、印刷和记录媒介复制业等4个行业。

——产业链条。深化林（竹）浆纸一体化、林板家具一体化结构调整，建设人工速生丰产林基地，使大型制浆造纸和木材加工企业用材供应基地化，重点培育有原料基地的造纸与木材加工企业，延长产业链，提升企业市场竞争力与抗风险能力，提高资源利用效率，形成以板—纸养林、以林促板—纸发展的产业格局。引进一批大型造纸企业项目，加快产品结构化升级发展，吸引了太阳纸业、玖龙纸业、仙鹤纸业、建晖纸业等大型龙头造纸企业签约落户广西，其中广西金桂二期、太阳纸业一期项目顺利开工建设。截至2020年底，全区已建和在建的木材加工园区达32个，1222个各类现代特色林业示范区（园）中，入园企业有2400余家。充分发挥林木资源优势，打造原材料基地—人造板—高端绿色家居全产业链，初步形成以南宁、北海、钦州、防城港、崇左等城市为中心的木材加工产业集群，以南宁、玉林为中心的胶合板、纤维板、刨花板产业集群，以崇左凭祥为中心的红木家具、红木工艺品产业集群，以南宁、贵港、崇左为中心的家具产业集群。同时，做大做强以中药材为主的林下经济，打造"环绿城南宁森林旅游圈"，建设精品示范基地，已实现林下经济、林业生态旅游晋升千亿元产业的重大突破，与木材加工业协同形成"千亿元集群"。推动共建中国—东盟人工林培育与利用创新高地，建设广西香精香料创新高地，加快中国广西进口木材暨高端绿色家具家居产业园等重点园区建设，优化沿海沿边进口木材加工产业布局。

——绿色化改造。加大力度推行清洁生产技术，鼓励企业开展清洁生产审核，淘汰落后装备，开展造纸行业专项治理，减少污染物产生及排放，保障达标排放，广西博冠环保制品有限公司获得国家首批绿色工厂称号，广西金桂浆纸业有限公司获得广西第三批绿色工厂称号，白卡纸获国家级绿色设计产品称号。提升工艺装备水平，鼓励企业增加高端、绿色、环保产品产业比重，加大对人造板行业的结构调整。例如，广西化学浆生产企业对原有的传统三段漂进行改造，完成了无元素氯漂白改造、转产本色浆；推动生活用纸企业加快设备升级，以高速宽幅纸机替代原有的低速高能耗小纸机。建设高标准高质量商品林，推进桉树、松树、杉木等核心树种森林资源高产高效培育和经营质量精准提升，大力发展速生珍贵树种和乡土树种，打造全国最大的木材战略储备核心基地。

专栏2-9　造纸产业绿色化发展之路

近年来，广西制浆造纸企业及相关科研单位积极开展各项研究及技改工作，着力提高企业生产效率、产品品质、市场竞争力。

推广先进装备及技术。推动造纸工业向节能、环保、绿色方向发展，加强纤维原料高效利用技术、清洁生产和资源综合利用技术的研发及应用，提升能源利用效率。积极引进先进生产工艺及装备，助推企业提质增效与节能减排，推广高得率制浆木材备料—木片厚度筛；采用蔗渣备料—湿法备料，备料浓废水单独做前端处理，回收热能；备料废渣收集做生物质锅炉燃料。采用连续蒸煮及置换蒸煮工艺技术；推广本色蔗渣浆清洁制浆技术；采用竹木浆延伸低能耗技术。蒸发推进结晶蒸发技术，提高黑液出站浓度；采用高效碱炉，竹木浆碱回收炉蒸汽压力要提到次高压；草浆碱回收炉蒸汽压力要提到中压。推进采用连续苛化、过滤技术，提高白液的澄清度，提高白泥干度；推进采用循环流化床锅炉，锅炉能混烧生物质燃料，用废渣白泥做脱硫剂技术。

加大企业技术研发投资力度。重视知识产权保护，获多项国家专利，广西金桂浆纸业有限公司、桂林奇峰纸业有限公司、南宁侨虹新材料股份有限公司、广西天力丰生态材料有限公司、广西侨旺纸模制品股份有限公司、广西桂海金浦纸业有限公司等企业先后被评为高新技术企业。广西大学、广西博世科环保科技股份有限公司联合开发的"造纸与发酵典型废水资源化和超低排放技术关键技术及应用"项目获2016年度国家科技进步二等奖；广西大学、广西博世科环保科技股份有限公司合作完成的"大型二氧化氯制备系统关键技术研发及其在纸浆清洁漂白中的应用"先后获得了2018年度教育部技术发明一等奖、中国轻工业联合会2018年度技术发明奖一等奖、2019年度国家技术发明二等奖；广西大学、赣州华劲纸业有限公司作为主要完成单位完成的"竹子清洁化制浆造纸与资源化利用关键技术开发及应用"荣获2017年度广西科学技术奖科技进步奖二等奖。

打造循环经济产业链。推进糖纸一体化循环经济体系，充分发挥甘蔗渣作为可再生资源的优势，同时具有来源集中、产量大、收集简单、运输半径小等特点，推动糖纸企业将甘蔗渣用作制浆造纸、食用菌栽培等，甘蔗渣的综合利用在制糖企业提高循环经济效益、可持续发展中起到了是非常重要的作用。利用甘蔗渣制浆造纸已成为广西制糖产业链上的重要一环，是广西糖业循环经济的重要组成部分，其主产业链为蔗渣—制糖—造纸—纸制品加工。积极推进造纸纤维原料高效利用技术的发展，重点支持生物质精炼、生物能源和生物质原料技术开发和纳米纤维素、木质素、生物酒精、生物质和黑液气化、工业固废综合利用等技术研究成果与应用，提高造纸与木材加工业的资源附加值。

十、电子信息

"十三五"期间，广西电子信息产业集群发展规模逐步壮大。2020年统计数据显示，南宁市、北海市、桂林市的电子信息产值占全区的86.40%，初步形成南宁高新技术产业开发区、北海经济技术开发区、桂林高新技术产业开发区等一批重要的电子信息产业集聚区，网络通信设备、手机零部件及终端、新型显示等领域引领带动产业集聚发展态势明显。

——产业规模。2019年，广西电子信息制造业规模以上工业企业232家，完成工业总产值1330多亿元，比上一年增长5.2%；完成工业销售产值1327亿多元，比上一年增长6.2%，广西电子信息制造业总体发展规模在全国排名第十七位。2020

年，广西计算机、通信和其他电子设备制造业营业收入1194亿元，企业数量222家、比2015年增加98家。其中，2020年北海市的电子信息产业逐步向千亿元产业迈进，全年电子制造业产值占全市规模以上工业总产值的22.6%。

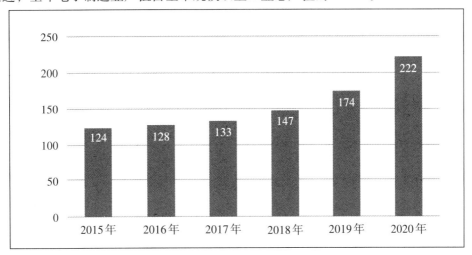

图2-15　广西计算机、通信和其他电子设备制造业企业数量变动趋势（单位：家）

数据来源：《广西统计年鉴（2021）》。

——产业链条。通过龙头引领、项目带动、优化布局、创新驱动、精准招商、政策支撑等措施，全面提升广西电子信息制造业核心竞争力和综合发展水平，成功打造北海、桂林、南宁电子信息产业基地，南宁声学、北海新型显示、桂林智能终端等产业集聚发展，电子计算机、光通信设备、医疗电子、电子元器件、光伏产品以及LED（发光二极管）产品、电机产品、汽车电子产品等为主的产业体系加快形成。打造惠科电子的新型显示器产业链、手机产业链、电声产品产业链以及5G通信设备及应用产业链，重点以南宁、北海、钦州为核心，布局以北海惠科光电显示有限公司、钦州泰嘉光电显示有限公司等企业为龙头，加快推进梧州三杰电子、桂林美盈显示屏、北海翰博士触控模组等一批补链强链的项目，重点发展触摸屏、显示器、4K/8K超高清电视以及VR/AR（虚拟现实/增强现实）显示器件等产品，形成较为完整的新型显示产业链。以中国—东盟信息港建设为抓手，引进富士康、冠捷等世界著名电子企业，推动阿里巴巴、中国兵工集团、华为、浪潮等一批知名电子信息企业落地，大力发展跨境电商、北斗信息服务、智慧城市、云计算、应用软件等新兴电子信息产业，基本形成了以广西为支点，面向东盟，服务西南、中南的信息枢纽。

——绿色化改造。充分发挥龙头企业在推动产业发展、带动项目建设、完善产业配套的引领带动作用，集中力量培育和扶持一批掌握核心技术、拥有自主产权、具有较高市场占有率的电子信息制造业龙头企业，通过产业集聚效应带动上下游产业链企业落户发展，进一步完善产业配套能力和水平，提高产能利用率。在重点领域建设智能工厂，加快建立以数控机床、智能工业机器人、人机交互等相互协调联动的智能化生产线，加强工业互联网在实时数据采集、远程网络监控等方面的应用。研发生产各领域节能环保绿色装备，引导有色金属、建材陶瓷等传统制造业对生产使用高耗能设备系统进行智能化改造。以信息化助力智慧城市建设，加快推动网络基础设施宽带化智能化升级，着力加强云计算、大数据、智慧城市等应用基础设施的部署，推动广西联通与华为、中兴通讯、大唐电信、上海贝尔等硬件、软件及集成支撑开发企业共同成立广西联通智慧城市产业联盟；推动中国电信与自治区政府、14个地市政府签订智慧城市战略合作协议，打造的"爱城市"智慧城市一站式公共信息服务平台已覆盖柳州、南宁等地市，共同助力广西智慧旅游试点城市建设。

专栏2-10　北部湾经济区电子信息产业绿色化发展之路

近年来，广西北部湾经济区紧紧围绕战略性新兴产业，以重大项目为抓手，延伸和打造产业链、创新链、供应链，快速升级发展电子信息产业，逐渐形成较为丰富的电子产品种类，迄今创造了多个广西乃至全国第一。

推动大型龙头企业落地生根。近年来，广西北部湾经济区连续引进一批重点龙头企业，包括全球500强富士康、全国百强中国电子、全球最大液晶显示器制造商台湾冠捷、全球最大台式电脑光驱生产商台湾光宝、全球闪存领先企业朗科、全球最大多媒体音频整机产品提供商三诺、全球最大微电机制造商香港德昌电机、全球最大软件企业甲骨文、市场份额超90%的五星级酒店系统供应商石基信息等，广西惠科精密智能科技有限公司、北海市龙浩光电科技有限公司、北海市润瑞科技有限公司、北海市国腾智达电子有限公司、广西通力电子有限公司、北海宣臻科技有限公司等一批企业落户北部湾经济区。

加快产品优化升级。加快中国—东盟信息港南宁核心基地、南宁创客城以及中关村双创示范基地等的建设，重点抓好电子制造、"互联网+"、"北斗+"、电子硬件产品和软件技术融合等产品研发及产业化发展，推动北部湾经济区升级发展。产品包括网络通信设备、数字机顶盒、手机、电脑、液晶显示器、耳机等近100个品种，涉及计算机整机及零部件、通信和网络设备、智能家电、光伏与LED、电力电子、元器件、移动智能终端、软件和信息服务业八大板块。从北部湾经济区生产的电子产品填补了一批广西乃至全国空白，包括全国第一条固态钽电容生产线，广西第一块笔记本电池、第一个电脑电源、第一台平板电脑及笔记本整机、第一台LED自适应显示器、第一台液晶电视、第一台智慧音响等。

强化平台集成效应。北部湾经济区围绕高端化、品牌化、体系化目标，以南宁高新技术产业开发区、南宁江南工业园区、北海高新技术产业开发区、北海工业园、钦州高新技术产业开发区、防城港高新技术产业开发区等为依托，建设南宁—钦州—防城港—北海电子信息高新技术产业带，加快建设北海中国电子信息产业基地、中国电子北部湾信息港、北海高新技术产业开发区软件与信息服务业基地、新加坡电信中国呼叫中心基地及东盟产业融合大数据服务基地、中马钦州产业园、富士康南宁千亿产业园等，加快布局电镀、模具等产业链条，增强研发、结算、营销等功能，打造以电子元器件、计算机、通信设备、数字电视及软件开发服务为主的"三千亿级"电子信息产业集群。

第三章 广西工业绿色高质量发展支撑要素测评

第一节　广西工业绿色高质量发展水平评价指标体系构建与测算

一、工业绿色高质量发展水平评价指标体系构建

（一）评价指标体系的构建思路

新时代背景下，工业绿色高质量发展水平应当包括两个方面的内容，即"绿色"和"发展"。在工业绿色高质量发展进程中，政府的绿色政策以及社会层面的因素也发挥着重要的作用。我们认为，工业绿色高质量发展除了要提高经济效益以外，还需要获得显著的生态效益和制度效益。作者对目前学术界建立的绿色发展指数评价体系的相关内容进行研究后，决定从经济绩效、生态绩效和制度绩效这三个角度出发，构建工业绿色高质量发展水平的评价指标体系。

首先，工业绿色增长度，主要用于评估工业绿色发展的现状以及潜力，属于经济绩效类指标。

其次，工业资源环境承载力，主要用于评估工业发展对资源的使用情况和对周边环境的破坏程度，属于生态绩效类指标。

最后，政府政策支持度，主要用于评估政府关于工业绿色发展所推出的各项政策的投入情况、实施效果，例如在污染治理和环境保护方面所取得的成果，属于制度绩效类指标。

上述三个指标将作为本文构建的评价指标体系的一级指标，本文也将根据这三个一级指标进行细化，设置二、三级指标，以此为依托构建整套评价指标体系，完成对工业绿色高质量发展水平的客观科学评价。

（二）评价指标体系的内容

根据前文所述的三个一级指标，本文提出工业绿色增长效率、工业绿色增长潜力、工业资源消耗、工业污染物排放、工业污染治理、环境建设这6个二级指标，

然后根据这6个二级指标制定出21个三级指标，表3-1为本文所构建的工业绿色高质量发展水平的最终评价指标体系。

表3-1　工业绿色高质量发展水平评价指标体系

目标层	一级指标	二级指标	三级指标	单位	指标性质
工业绿色高质量发展水平	工业绿色增长度	工业绿色增长效率	A1工业增加值占生产总值比重	%	正向
			A2规模以上工业资产负债率	%	负向
			A3规模以上工业流动资产周转次数	次	正向
			A4规模以上企业实现平均利润	亿元	正向
		工业绿色增长潜力	A5规模以上工业平均有效发明专利数	件	正向
			A6规模以上工业平均R&D①人员数	人	正向
			A7规模以上工业投入的R&D经费占主营业务收入比重	%	正向
			A8规模以上工业新产品销售收入占主营业务收入的比重	%	正向
	工业资源环境承载力	工业资源消耗	B1单位工业增加值用电量	千瓦时/万元	负向
			B2单位工业增加值能耗	吨标准煤/万元	
			B3单位工业增加值用地面积	平方米/万元	负向
			B4单位工业增加值用水量	立方米/万元	
		工业污染物排放	B5工业废水排放量	万吨	负向
			B6工业烟（粉）尘排放量	吨	负向
			B7工业二氧化硫排放量	吨	负向
	政府政策支持度	工业污染治理	C1一般工业固体废弃物综合利用率	%	正向
			C2工业污染治理完成投资占工业增加值比重	%	正向
		环境建设	C3建成区绿化覆盖率	%	正向
			C4人均公园绿色面积	平方米	正向
			C5城市污水厂集中处理率	%	正向
			C6城市燃气普及率	%	正向

（三）指标说明

下文将进一步说明上文所构建的评价指标体系中的各级指标。

1.工业绿色增长度

主要用于评估工业绿色高质量发展的经济绩效，本文提出工业绿色增长效率和增长潜力两个二级评价指标，前者主要用于评估工业经济发展现状，后者主要用于

———————————

① R&D：科学研究与试验发展。

预测工业绿色高质量发展的未来方向。下面将进一步分析工业绿色增长效率和增长潜力这两个二级指标：

（1）工业绿色增长效率的三级指标。

A1工业增加值占生产总值比重＝工业增加值÷生产总值×100%，该指标主要考察不同省份的工业化程度。

A2规模以上工业资产负债率＝负债总额÷资产总额×100%，该指标主要反映不同省份企业经营风险的大小。

A3规模以上工业流动资产周转次数＝主营业务收入÷全部流动资产平均余额，该指标主要反映不同省份资产的利用效率。

A4规模以上企业实现平均利润＝利润总额÷企业单位数，该指标主要体现不同省份工业企业盈利情况。

（2）工业绿色增长潜力的三级指标。

A5规模以上工业平均有效发明专利数＝规模以上工业有效发明专利数÷企业单位数，该指标主要考察不同省份工业企业取得科技成果情况。

A6规模以上工业平均R&D人员数＝全时当量÷企业单位数，该指标主要考察不同省份工业企业研发活动投入人才情况。

A7规模以上工业投入的R&D经费占主营业务收入比重＝R&D经费内部支出合计÷主营业务收入×100%，该指标主要体现不同省份工业企业研发活动投入资金情况。

A8规模以上工业新产品销售收入占主营业务收入的比重＝新产品销售收入÷主营业务收入×100%，该指标主要考察不同省份工业结构变化情况。

2.工业资源环境承载力

在工业发展进程中，一方面有可能造成资源的过度消耗，另一方面有可能对周边的生态环境造成破坏。例如有工厂在没有经过任何处理的情况下，将工业污染物随意排放。本文提出用工业资源消耗和工业污染物排放两个二级指标，来评估工业资源环境承载力。下面将进一步分析工业资源消耗和工业污染物排放这两个二级指标：

（1）工业资源消耗的三级指标。

B1单位工业增加值用电量＝工业用电量÷工业增加值，该指标主要体现不同省份电力资源利用效率。

B2单位工业增加值能耗＝工业能源消费总量÷工业增加值，该指标主要考察不同省份能源利用效率。

B3单位工业增加值用地面积＝工业用地面积÷工业增加值，该指标主要考察不同省份土地资源利用效率。

B4单位工业增加值用水量=工业用水量÷工业增加值，该指标主要反映不同省份水资源利用效率。

（2）工业污染物排放的三级指标。

B5工业废水排放量，指经过企业厂区所有排放口排到企业外部的工业废水，该指标主要考察不同省份水资源的污染程度。

B6工业烟（粉）尘排放量，指企业在燃料燃烧和生产过程中排入大气的工业烟（粉）尘量。

B7工业二氧化硫排放量，指企业在燃料燃烧和生产过程中排入大气的二氧化硫量。

3.政府政策支持度

在污染治理和环境保护方面，政府的各项绿色政策将发挥至关重要的作用。本文通过工业污染治理和环境建设这两个二级指标，来评估政府政策对于工业绿色高质量发展的支持度。下面将进一步分析工业污染治理和环境建设这两个二级指标：

（1）工业污染治理的三级指标。

C1一般工业固体废弃物综合利用率，该指标主要考察不同省份工业废弃物的综合利用能力。

C2工业污染治理完成投资占工业增加值比重=工业污染治理完成投资总额÷工业增加值×100%，该指标反映不同省份政府用于工业污染治理方面的支出。

（2）环境建设的三级指标。

C3建成区绿化覆盖率=区域建成区的绿化覆盖率面积÷区域建成区面积×100%，该指标主要考察不同省份城市绿化情况。

C4人均公园绿色面积=公园绿地面积÷城市非农业人口，该指标主要体现不同省份城市绿化情况。

C5城市污水厂集中处理率=城市污水处理厂处理量÷城市生活污水排放总量×100%，该指标主要考察不同省份城市污水处理能力。

C6城市燃气普及率=城区用气人口÷（城区人口+城区暂住人口）×100%，该指标主要反映不同省份对清洁能源的使用情况。

二、工业绿色高质量发展水平评价指标体系的方法确定

近年来，不少学者都开始深入研究评估工业绿色高质量发展的方法，也提出了不少有参考价值的综合评价方法。通过对学者们已有成果进行归纳和梳理，可以看出目前学者们主要提出两大类综合评价方法：第一，主观赋权评价法，是专家学者将主要根据个人的知识和经验，以定性分析的方式对评价指标体系中的评

价指标赋权。具有代表性的主观赋权评价方法，包括层次分析法、德尔菲法和模糊综合评价法等。第二，客观赋权评价法，是专家学者参考客观实际情况，评估不同指标之间的相关性和变异系数，在此基础之上为评价指标赋权。具有代表性的客观赋权评价方法，包括主成分分析法、TOPSIS评价法、数据包络分析法、灰色关联度法和因子分析法等多种方法。本文接下来将介绍几种常见的主观或客观的赋权评价方法。

（一）主观赋权评价法

层次分析法，是一种有机结合定性和定量分析的评价方法。首先会根据专家的学识和经验，建立判断矩阵，根据判断矩阵来明确评价指标中每一层指标之间的相关性，随后求出判断矩阵的特征值，就可以明确评价体系中各评价指标的权重。

德尔菲法，主要依靠专家的主观经验、知识或者直觉，对评价指标作出判断，然后为评价指标赋权。各专家或权威人士在评价和判断的过程中，主要以信件的方式进行评价和汇总，因此相互之间的意见或看法不会造成干扰，相关人员只需要多次汇总和分析相关专家的评估结果，对评估指标体系中的内容进行多次修订，从而得出科学合理的评价结论。

模糊综合评价法，这一评价方法可以将难以定量、界线模糊的指标进行量化分析，以便于得到更加准确的评价结论。

（二）客观赋权评价法

主成分分析法，通过降维的方式，对评价体系中的评价指标进行分析，找到可以对测算对象进行评价的几个主要评价指标，进而达到简化整体评价过程的目的。

TOPSIS评价法，计算评价指标和最优解与最劣解的距离，然后对所有的评价指标进行排序，根据排序结果，对所有的评价指标进行赋权。

数据包络分析法，主要应用凸分析和线形规划，计算出不同评价指标之间的相对效率值，对评价体系中各评价指标赋权，从而考察投入产出效率。

灰色关联度法，该方法认为在评价过程中，如果发现有部分评价指标很难获得明确数据，那么就可以通过灰色关联度法对已有数据进行评价分析，进而对无法获得明确数据的评价指标作出预测。

因子分析法，主要根据初始指标相关矩阵中的信息，找到不同评价指标之间的因果关系，随后再将这些指标转化为相互独立的综合指标，以避免因此之间的内在因果关系，对最终的评价结果造成影响。

本文将采用主成分分析法对工业绿色高质量发展进行综合评价。

三、工业绿色高质量发展水平测算与分析

（一）全局主成分分析模型

现有关于工业绿色高质量发展指标体系测算的研究多采用经典主成分分析方法，但这种测算方法多基于某一时间的截面数据，测算出来的指标不具备时间上的可比性，难以评价综合性指标在时间上的演变特征。邦佐（Bonzo）等学者于2002年首次提出面板聚类分析方法，此后全局主成分分析法被广泛运用到经济研究的各个领域。全局主成分分析法既能够根据不同的指标体系维度和特征确立客观的权重比例，又能涵盖数据的个体差异和时间趋势，保证了主成分分析结果在时间维度上的一致性和可比性。本文在借鉴邦佐等人的全局主成分分析方法的基础上，构建基于工业绿色高质量发展评价指标体系的全局主成分分析模型，以分析广西工业绿色高质量发展水平在时间上的动态变化趋势以及与我国其他省份的空间差异水平。具体步骤如下：

第一，建立中国省域工业绿色高质量发展评价指标体系的时序立体数据表。在 t 年内的每一年设立一个时序立体数据表：$X_t=(X_{ij})n×m$。其中，t 为样本时间段，本文基于数据的可得性选择2009—2019年的样本，即 $t=11$；n 为样本个体，包括除西藏、台湾、香港、澳门之外的30个省区市，即 $n=30$；m 为变量个数，本文共建立21个基础指标从不同维度衡量工业绿色高质量发展水平，即 $m=21$；X_{ij} 为指标值。本文建立2009—2019年的时序立体数据表，将其按时间顺序构成 $T_{n×m}$ 矩阵，$T_{n×m}$ 矩阵即为全局立体数据表：$X=(X^1，X^2，\cdots，X^T)T_{n×m}=(X_{ij})T_{n×m}$。

第二，对中国30个省区市工业绿色高质量发展指标体系的基础数据进行同向化和全局标准化处理，以消除量纲的影响。由于测算工业绿色高质量发展水平的基础指标属性不尽相同，若对不同性质指标直接线性加总，无法得到不同方向的指标的综合作用结果。因此本文对逆向指标均通过取倒数形式实现正向化。此外，工业绿色高质量发展水平的各项基础指标分别具有不同的量纲和量级，若直接采用原始值，会造成主成分过分偏重于具有较大方差或数量级的指标，因此本文通过均值化方法对原始指标进行无量纲化处理。

第三，计算协方差矩阵。定义全局指标数据表的重心为：$g=(X_1，X_2，\cdots，X_m)=\sum_{t=1}^{T}\sum_{i=1}^{n}p_i^t s_i^t$，其中 p_i^t 为 t 年个体 i 的权重，且满足 $\sum_{t=1}^{T}\sum_{i=1}^{n}p_i^t=1$，$\sum_{i=1}^{n}p_i^t=\dfrac{1}{T}$。因为样本个体的权重 S_i 不随时间的改变而改变，所以全局立体数据的重心即是各时序立体数据的重心平均值，中国30个省区市工业绿色高质量发展测算的全局变量可设定为 x_j，$x_j=(x_{1j}^1，\cdots x_{nj}^1，x_{1j}^2，\cdots x_{nj}^2，x_{1j}^T，\cdots x_{nj}^T)$。

全局变量所对应的全局方差函数是 $e_j^2=var(x_j)=\sum_{t=1}^{T}\sum_{i=1}^{n}p_i^t(x_{xj}^t-\bar{x}_j)^2$，对应全局协方差函数为：$e_{jk}=cov(x_j,x_k)=\sum_{t=1}^{T}\sum_{i=1}^{n}p_i^t(x_{jk}^t-\bar{x}_k)$。

全局协方差矩阵为：$v=\sum_{t=1}^{T}\sum_{i=1}^{n}p_i^t(s_i^t-g)'$。

第四，求协方差矩阵的特征向量。定义协方差矩阵 V 的前 m 个特征值为：$\lambda_1{\geq}\lambda_2{\geq}\lambda_3{\geq}\cdots{\geq}\lambda_m$，其正交特征向量为 a_1，a_2，$\cdots$，a_m，也称全局面板数据主轴 w。

第五，计算主成分。本文定义全局面板主轴 w 的投影变量集为 $C_h(t,i)=(s_i^t-g)'Z_{ah}$，$C_h(t,i)=[C_h(1,1),\cdots C_h(1,n),\cdots,C_h(T,1),\cdots,C_h(T,n)]'\in R^{Th}$，其中，$C_h$ 为第 h 个全局主成分。第一全局主成分对应面板数据系统变化最大的方向，第二全局主成分则对应面板数据系统变化第二大的方向，以此类推。

（二）数据来源

本文在上述指标体系和测算方法的基础上，对广西工业绿色高质量发展水平进行测算，并就相关维度指标与我国除西藏、台湾、香港、澳门之外的其余29个省区市数据进行横向对比，以检视广西工业绿色高质量发展的优势和劣势。本部分测算的数据主要源自2010—2020年的《中国统计年鉴》《中国工业统计年鉴》《中国环境统计年鉴》《中国科技统计年鉴》《中国能源统计年鉴》。

（三）基础指标与权重确定

在运用全局主成分分析法计算评价指标体系的权重系数时，本文首先从工业绿色增长度、工业资源环境承载力、政府政策支持度三个一级指标的维度，对衡量工业绿色高质量发展水平的21个三级指标提取主成分，计算出各指标权重，从而获取三个一级指标的权重。然后，以同样的方法对三个一级指标提取主成分，最终计算得到工业绿色高质量发展水平的综合得分。

对于各省份工业绿色高质量发展指数综合得分的计算，本文采用如下求和公式：$Y_i=\sum(a_i{\times}y_i)$。

其中，Y_i 为工业绿色高质量发展水平的综合得分，a_i 为计算出的工业绿色增长度、工业资源环境承载力、政府政策支持度三个一级指标的权重，y_i 是通过主成分分析法得到的一级指标的得分。本文采用第一主成分来确定权重，将第一主成分系数除以其相应的特征根开根后所得到的单位特征向量作为基础指标的权重（表3-2），由此求得三个一级指标的方面指数，再以同样的方法计算各方面指数的权重（表3-3），最终获得工业绿色高质量发展水平的具体数值。

表3-2　工业绿色高质量发展水平一级指标的统计特征

维度	成分	特征根	方差贡献率	累计方差贡献率
工业绿色增长度	1	3.372	0.422	0.422
	2	1.697	0.212	0.634
	3	1.204	0.151	0.784
工业资源环境承载力	1	2.610	0.373	0.373
	2	1.888	0.270	0.643
	3	1.001	0.143	0.786
政府政策支持度	1	1.863	0.311	0.311
	2	1.338	0.223	0.534

表3-2为作者从工业绿色增长度、工业资源环境承载力、政府政策支持度三个维度进行主成分分析提取方差分解的结果。根据全局主成分特征值提取原则，本文选择特征值大于1的主成分作为三个一级指标分析的基础，表3-2可以看出广西工业绿色高质量发展水平三个方面指数的第一主成分综合原始数据信息的能力较强，工业绿色增长度、工业资源环境承载力与政府政策支持度的累计方差贡献率分别为0.784、0.786、0.534，均超过50%。

表3-3　工业绿色高质量发展水平综合评价的指标权重

一级指标	第一主成分系数	指标权重	三级指标	第一主成分系数	指标权重
工业绿色增长度	0.690	0.414	A1工业增加值占生产总值的比重	−0.160	−0.061
			A2规模以上工业资产负债率	0.270	0.103
			A3规模以上工业流动资产周转次数	−0.177	−0.067
			A4规模以上企业实现平均利润	0.213	0.081
			A5规模以上工业平均有效发明专利数	0.475	0.180
			A6规模以上工业平均R&D人员数	0.478	0.181
			A7规模以上工业投入的R&D经费占主营业务收入比重	0.460	0.175
			A8规模以上工业新产品销售收入占主营业务收入的比重	0.400	0.152
工业资源环境承载力	0.334	0.201	B1单位工业增加值工业用电量	−0.466	−0.196
			B2单位工业增加值能耗	−0.455	−0.192
			B3单位工业增加值工业用地面积	−0.179	−0.075
			B4单位工业增加值工业用水量	0.028	0.012
			B5工业废水排放量	0.522	0.220
			B6工业烟（粉）尘排放量	0.426	0.179
			B7工业二氧化硫排放量	0.299	0.126

续表

一级指标	第一主成分系数	指标权重	三级指标	第一主成分系数	指标权重
政府政策支持度	0.643	0.385	C1一般工业固体废弃物综合利用率	0.283	0.126
			C2工业污染治理完成投资占工业增加值比重	0.109	0.048
			C3建成区绿化覆盖率	0.290	0.129
			C4人均公园绿色面积	0.529	0.235
			C5城市污水厂集中处理率	0.498	0.221
			C6城市燃气普及率	0.544	0.241

由表3-3可见，工业绿色增长度和政府政策支持度在工业绿色高质量发展水平中的权重较高，分别为0.414和0.385，工业资源环境承载力在工业绿色高质量发展指数中的权重为0.201，这表明2009—2019年广西工业绿色高质量发展水平的变化更多地体现在工业绿色增长和政策支持两个维度上。

（四）2009—2019年广西工业绿色高质量发展水平测算结果

下文首先根据各基础指标的相应权重计算出工业绿色增长度、工业资源环境承载力和政府政策支持度三个维度的方面指数，然后采用同样的方法获得各方面指数的权重，进而合成广西工业绿色高质量发展水平指数，测算结果如表3-4和图3-1所示。

表3-4　2009—2019年广西工业绿色高质量发展水平结果汇总

年份	工业绿色高质量发展水平	方面指数		
		工业绿色增长度	工业资源环境承载力	政府政策支持度
2009	-2.144	-2.010	-0.610	-2.893
2010	-1.904	-1.993	-0.673	-2.349
2011	-1.543	-1.569	-0.662	-1.897
2012	-1.293	-1.624	-0.654	-1.298
2013	-1.317	-1.616	-0.998	-1.224
2014	-1.364	-1.606	-0.963	-1.350
2015	-1.127	-1.636	-0.954	-0.801
2016	-0.923	-1.342	-0.705	-0.684
2017	-0.785	-1.372	-0.774	-0.326
2018	-0.568	-1.646	-0.386	0.232
2019	-0.268	-1.391	-0.169	0.606

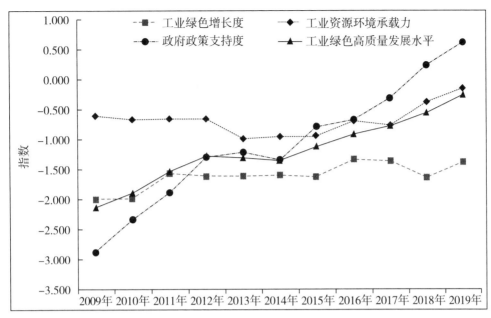

图3-1　2009—2019年广西工业绿色高质量发展水平变动趋势

由表3-4和图3-1可见，2009—2019年，广西的工业绿色高质量发展水平呈现波动上升的变化态势，从2009年-2.144上升至2019年的-0.268，共提升了1.876。表明2009—2019年间，广西在加强工业节能减排、控制能源消费总量、促进工业结构优化升级、发展生态经济、推动工业绿色循环发展方面成效显著。从一级指标的三个方面指数来看，2009—2019年，广西的工业绿色增长度、工业资源环境承载力、政府政策支持度分别从-2.010、-0.610、-2.893提升到2019年的-1.391、0.169、0.606，分别上升了0.619、0.441、3.499，工业绿色高质量发展水平与工业绿色增长度、工业资源环境承载力、政府政策支持度方面指数的变动趋势基本保持一致，说明2009—2019年广西工业绿色高质量发展水平的变动主要体现在工业绿色增长、资源环境承载力提升和政府政策支持三方面。在我国工业绿色高质量发展整体水平持续提高的背景下，广西的工业绿色高质量发展指数在某些年份出现波动甚至倒退的情况，说明工业绿色高质量发展建设并非一帆风顺。由于受经济下行压力加大、技术研发滞后、边际效应递减等因素影响，广西降低能耗强度和主要污染物排放的幅度十分有限，使得工业绿色高质量发展水平的提升比较缓慢甚至出现退步的状况。2015年以来，广西把"绿色"作为工业发展的"底色"，谋求"绿色崛起"，着力建设科技含量高、资源消耗低、环境影响小的绿色生态工业体系。2015年后，广西的工业绿色高质量发展水平显著提升。

四、国内代表性省份工业绿色高质量发展一级指标横向比较分析

下文进一步以东部地区的山东、浙江和广东，中部地区的河南、湖北和江西，西部地区的四川、云南、贵州和广西等代表性省份为例，对工业绿色高质量发展的一级指标进行横向比较分析，从而更加清晰地展示广西与其他地区在工业绿色高质量发展方面的差距。

（一）工业绿色增长度

表3-5　2009—2019年国内代表性省份工业绿色增长度

年份	浙江	江西	山东	河南	湖北	广东	广西	四川	贵州	云南
2009	−1.896	−2.777	−2.343	−2.729	−2.286	−1.640	−3.282	−3.182	−3.422	−3.373
2010	−2.239	−2.755	−2.201	−2.706	−2.371	−1.240	−3.215	−3.179	−3.186	−3.425
2011	−1.548	−2.043	−1.478	−1.730	−1.564	−0.745	−2.328	−2.431	−2.468	−2.593
2012	−1.454	−2.018	−1.483	−1.766	−1.637	−0.599	−2.404	−2.388	−2.520	−2.662
2013	−1.036	−1.651	−1.362	−1.273	−1.378	−0.482	−2.092	−2.067	−2.419	−2.490
2014	−0.052	−0.713	−0.408	−0.348	−0.414	0.364	−1.261	−1.141	−1.541	−1.598
2015	0.737	−0.050	0.168	0.161	0.143	1.020	−0.722	−0.557	−1.094	−1.004
2016	2.155	1.403	1.509	1.405	1.553	2.364	0.667	0.817	0.256	0.333
2017	3.415	2.690	2.762	2.766	2.892	3.625	1.944	2.245	1.656	1.856
2018	4.055	3.395	3.165	3.222	3.790	4.490	2.330	2.948	2.346	2.597
2019	4.867	4.313	3.966	4.124	4.619	5.098	3.138	3.798	3.387	3.635

如表3-5所示，2009—2019年，代表性省份的工业绿色增长度水平基本呈现波动上升的变化趋势。其中，江西的上升幅度最大，从2009年的−2.777增长到2019年的4.313，上升了7.090。其次是云南、四川和湖北，依次从2009年的−3.373、−3.182、−2.286上升到2019年的3.635、3.798、4.619，分别增长了7.008、6.980、6.905。山东和广西的上升幅度相对较低，依次从2009年的−2.343、−3.282上升到2019年的3.966、3.138。分别上升了6.309、6.420。横向比较来看，广东的工业绿色增长度最高，其次是浙江和湖北。广西、云南、贵州和四川的工业绿色增长度较低，均位于西部地区。这表明广西的工业绿色增长与东部和中部代表性省份还存在一定差异，但十年间呈现波动增长的变化趋势。

（二）工业资源环境承载力

表3-6　2009—2019年国内代表性省份工业资源环境承载力

年份	浙江	江西	山东	河南	湖北	广东	广西	四川	贵州	云南
2009	−3.821	−3.855	−3.432	−3.763	−3.816	−3.967	−3.785	−3.759	−3.197	−3.467
2010	−2.873	−2.953	−2.544	−2.830	−2.881	−2.998	−2.850	−2.837	−2.270	−2.507

续表

年份	浙江	江西	山东	河南	湖北	广东	广西	四川	贵州	云南
2011	-1.981	-2.087	-1.690	-1.913	-2.025	-2.071	-1.890	-1.906	-1.482	-1.728
2012	-1.644	-1.750	-1.347	-1.610	-1.686	-1.732	-1.557	-1.549	-1.244	-1.388
2013	-1.045	-1.157	-0.783	-1.030	-1.094	-1.147	-1.025	-0.985	-0.680	-0.811
2014	-0.707	-0.805	-0.460	-0.673	-0.769	-0.811	-0.674	-0.625	-0.436	-0.438
2015	-0.642	-0.768	-0.388	-0.647	-0.829	-0.764	-0.620	-0.709	-0.357	-0.409
2016	0.688	0.474	0.887	0.665	0.452	0.532	0.718	0.564	1.013	0.826
2017	2.073	1.926	2.293	2.074	1.844	1.920	2.065	1.979	2.333	2.338
2018	3.065	2.925	3.249	3.102	2.822	2.911	3.114	2.989	3.304	3.325
2019	2.696	2.530	2.855	2.721	2.398	2.533	2.772	2.618	2.908	2.908

如表3-6所示，2009—2019年，几乎所有的代表性省份工业资源环境承载力水平都呈现波动上升的变化趋势。广西的上升幅度最大，从2009年的-3.785上升到2019年的2.772，共上升了6.557。其次是浙江和广东，分别从2009年的-3.821、-3.967上升到2019年的2.696、2.533，依次上升了6.517、6.500。贵州、湖北和山东的工业资源环境承载力水平上升程度较低，依次从2009年的-3.197、-3.816、-3.432上升到2019年的2.908、2.398、2.855，分别上升了6.105、6.214、6.287。横向比较来看，贵州的资源环境承载力水平最高，广东、湖北和江西的资源环境承载力水平较低。总体而言，广西的资源环境承载力水平居中，且十年间呈现良好的增长态势。

（三）政府政策支持度

表3-7　2009—2019年国内代表性省份政府政策支持度

年份	浙江	江西	山东	河南	湖北	广东	广西	四川	贵州	云南
2009	-2.803	-3.189	-1.927	-3.794	-3.357	-2.936	-3.873	-3.832	-4.943	-3.739
2010	-1.878	-1.918	-1.111	-2.975	-2.468	-1.911	-2.840	-2.849	-3.393	-2.706
2011	-1.067	-0.923	-0.388	-2.118	-1.423	-1.173	-1.935	-1.964	-2.434	-2.004
2012	-0.669	-0.569	-0.060	-1.744	-1.076	-0.521	-1.393	-1.573	-1.906	-1.915
2013	-0.180	-0.257	0.442	-1.050	-0.566	0.045	-0.893	-1.050	-1.134	-1.232
2014	1.357	1.155	1.887	0.516	0.944	1.469	0.477	0.538	0.636	0.292
2015	0.815	0.635	1.294	0.058	0.283	1.061	0.146	0.087	0.273	-0.306
2016	1.239	1.005	1.665	0.494	0.847	1.451	0.454	0.520	0.841	0.180
2017	1.761	1.757	2.259	1.475	1.420	2.029	1.159	1.089	1.461	0.668
2018	2.072	2.063	2.460	1.859	1.730	2.248	1.581	1.610	1.726	1.071
2019	2.833	2.951	3.427	2.816	2.438	3.071	2.441	2.542	2.739	1.939

如表3-7所示，2009—2019年，代表性省份工业高质量发展中的政府政策支持度呈现波动上升的变化趋势。其中，贵州的上升幅度最大，从2009年的-4.943上升到2019年的2.739，上升了7.682。其次是河南、四川和广西，依次从2009年的-3.794、-3.832、-3.873上升到2019年的2.816、2.542、2.441，分别上升了6.610、6.374、6.314。山东、浙江和云南的上升幅度相对较小，分别从2009年的-1.927、-2.803、-3.739上升到2019年的3.427、2.833、1.939，依次上升了5.354、5.636、5.678。横向比较来看，山东的政府政策支持度最高，其次是广东，主要位于东部沿海地区。贵州、云南和广西的政府政策支持度较低。可以看出，广西的政府政策支持度还处于相对较低水平，但十年间呈现波动上升的变化趋势。

五、广西城市工业绿色高质量发展水平评价指标体系构建与测算

（一）评价指标体系的构建思路

下文在参考省级层面的工业绿色高质量发展指标体构建的基础上，结合城市自身特点和数据可获得性，构建了包含工业绿色增长度、工业资源环境承载力和政府政策支持度在内的城市层面的工业绿色高质量发展指标体系，如表3-8所示。

表3-8　城市层面工业绿色高质量发展水平评价指标体系

目标层	一级指标	二级指标	三级指标	单位	指标性质
工业绿色高质量发展水平	工业绿色增长度	工业增长效率与潜力	A1工业增加值占生产总值比重	%	正向
			A2规模以上工业资产负债率	%	负向
			A3规模以上工业流动资产周转次数	次	正向
			A4规模以上企业实现平均利润	亿元	正向
			A5当年获得专利数量	件	正向
	工业资源环境承载力	工业资源消耗	B1单位工业增加值用电量	千瓦时/万元	负向
			B2单位工业增加值用地面积	平方米/万元	负向
			B3单位工业增加值用水量	立方米/万元	负向
		工业污染物排放	B4工业废水排放量	万吨	负向
			B5工业烟（粉）尘排放量	吨	负向
			B6工业二氧化硫排放量	吨	负向
	政府政策支持度	工业污染治理与环境建设	C1一般工业固体废弃物综合利用率	%	正向
			C2建成区绿化覆盖率	%	正向
			C3人均公园绿色面积	平方米	正向
			C4城市污水厂集中处理率	%	正向
			C5城市燃气普及率	%	正向

（二）方法运用与数据来源

这里将采用全局主成分分析法对广西城市层面的工业绿色高质量发展水平进行综合评价。此外，本文将在城市层面指标体系和测算方法的基础上，对广西14个地级市的工业绿色高质量发展水平进行测算与横向对比分析，以检视广西城市层面工业绿色高质量发展的优势和劣势。本部分测算的数据主要源自2010—2020年的《广西统计年鉴》《中国城市统计年鉴》《中国城市建设统计年鉴》。

（三）广西各市工业绿色高质量发展水平测算与分析

1.广西各市工业绿色高质量发展水平评价综合指数

下文运用全局主成分分析方法，首先根据各基础指标的相应权重计算出工业绿色增长度、工业资源环境承载力和政府政策支持度三个维度的方面指数，然后采用同样的方法获得各方面指数的权重，进而合成各市工业绿色高质量发展水平数值。2009—2019年广西各市工业绿色高质量发展水平的测算结果、指数排名如表3-9、表3-10所示。

表3-9　2009—2019年广西各市工业绿色高质量发展水平评价综合指数

项目	2009	2010	2011	2012	2013	2014	2015	2016	2017	2018	2019
南宁市	−0.393	0.079	0.411	0.544	0.702	1.155	1.127	1.218	1.514	1.429	1.661
柳州市	−0.640	0.356	0.439	0.424	0.561	0.769	1.236	1.219	1.535	1.717	1.569
桂林市	−0.143	0.441	0.469	0.859	0.995	1.111	1.417	1.613	1.722	1.675	1.491
梧州市	−0.839	−0.005	0.310	0.305	0.842	1.199	1.150	1.165	1.535	1.314	1.420
北海市	−0.815	−0.338	−0.159	−0.014	0.529	0.553	0.641	0.636	1.295	1.310	1.460
防城港市	−1.882	−0.944	−0.754	−0.832	−0.727	−1.015	−1.281	−1.336	0.976	0.635	1.050
钦州市	−1.646	−1.496	−0.668	−0.489	−0.142	−0.119	0.636	1.175	1.402	1.237	1.151
贵港市	−1.824	−1.372	−0.890	−0.789	−1.000	−1.240	−1.126	−1.022	0.088	0.464	0.893
玉林市	−0.987	−0.069	0.140	0.382	0.462	0.689	0.750	1.198	1.428	1.380	1.433
百色市	−2.018	−1.755	−1.443	−1.408	−1.631	−1.520	−1.359	−0.601	−0.483	−0.862	−0.378
贺州市	−1.900	−0.939	−0.203	−0.864	0.128	−0.707	0.619	0.369	1.007	1.114	1.209
河池市	−2.471	−2.221	−2.179	−1.957	−2.163	−1.654	−1.309	−0.437	−0.725	−0.464	−0.111
来宾市	−2.293	−1.156	−1.207	−0.984	−1.043	−1.046	−0.928	−0.817	−0.690	−0.593	−0.442
崇左市	−1.435	−1.285	−0.959	−0.703	−0.821	−0.654	0.126	0.086	0.441	0.289	0.203

表3-10　2009—2019年广西各市工业绿色高质量发展水平评价综合指数排名

项目	2009	2010	2011	2012	2013	2014	2015	2016	2017	2018	2019
南宁市	2	3	3	2	3	2	4	3	4	3	1
柳州市	3	2	2	3	4	4	2	2	3	1	2
桂林市	1	1	1	1	1	3	1	1	1	2	3
梧州市	5	4	4	5	2	1	3	6	3	5	6
北海市	4	6	6	6	5	6	6	7	7	6	4
防城港市	10	8	9	10	9	10	12	14	9	9	9
钦州市	8	12	8	7	8	7	7	5	6	7	8
贵港市	9	11	10	9	11	12	11	13	11	10	10
玉林市	6	5	5	4	6	5	5	4	5	4	5
百色市	12	13	13	13	13	13	14	11	12	14	13
贺州市	11	7	7	11	7	9	8	8	8	8	7
河池市	14	14	14	14	14	14	13	10	14	12	12
来宾市	13	9	12	12	12	11	10	12	13	13	14
崇左市	7	10	11	8	10	8	9	9	10	11	11

　　2009—2019年，广西下辖的14个地级市的工业绿色高质量发展水平基本呈现波动上升的变化趋势。其中，贺州、防城港、钦州、贵港的上升幅度较大，依次从2009年的−1.900、−1.882、−1.646、−1.824上升到2019年的1.209、1.050、1.151、0.893，分别上升了3.109、2.932、2.797、2.717。其次是玉林、河池和北海，依次从2009年的−0.987、−2.471、−0.815上升到2019年的1.433、−0.111、1.460，分别上升了2.420、2.360、2.275。梧州、柳州和南宁的上升幅度居中，分别从2009年的−0.839、−0.640、−0.393上升到2019年的1.420、1.569、1.661，依次上升了2.259、2.209、2.054。桂林、崇左和百色和来宾的上升幅度较低，分别从2009年的−0.143、−1.435、−2.018、−2.293波动上升到2019年的1.491、0.203、−0.378、−0.442，依次上升了1.634、1.638、1.640、1.851。从各城市工业绿色高质量发展水平数值上来看，桂林、柳林和南宁的工业绿色高质量发展水平较高，其中，桂林的工业绿色高质量发展水平在多数年份居于广西第一。其次是玉林、北海和钦州、防城港和贺州。工业绿色高质量发展水平排名后三位的城市依次为河池、百色和崇左。其中，河池的工业绿色高质量发展水平在大多数年份居于广西最末位次。

　　2.广西各市工业绿色高质量发展水平的一级指标分析

　　（1）工业绿色增长度。

　　作者通过工业绿色增长度来考察2009—2019年广西不同城市工业绿色高质量发展的经济绩效的动态变化趋势，并对广西14个地级市的工业绿色增长度水平进行排名如表3-11、表3-12所示。

表3-11　2009—2019年广西各市工业绿色增长度水平

年份	2009	2010	2011	2012	2013	2014	2015	2016	2017	2018	2019
南宁市	-0.422	0.196	0.721	0.461	0.768	1.054	1.522	1.572	1.370	0.809	0.818
柳州市	-0.732	-0.557	-0.520	-0.515	-0.632	-0.274	-0.048	-0.033	0.288	0.665	0.189
桂林市	-0.396	-0.024	0.407	0.919	1.206	1.686	2.222	2.425	1.351	0.513	1.283
梧州市	0.471	1.007	1.168	1.181	2.123	2.653	3.161	4.006	4.563	1.250	1.499
北海市	-1.242	-0.988	0.085	1.649	2.332	2.260	4.526	3.641	4.098	1.506	1.676
防城港市	-1.148	-0.832	-0.260	-0.497	-0.539	-1.209	-1.609	-2.126	0.319	-0.609	-0.501
钦州市	-1.527	-1.140	-0.603	-0.361	-0.104	0.070	0.755	1.044	1.462	0.777	0.451
贵港市	-0.685	0.048	0.752	0.420	-0.173	-0.342	-0.310	-0.107	0.289	0.059	0.389
玉林市	-0.703	-0.244	-0.234	-0.116	0.283	0.732	2.816	0.802	1.139	0.207	0.823
百色市	-1.414	-0.986	-1.069	-1.305	-1.447	-1.915	-1.697	-1.053	-1.030	-1.789	-1.388
贺州市	-0.371	0.280	0.508	-1.693	0.161	0.010	1.017	-0.312	-0.494	-0.590	-0.402
河池市	-2.176	-2.085	-2.098	-2.304	-2.798	-1.820	-2.470	-1.372	-1.058	-1.195	-1.023
来宾市	-2.163	-1.580	-1.673	-1.712	-1.919	-2.162	-2.029	-1.944	-1.892	-2.006	-1.919
崇左市	-0.912	-0.486	0.172	-0.022	-0.245	-0.217	0.715	0.360	0.908	0.035	-0.504

表3-12　2009—2019年广西各市工业绿色增长度排名

年份	2009	2010	2011	2012	2013	2014	2015	2016	2017	2018	2019
南宁市	4	3	3	4	4	4	5	4	4	3	5
柳州市	7	8	10	10	11	9	9	8	10	5	8
桂林市	3	5	5	3	3	3	4	3	5	6	3
梧州市	1	1	1	2	2	1	2	1	1	2	2
北海市	10	11	7	1	1	2	1	2	2	1	1
防城港市	9	9	9	9	10	11	11	14	8	11	10
钦州市	12	12	11	8	7	6	7	5	3	4	6
贵港市	5	4	2	5	10	10	9	9	8	7
玉林市	6	6	8	7	5	5	3	6	6	7	4
百色市	11	10	12	11	12	13	12	11	12	13	13
贺州市	2	2	4	12	6	7	6	10	11	10	9
河池市	14	14	14	14	14	12	14	12	13	12	12
来宾市	13	13	13	13	13	14	13	13	14	14	14
崇左市	8	7	6	6	9	8	8	7	7	9	11

2009—2019年，广西下辖的14个地级市的工业绿色增长度基本呈现先波动下降后上升的变化趋势。2009—2019年，除了贺州外的13个城市的工业绿色增长度水平均上升。其中，北海、钦州、桂林和玉林的上升幅度较大，依次从2009年的-1.242、-1.527、-0.396、-0.703上升到2019年的1.676、0.451、1.283、0.823，分别上升了2.918、1.978、1.679、1.526。其次是南宁、河池、贵港和梧州，依次从2009年的-0.422、-2.176、-0.685、0.471上升到2019年的0.818、-1.023、0.389、1.499，分别上升了1.240、1.153、1.074、1.028。百色和防城港的上升幅度较低，分别变化了0.026、0.647。贺州的工业绿色增长度水平从2009年的-0.371降低到2019年的-0.402，下降了0.031。从各城市工业绿色增长度水平数值上来看，梧州、北海、桂林、南宁和玉林的工业绿色增长水平较高，其中，北海和梧州的工业增长水平在多数年份居于广西第一和第二位。其次是桂林、南宁、玉林和北海。工业绿色增长度排名较低的城市主要有来宾、河池、百色和防城港。其中，来宾的工业增长度水平在大多数年份居于广西最低位次。

（2）工业资源环境承载力。

下文通过工业资源环境承载力来考察2009—2019年广西不同城市工业绿色高质量发展的环境绩效的动态变化趋势，并对广西14个地级市的工业资源环境承载力水平进行排名，如表3-13、表3-14所示。

表3-13　2009—2019年广西各市工业资源环境承载力水平

年份	2009	2010	2011	2012	2013	2014	2015	2016	2017	2018	2019
南宁市	-0.934	-0.900	-0.864	-0.847	-0.818	-0.829	-0.768	-0.301	-0.295	-0.362	-0.295
柳州市	-0.950	-0.955	-0.853	-0.920	-0.864	-0.859	-0.848	-0.744	-0.689	-0.574	-0.468
桂林市	-0.560	-0.521	-0.652	-0.622	-0.546	-0.518	-0.400	-0.206	-0.051	0.312	0.274
梧州市	-0.706	-0.680	-0.167	-0.312	-0.281	-0.303	-0.236	0.376	0.925	0.777	0.692
北海市	-0.232	0.165	-0.028	-0.098	0.152	0.376	0.848	0.436	0.187	0.492	0.491
防城港市	-0.336	-0.618	-0.446	-0.450	-0.105	-0.322	-0.246	0.755	0.666	0.715	0.993
钦州市	-0.652	-0.579	-0.354	-0.149	-0.110	-0.214	-0.179	0.662	0.805	1.136	1.211
贵港市	-1.009	-0.992	-0.732	-0.879	-0.847	-0.681	-0.663	-0.867	-0.287	0.301	0.331
玉林市	-0.832	-0.742	-0.229	-0.176	-0.177	-0.232	0.654	0.048	0.482	0.904	0.973
百色市	-0.717	-0.654	-0.821	-0.887	-0.858	-0.832	-0.670	-0.392	-0.288	-0.261	0.822
贺州市	-0.285	-0.394	-0.400	0.114	-0.042	-0.026	0.426	1.368	1.622	1.748	1.697
河池市	-0.324	-0.583	-0.869	-0.833	-0.868	-0.777	-0.699	0.419	-0.132	0.003	-0.054
来宾市	-1.032	-0.997	-0.898	-0.823	-0.743	-0.493	-0.208	-0.014	0.132	-0.017	-0.362
崇左市	-0.591	-0.620	-0.330	-0.304	-0.233	-0.222	-0.149	0.632	0.430	0.488	0.490

表3-14　2009—2019年广西各市工业资源环境承载力水平排名

年份	2009	2010	2011	2012	2013	2014	2015	2016	2017	2018	2019
南宁市	11	11	12	11	10	12	13	11	13	13	12
柳州市	12	12	11	14	13	14	14	13	14	14	14
桂林市	5	3	8	8	8	9	9	10	9	8	10
梧州市	8	9	2	6	7	6	7	7	2	4	6
北海市	1	1	1	2	1	1	1	5	7	6	7
防城港市	4	6	7	7	3	7	8	2	4	5	3
钦州市	7	4	5	3	4	3	5	3	3	2	2
贵港市	13	13	9	12	11	10	10	14	11	9	9
玉林市	10	10	3	4	5	5	2	8	5	3	4
百色市	9	8	10	13	12	13	11	12	12	12	5
贺州市	2	2	6	1	2	2	3	1	1	1	1
河池市	3	5	13	10	14	11	12	6	10	10	11
来宾市	14	14	14	9	9	8	6	9	8	11	13
崇左市	6	7	4	5	6	4	4	4	6	7	8

2009—2019年，广西下辖的14个地级市的工业资源环境承载力水平呈现波动上升的变化趋势。其中，贺州、钦州、玉林、百色的上升幅度较大，依次从2009年的-0.285、-0.652、-0.832、-0.717上升到2019年的1.697、1.211、0.973、0.822，分别上升了1.982、1.863、1.805、1.539。其次是梧州和防城港，依次从2009年的-0.706、-0.336上升到2019年的0.692、0.993，分别上升了1.398、1.329。河池和柳州的上升幅度较低，分别上升了0.270、0.482。从各城市工业资源环境承载力水平数值上来看，北海、贺州、钦州和崇左的工业资源环境承载力水平较高，其中，北海和贺州的工业资源环境承载力水平在多数年份居于广西第一和第二位。其次是钦州和崇左。工业资源环境承载力水平排名较低的城市主要有南宁、柳州、河池和贵港。其中，柳州的工业资源环境承载力水平在大多数年份居于广西最末位次。

（3）政府政策支持度。

政府政策支持度体现了城市工业绿色高质量发展中的政府支持力度。作者考察了2009—2019年广西不同城市的政府政策支持度的时间变化趋势，并对广西14个地级市的政府政策支持度水平进行排名，如表3-15、3-16所示。

表3-15　2009—2019年广西各市政府政策支持度水平

年份	2009	2010	2011	2012	2013	2014	2015	2016	2017	2018	2019
南宁市	0.153	0.234	0.840	1.437	1.470	2.279	1.663	1.502	1.460	1.659	1.679
柳州市	-0.105	-0.096	0.202	0.413	0.421	0.447	0.955	1.032	1.042	1.445	1.822
桂林市	0.474	1.474	1.171	1.553	1.523	1.270	1.358	1.481	1.567	1.840	2.074
梧州市	-2.060	-0.616	1.120	-0.306	-0.027	0.292	0.434	0.717	0.632	0.896	1.370
北海市	-0.491	0.120	0.318	0.775	1.122	1.101	1.390	1.540	1.658	1.703	1.762
防城港市	-3.132	-0.977	-1.251	-1.182	-1.125	-0.955	-1.228	-1.514	1.034	1.704	2.407
钦州市	-1.921	-2.023	-0.736	-0.704	-0.156	-0.215	0.869	1.284	1.287	1.386	1.474
贵港市	-3.012	-2.709	-2.471	-1.761	-1.663	-2.186	-1.952	-1.773	0.107	0.858	1.532
玉林市	-1.068	0.621	0.757	1.186	0.951	1.062	1.067	1.080	1.928	1.099	1.496
百色市	-2.909	-2.771	-1.798	-1.410	-1.825	-1.067	-1.022	-0.058	0.131	0.004	-0.011
贺州市	-4.051	-2.322	-0.760	-0.372	0.169	-1.724	-0.268	0.271	1.849	2.125	2.192
河池市	-3.474	-2.779	-2.458	-1.718	-1.665	-1.537	-0.046	0.113	-0.542	0.151	0.868
来宾市	-2.551	-0.420	-0.515	0.019	0.042	0.120	0.064	0.105	0.257	0.722	1.243
崇左市	-2.111	-2.182	-2.301	-1.483	-1.581	-1.209	-0.358	-0.625	-0.204	0.325	0.695

表3-16　2009—2019年广西各市政府政策支持度水平排名

年份	2009	2010	2011	2012	2013	2014	2015	2016	2017	2018	2019
南宁市	2	3	3	2	2	1	1	2	5	5	6
柳州市	3	5	6	5	5	5	5	6	7	6	4
桂林市	1	1	1	1	1	2	3	3	4	2	3
梧州市	7	7	2	7	8	6	7	7	9	9	10
北海市	4	4	5	4	3	3	2	1	3	4	5
防城港市	12	8	10	10	10	9	13	13	8	3	1
钦州市	6	9	8	9	9	8	6	4	6	7	9
贵港市	11	12	14	14	12	14	14	14	12	10	7
玉林市	5	2	4	3	4	4	4	5	1	8	8
百色市	10	13	11	11	14	10	12	11	11	14	14
贺州市	14	11	9	8	6	13	10	8	2	1	2
河池市	13	14	13	13	13	12	9	9	14	13	12
来宾市	9	6	7	6	7	7	8	10	10	11	11
崇左市	8	10	12	12	11	11	11	12	13	12	13

2009—2019年，广西下辖的14个地级市的政府政策支持度水平呈现波动上升的变化趋势。其中，贺州、防城港、贵港、河池的上升幅度较大，依次从2009年的 -4.051、-3.132、-3.012、-3.474上升到2019年的2.192、2.407、1.532、0.868，分别上升了6.243、5.539、4.544、4.342。其次是来宾、梧州和钦州，依次从2009年的 -2.551、-2.060、-1.921上升到2019年的1.243、1.370、1.474，分别上升了3.794、3.430、3.395。南宁和桂林的上升幅度较低，分别上升了1.526、1.600。从各城市政府政策支持度水平数值上来看，桂林、南宁、北海和玉林的政府政策支持度水平较高，其中，桂林和南宁的政府政策支持度水平在多数年份居于广西第一和第二位，其次是北海和玉林。政府政策支持度水平排名较低的城市主要有百色、贵港、崇左和河池。其中，贵港的政府政策支持度水平在大多数年份居于广西最末位次。

第二节 广西工业绿色高质量发展支撑要素指标体系构建与测算

一、工业绿色高质量发展支撑要素指标体系构建

下文从人才支撑水平、科技发展水平、金融发展水平、能源投入水平、市场活跃度、信息化水平、交通物流水平和环境支撑水平8个方面构建工业绿色高质量发展支撑要素的指标体系，然后根据这8类支撑要素制定出31个三级指标，表3-17为本文所构建的工业绿色高质量发展支撑要素指标体系。

表3-17 工业绿色高质量发展支撑要素指标体系

人才支撑水平	每十万人口高等学校平均在校生数（万人）
	R&D人员全时当量与工业增加值比值（人年/亿元）
	每万人普通高校招生数（人）
	每万人普通高校职工数（人）
科技发展水平	R&D经费支出占生产总值比重（%）
	专利申请授权数与工业增加值比值（件/亿元）
	规模以上工业企业新产品开发经费支出占工业增加值比重（%）
金融发展水平	金融机构人民币贷款余额占生产总值比重（%）
	全社会固定资产投资总额占工业增加值比重（%）
	原保险保费收入占工业增加值比重（%）

续表

能源投入水平	能源消费总量与工业增加值比值（吨标准煤/万元）
	工业终端消费的煤合计与工业增加值比值（吨/万元）
	工业终端消费的油品总量与工业增加值比值（吨/万元）
	工业终端消费的电力总量与工业增加值比值（千瓦时/元）
市场活跃度	亿元以上商品市场交易成交额占工业增加值比重（%）
	技术市场成交额占工业增加值比重（%）
	社会消费品零售总额占工业增加值比重（%）
	外商直接投资占生产总值比重（%）
	进出口总额占生产总值比重（%）
信息化水平	人均互联网宽带接入用户数（户/人）
	软件业务收入占工业增加值比重（%）
	电信业务总量占工业增加值比重（%）
交通物流水平	人均铁路营业里程（公里/人）
	人均公路里程（公里/人）
	人均民用汽车拥有量（辆/人）
	货运量与常住人口比值（吨/人）
	货物周转量与常住人口比值（吨公里/人）
	邮政业务总量占工业增加值比重（%）
环境支撑水平	财政支出占生产总值比重（%）
	环境污染治理投资总额占生产总值比重（%）
	建设用地面积与工业增加值比值（千公顷/亿元）

（一）人才支撑水平

人力资本是推动经济增长和生产率提升的重要源泉，也是促进工业绿色高质量发展的重要支撑。本文以每十万人口高等学校平均在校生数、R&D人员全时当量与工业增加值比值、每万人普通高校学生招生数、每万人普通高校教职工等指标来合成人才支撑水平。

（二）科技创新水平

工业绿色高质量发展必须要把技术创新放在首位。技术研发专利项目申请是企业提高绿色技术创新水平和加快绿色工艺改进的直接体现，也是推动工业绿色高质量发展的直接力量。本文在衡量科技创新水平时，采用R&D经费支出占生产总值比重、专利申请授权数与工业增加值比值、规模以上工业企业新产品开发经费支出占工业增加值比重等指标来表示。

（三）金融发展水平

金融具有资源配置的功能，可将生产要素从低生产率企业转移到高生产率企业，提高微观企业的生产效率。而地区层面上的金融规模扩大、长期信贷投放、金融中介效率改善、金融市场化改革等均有可能促进工业绿色高质量发展。本文分别采用金融机构人民币贷款余额、全社会固定资产投资总额、原保险保费收入3个指标分别占工业增加值的比重来衡量地区的金融发展水平。

（四）能源投入水平

能源投入是指在工业生产中投入与消耗的能源，是衡量区域工业绿色高质量发展水平的重要指标。通常情况下，能源投入水平较高的区域，其工业发展表现为粗放式，即通过增加生产要素的投入来扩大生产规模，因此工业高质量发展水平一般较低。本文分别使用能源消费总量、工业终端消费的煤合计、工业终端消费的油品总量、工业终端消费的电力总量4个指标分别与工业增加值的比值来衡量能源投入水平。

（五）市场活跃度

市场活跃度主要分为国内市场活跃度和国外市场活跃度。国内市场活跃度是挖掘内需潜能、促进经济内循环、增强工业绿色高质量发展持久动力的重要保障。在外部环境不确定的形势下，应充分强调国内市场对工业绿色高质量发展的引领与带动作用。本文采用亿元以上商品市场交易成交额、技术市场成交额、社会消费品零售总额3个指标分别占工业增加值的比重来衡量国内市场活跃度。而对外开放水平代表了区域工业发展融入全球市场的广度和深度。对外开放有利于引进先进技术与管理经验，充分发挥竞争激励效应，持续优化营商环境，促进区域产业创新升级。外商直接投资和进出口总额能够从总规模上反映出对外开放水平，因此本文分别选取外商直接投资、进出口总额2个指标分别占工业增加值比重来衡量对外开放程度，即国外市场活跃度。

（六）信息化水平

信息化水平是数字经济时代促进工业数字化、智能化发展的重要基础，能够为促进工业绿色高质量发展集聚内生动能，以信息化带动工业化是实现工业绿色高质量发展的必由之路。本文从人均互联网宽带接入用户数、软件业务收入、电信业务总量2个指标分别占工业增加值的比重来衡量地区信息化水平。

（七）交流物流水平

交通基础设施可以通过降低货物和人员的运输成本、提高运输速度、促进贸易的专业化来提升工业绿色高质量发展水平。本文分别选取人均铁路营业里程、人均公路里程数、人均民用汽车总量、货运量与常住人口比值、货物周转量与常住人口比值、邮政业务总量占工业增加值的比重等指标来衡量区域交流物流的发展水平。

（八）环境支撑水平

地方政府的战略规划对于区域工业绿色高质量发展水平提升起着设计引领作用。积极合理的政府干预能有效缓解区域工业绿色高质量发展不平衡不充分的矛盾，是实现区域工业绿色高质量发展的重要保障。本文从地区政府干预和环境规制两个方面构建工业绿色高质量发展环境支撑水平的指标体系。其中，地方财政支出体现了政府作为供给主体的干预程度，本文选取财政支出占生产总值比重作为政府干预具体指标。此外，环境规制通过影响企业技术创新、产业升级，可能会对工业发展质量产生影响。本文通过环境污染治理投资总额占生产总值比重、建设用地面积与工业增加值比值来表示。

二、广西工业绿色高质量发展支撑要素的测算与分析

下文根据工业绿色高质量发展支撑要素各基础指标的相应权重计算出人才支撑水平、科技发展水平、金融发展水平、能源投入水平、市场活跃度、信息化水平、交通物流水平和环境支撑水平8个维度的指数，从而得到工业绿色高质量发展各个支撑要素的具体数值，测算结果如表3-18所示。

表3-18　2009—2019年广西工业绿色高质量发展支撑要素的测算结果

年份	人才支撑水平	科技发展水平	金融发展水平	能源投入水平	市场活跃度	信息化水平	交通物流水平	环境支撑水平
2009	-1.856	-1.116	-0.413	0.023	-0.367	-1.312	-1.339	0.413
2010	-1.743	-1.228	-0.342	-0.180	-0.573	-1.170	-1.180	0.319
2011	-1.450	-0.936	-0.503	-0.282	-0.676	-1.004	-1.170	0.311
2012	-1.362	-0.872	-0.210	-0.206	-0.537	-0.837	-0.999	0.320
2013	-1.430	-1.128	-0.753	-0.859	-1.064	-0.852	-0.965	-0.029
2014	-1.243	-1.126	-0.590	-0.890	-0.993	-0.788	-0.824	-0.012
2015	-1.148	-1.050	-0.333	-0.954	-0.956	-0.544	-0.711	0.021
2016	-1.010	-1.080	-0.185	-0.996	-0.94	-0.586	-0.462	0.115
2017	-0.909	-1.060	-0.137	-1.070	-0.90	-0.209	-0.302	-0.172
2018	-0.633	-0.774	0.682	-0.793	-0.457	1.024	0.363	0.110
2019	0.074	-0.254	1.598	-0.474	-0.004	2.680	0.854	0.412

进一步地，下文绘制2009—2019年广西工业绿色高质量发展支撑要素的变化趋势图，如图3-2所示。

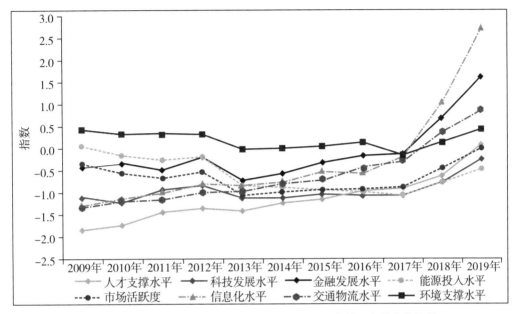

图3-2　2009—2019年广西工业绿色高质量发展支撑要素的变化趋势

由表3-18和图3-2可见，2009—2019年，广西工业绿色高质量发展支撑要素总体呈现波动上升的变化态势。①人才支撑水平方面，2009—2019年，广西的人才支撑水平呈现逐步提升的变动趋势，从2009年的-1.856上升到2019年的0.074，共上升了1.930。②科技发展水平方面，2009—2019年，广西的科技发展水平呈现波动上升的变动趋势，从2009年的-1.116上升到2019年的-0.254，共上升了0.862。③金融发展水平方面，2009—2019年，广西的金融发展水平呈现波动上升的变动趋势，从2009年的-0.413上升到2019年的1.598，共上升了2.011。④能源投入水平方面，2009—2019年，广西的能源投入水平呈现先下降后上升的变动趋势，从2009年的0.023逐步下降到2017年的-1.070，后上升到2019年的-0.474，总体下降了0.497。⑤市场活跃度方面，2009—2019年，广西的市场活跃度水平呈现先下降后上升的变动趋势，从2009年的-0.367波动下降到2013年的-1.064，后波动上升到2019年的-0.004，总体上升了0.363。⑥信息化水平方面，2009—2019年，广西的信息化水平呈现波动上升的变动趋势，从2009年的-1.312波动提升到2019年的2.680，共上升了3.992。⑦交通物流水平方面，2009—2019年，广西的交通物流水平呈现逐步上升的变化趋势，从2009年的-1.339上升到2019年的0.854，共上升了2.193。⑧环境支撑水平方面，2009—2019年，广西的环境支撑水平呈现波动下降的变化趋势，从2009年的0.413波动下降到2019年的0.412，总体下降了0.001。

三、广西工业绿色高质量发展及其支撑要素的相关性分析

首先，根据前文的测算结果，分别绘制工业绿色高质量发展水平和八大支撑要素在时间上的变化关系，以直观展示广西工业绿色高质量发展及其八大支撑要素之间的相关关系。

（一）人才支撑水平

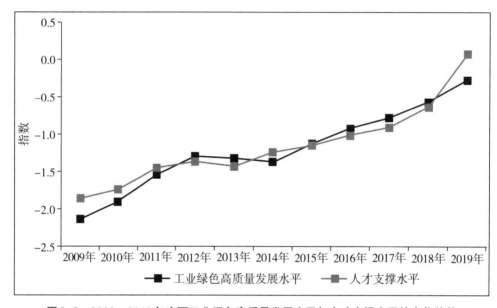

图3-3   2009—2019年广西工业绿色高质量发展水平与人才支撑水平的变化趋势

图3-3描述了2009—2019年广西工业绿色高质量发展水平与人才支撑水平之间的共同变化关系。其中，深色实线为工业绿色高质量发展水平的变化趋势，浅色实线为人才支撑水平的变化趋势。可以看出，2009—2019年广西工业绿色高质量发展水平与人才支撑水平均呈现波动上升的变化趋势，二者之间表现出比较一致的共同变化关系，即人才支撑水平越高，工业绿色高质量发展水平也越高。

（二）科技发展水平

图3-4描述了2009—2019年广西工业绿色高质量发展水平与科技发展水平之间的变化关系。其中，深色实线为工业绿色高质量发展水平的变化趋势，浅色实线为科技发展水平的变化趋势。可以看出，工业绿色高质量发展水平与科技发展水平在不同时间段呈现不同的相互变化关系。2009—2012年，广西工业绿色高质量发展水平呈现逐步上升的变化态势，而科技发展水平则呈现先下降后上升的变化趋势。2012—2014年，二者之间呈现比较一致的下降变化趋势。2014—2017年，科技发展水平呈现波动下降的变化趋势，而在此期间工业绿色高质量发展水平则呈现逐步上

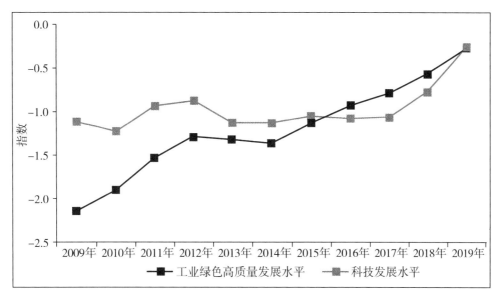

图3-4　2009—2019年广西工业绿色高质量发展水平与科技发展水平的变化趋势

升的变化趋势。随后的2017—2019年，二者又均呈现一致的上升变化趋势。总体而言，在大多数年份，广西的工业绿色高质量发展水平与科技发展水平呈现一致的变化趋势，但少数年份中，二者则呈现相反的变化趋势。

（三）金融发展水平

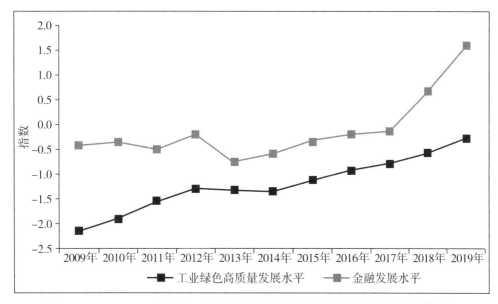

图3-5　2009—2019年广西工业绿色高质量发展水平与金融发展水平的变化趋势

图3-5描述了2009—2019年广西工业绿色高质量发展水平与金融发展水平之间的变化关系。其中，深色实线为工业绿色高质量发展水平的变化趋势，浅色实线为

金融发展水平的变化趋势。可以看出，2009—2019年广西工业绿色高质量发展水平与金融发展水平均呈现波动上升的变化趋势，二者之间表现出比较一致的共同变化关系，即金融发展水平越高，工业绿色高质量发展水平也越高。

（四）能源投入水平

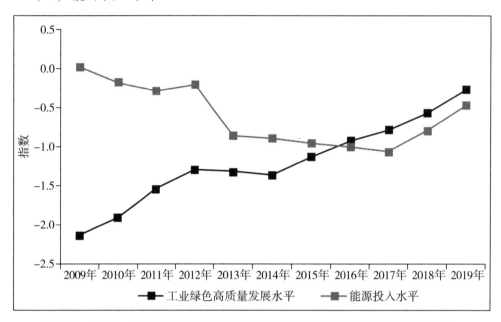

图3-6　2009—2019年广西工业绿色高质量发展水平与能源投入水平的变化趋势

图3-6描述了2009—2019年广西工业绿色高质量发展水平与能源投入水平之间的变化关系。其中，深色实线为工业绿色高质量发展水平的变化趋势，浅色实线为能源投入水平的变化趋势。可以看出，工业绿色高质量发展水平与能源投入水平在不同时间段呈现不同的相互变化关系。2009—2017年，广西工业绿色高质量发展水平呈现逐步上升的变化态势，而能源投入水平则呈现波动下降的变化趋势，二者之间表现出相反的变化趋势，即能源投入水平越高，工业绿色高质量发展水平越低。2017—2019年，工业绿色高质量发展水平与能源投入水平之间呈现比较一致的共同上升趋势。总体而言，在大多数年份，广西的工业绿色高质量发展水平与能源投入水平呈现相反的变化趋势，但个别年份中，二者则呈现相同的变化趋势。

（五）市场活跃度

图3-7描述了2009—2019年广西工业绿色高质量发展水平与市场活跃度之间的变化关系。其中，深色实线为工业绿色高质量发展水平的变化趋势，浅色实线为市场活跃度的变化趋势。可以看出，工业绿色高质量发展水平与市场活跃度在不同时间段呈现不同的相互变化关系。2009—2013年，广西工业绿色高质量发展水平呈现逐步上升的变化态势，而市场活跃度则呈现波动下降的变化趋势，二者之间表现出

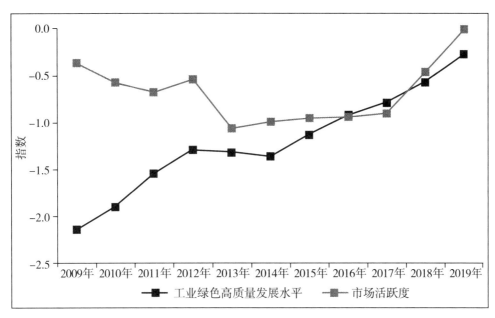

图3-7　2009—2019年广西工业绿色高质量发展水平与市场活跃度的变化趋势

相反的变动趋势，即市场活跃度越高，工业绿色高质量发展水平越低。2013—2019年，工业绿色高质量发展水平与市场活跃度之间呈现比较一致的共同上升趋势。总体而言，在大多数年份，广西的工业绿色高质量发展水平与市场活跃度呈现一致的变化趋势，但个别年份中，二者则呈现相反的变化趋势。

（六）信息化水平

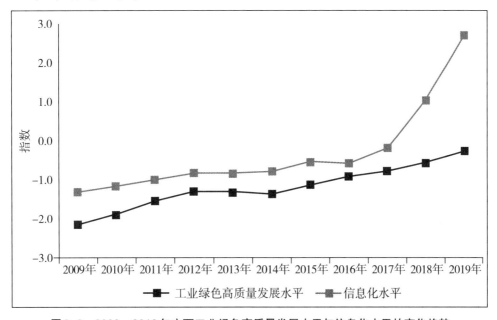

图3-8　2009—2019年广西工业绿色高质量发展水平与信息化水平的变化趋势

图3-8描述了2009—2019年广西工业绿色高质量发展水平与信息化水平之间的变化关系。其中，深色实线为工业绿色高质量发展水平的变化趋势，浅色实线为信息化水平的变化趋势。可以看出，2009—2019年广西工业绿色高质量发展水平与信息化水平均呈现波动上升的变化趋势，二者之间表现出比较一致的共同变化关系，即信息化水平越高，工业绿色高质量发展水平也越高。

（七）交通物流水平

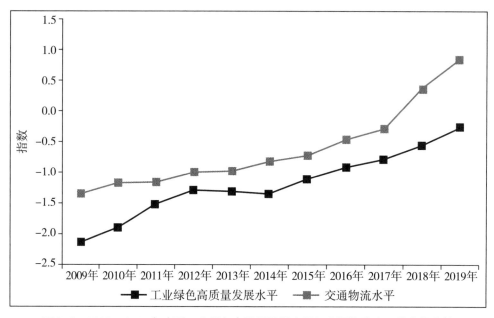

图3-9　2009—2019年广西工业绿色高质量发展水平与交通物流水平的变化趋势

图3-9描述了2009—2019年广西工业绿色高质量发展水平与交流物流水平之间的变化关系。其中，深色实线为工业绿色高质量发展水平的变化趋势，浅色实线为交通物流水平的变化趋势。可以看出，2009—2019年广西工业绿色高质量发展水平与交通物流水平均呈现波动上升的变化趋势，二者之间表现出比较一致的共同变化关系，即交通物流水平越高，工业绿色高质量发展水平也越高。

（八）环境支撑水平

图3-10描述了2009—2019年广西工业绿色高质量发展水平与环境支撑水平之间的变化关系。其中，深色实线为工业绿色高质量发展水平的变化趋势，浅色实线为环境支撑水平的变化趋势。可以看出，工业绿色高质量发展水平与环境支撑水平在大多数年份都保持相同方向的相互变化关系。2009—2019年，广西工业绿色高质量发展水平呈现逐步上升的变化态势，环境支撑水平则呈现缓慢波动上升的变化趋势，二者之间表现出比较一致的变动趋势，即环境支撑水平越高，工业绿色高质量发展水平越高。总体而言，在大多数年份，广西的工业绿色高质量发

展水平与环境支撑水平呈现一致的变化趋势。

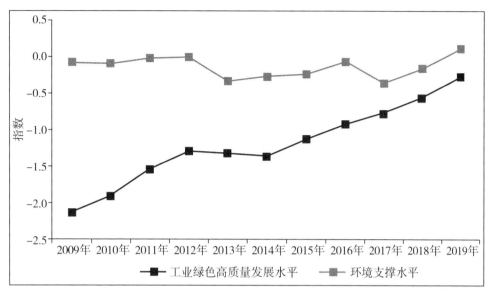

图3-10 2009—2019年广西工业绿色高质量发展水平与环境支撑水平的变化趋势

第三节 工业绿色高质量发展支撑要素的实证分析

为了从实证方面考察广西工业绿色高质量发展的支撑要素，本文首先基于全国30个省区市层面，构建面板数据模型进行分析，从一般性意义上验证人才支撑、科技发展、市场活跃度、能源投入、信息化、金融发展、交通物流、环境支撑因素对工业绿色高质量发展的影响。广西作为中国西部地区的省份之一，上述因素同样会对其工业绿色高质量发展产生影响。本文进一步将样本分为东部地区、中部地区和西部地区，进行分区回归。分析的实证结果可用来进一步探索影响广西工业绿色高质量发展的支撑要素。

一、模型设定、变量选取及数据说明

（一）模型设定

为了从一般意义上考察工业绿色高质量发展的支撑要素，本文构建如下的静态面板数据模型：

$$\mathrm{gyc}_{it} = \beta_0 + \beta_1 tal_{it} + \beta_2 tec_{it} + \beta_3 fin_{it} + \beta_4 eng_{it} + \beta_5 mar_{it} + \beta_6 inf_{it} + \beta_7 tra_{it} + \beta_7 env_{it} + \mu_i + \nu_t + \varepsilon_{it} \circ$$

其中，gyc_{it}为被解释变量，即工业绿色高质量发展指数，tal_{it}为人才支撑

水平，tec_{it} 为科技发展水平，fin_{it} 为金融发展水平，eng_{it} 为能源投入水平，mar_{it} 为市场活跃度，inf_{it} 为信息化水平，tra_{it} 为交通物流水平，env_{it} 为环境支撑水平，μ_i 为个体固定效应，ν_t 为时间固定效应，ε_{it} 为随机扰动项。下标 i 和 t 分别表示地区和时间。

（二）变量选择及数据说明

基于地区工业绿色高质量发展支撑要素的指标测算结果，本文从人才支撑水平、科技发展水平、金融发展水平、能源投入水平、市场活跃度、信息化水平、交通物流水平和环境支撑水平八个方面对工业绿色高质量发展的支撑要素进行实证分析。指标计算所需要的数据主要来源于2010—2020年度的《中国统计年鉴》《中国工业统计年鉴》《中国能源统计年鉴》《中国科技统计年鉴》。一方面，考虑到中国东中西三大地带在地理条件、要素禀赋和发展阶段等方面存在显著差异，人才支撑水平、金融发展水平、科技发展水平等各不相同，各个因素对各区域工业绿色高质量发展水平的影响也可能存在显著差异；另一方面，为了聚焦分析广西工业绿色高质量发展的支撑要素，本文在基准回归的基础上，还对东部、中部和西部地区进行分样本估计，回归结果见表3-19。

二、实证结果分析

固定效应面板数据模型的基准回归和分样本回归结果如表3-19所示：

表3-19　工业绿色高质量发展支撑要素的实证分析结果

变量	基准回归	东部地区	中部地区	西部地区
	（1）	（2）	（3）	（4）
tal（人才支撑水平）	0.286***	0.119	0.118	0.405***
	(3.23)	(0.64)	(0.63)	(2.69)
tec（科技发展水平）	0.168***	0.249***	0.051	0.151
	(3.06)	(2.78)	(0.37)	(0.90)
fin（金融发展水平）	−0.032	−0.309*	0.354***	−0.080
	(−0.41)	(−1.89)	(2.96)	(−0.49)
eng（能源投入水平）	−0.344***	−0.201	−0.495***	−0.279***
	(−6.75)	(−1.21)	(−4.61)	(−3.83)
mar（市场活跃度）	0.105**	0.025	0.029	−0.062
	(2.17)	(0.32)	(0.31)	(−0.37)
inf（信息化水平）	0.291***	0.442***	0.234*	0.117
	(5.72)	(4.47)	(1.90)	(1.01)

续表

变量	基准回归	东部地区	中部地区	西部地区
	（1）	（2）	（3）	（4）
tra（交通物流水平）	0.070	−0.025	0.202	0.429**
	(1.47)	(−0.31)	(1.53)	(2.56)
env（环境支撑水平）	0.303***	0.610***	0.023	0.282***
	(6.27)	(5.01)	(0.15)	(3.73)
时间效应	是	是	是	是
个体效应	是	是	是	是
R^2	0.865	0.883	0.924	0.866
N	330	121	88	121
F	106.538	41.098	45.172	35.218

注：***、**、*分别表示在1%、5%、10%的显著性水平下通过了统计检验，括号中的数值为 t 统计量。

资料来源：作者根据Stata软件计算结果整理所得。

本文分别用固定效应模型与随机效应模型对样本进行回归，根据豪斯曼（Hausman）检验结果，最终选择固定效应模型。从表3-19中的列（1）可以看出，解释变量中的人才支撑水平、科技发展水平、市场活跃度、信息化水平、环境支撑水平对工业绿色高质量发展影响的估计系数分别为0.286、0.168、0.105、0.291、0.303，且均在1%～10%水平上显著为正，表明人才支撑水平、科技发展水平、市场活跃度、信息化水平、环境支撑水平是驱动中国各省份工业绿色高质量发展的重要因素。与之相反，能源投入水平对工业绿色高质量发展影响的估计系数为-0.344，并在1%水平上显著为负，说明能源投入水平对工业绿色高质量发展产生了不利影响，是制约工业绿色高质量发展的重要因素。而金融发展水平和交通物流水平对工业绿色高质量发展影响的估计系数分别是-0.032、0.070，但不显著，表明金融发展水平和交通物流水平可能会对中国各省份工业绿色高质量发展产生正向或负向的影响效应，但在统计学上不显著。基于30个省区市样本的分析，可以从一般意义上证实人才支撑、科技发展、市场活跃度、信息化、环境等因素驱动工业绿色高质量发展，而广西作为30个省区市之一，也基本符合这个分析结果。根据表3-19中列（2）的东部地区回归结果可以发现，东部地区中，科技发展水平、信息化水平和环境支撑水平在1%水平上对工业绿色高质量发展产生了显著的正向影响，金融发展水平在10%的显著性水平上对工业绿色高质量发展产生了负向影响。而人才支撑水平、市场活跃度、交通物流水平、能源投入水平等因素对工业绿色高质量发展的影响不显著。从列（3）中部地区的估计结果可以看出，金融发展水平和信息化水平对工业绿色高质量发展产生显著的正向影响，是驱动中部地区工业绿色高质量发展的重要因素。与之相反，能源投入水平对工业绿色高质量发展产生了显著的负向影响，是制约中部地区工业绿色高质量发展的因素。人才支撑水平、科技发展水平、市场活跃度、交通物流水平、环境支撑水平等因素对中部地区工业绿色高质量发展影响的回归系数为正，但不显著，说明这些因素可能会对中部地区工业绿色高质量发展产生负向影响。从列（4）的西部地区估计结果可以看出，人才支撑水平、交通物流水平和环境支撑水平对工业绿色高质量发展影响的估计系数在1%～5%水平上显著为正，表明人才支撑水平、交通物流水平和环境支撑水平是驱动西部地区工业绿色高质量发展的重要因素。而能源投入水平则对工业绿色高质量发展在1%水平上产生了显著的负向影响，表明能源投入水平不利于西部地区工业绿色高质量发展。科技发展水平、金融发展水平、市场活跃度和信息化水平对西部地区工业绿色高质量发展的影响效应不显著。广西作为西部地区省份之一，其工业绿色高质量发展背后的支撑要素具有和整个西部地区相似的特点。因此，对广西而言，人才支撑、交通物流和环境支撑是驱动工业绿色高质量发展的重要因素。与之相反，能源投入对广西工业绿色高质量发展产生负向影响。

三、广西与国内代表性省份工业绿色高质量发展支撑要素比较分析

根据上文的实证分析结果，本文进一步以东部地区的山东、浙江和广东，中部地区的河南、湖北和江西，西部地区的四川、云南、贵州和广西等代表性省份为例，对工业绿色高质量发展支撑要素分项指标进行横向比较分析，从而更加清晰地展示广西与其他地区在工业绿色高质量发展支撑要素方面的差距。

（一）人才支撑水平

表3-20   2009—2019年国内代表性省份的人才支撑水平

年份	浙江	江西	山东	河南	湖北	广东	广西	四川	贵州	云南
2009	0.398	-0.568	-0.425	-1.153	0.477	0.662	-1.856	-1.221	-2.321	-2.354
2010	0.427	-0.686	-0.346	-1.115	0.558	0.767	-1.743	-1.361	-2.241	-2.262
2011	0.512	-0.699	-0.192	-0.908	0.590	0.830	-1.450	-1.169	-2.025	-1.953
2012	0.694	-0.703	-0.123	-0.891	0.608	0.854	-1.362	-1.062	-1.934	-2.024
2013	0.723	-0.451	-0.082	-0.705	0.611	0.912	-1.243	-0.920	-1.801	-1.869
2014	0.789	-0.274	-0.015	-0.601	0.622	0.981	-1.243	-0.777	-1.630	-1.806
2015	0.843	-0.116	0.066	-0.452	0.632	1.130	-1.148	-0.712	-1.469	-1.614

续表

年份	浙江	江西	山东	河南	湖北	广东	广西	四川	贵州	云南
2016	0.920	−0.045	0.138	−0.364	0.653	1.208	−1.010	−0.703	−1.156	−1.519
2017	1.127	0.012	0.199	−0.323	0.652	1.171	−0.909	−0.564	−0.969	−1.275
2018	1.312	0.345	0.275	−0.021	0.739	1.249	−0.633	−0.442	−0.733	−1.120
2019	1.663	0.958	0.351	0.141	0.953	1.457	0.074	−0.282	−0.375	−0.739

如表 3-20 所示，2009—2019 年，代表性省份的人才支撑水平基本呈现波动上升的变化趋势。其中，贵州、广西和云南的上升幅度较大，依次从 2009 年的 −2.321、−1.856、−2.354 上升到 2019 年的 −0.375、0.074、−0.739，分别上升了 1.946、1.930、1.615。其次是江西、河南和浙江，依次从 2009 年的 −0.568、−1.153、0.398 上升到 2019 年的 0.958、0.141、1.663，分别上升了 1.526、1.294、1.265。湖北、山东、广东和四川的上升幅度相对较低，分别从 2009 年的 0.477、−0.425、0.662、−1.221 上升到 2019 年的 0.953、0.351、1.457、−0.282，依次上升了 0.476、0.776、0.795、0.939。从各代表性省份的人才支撑水平数值上来看，广东的人才支撑水平最高，其次是浙江和湖北，而位于西部地区的云南、贵州和广西的人才支撑水平较低。相比较而言，广西的人才支撑水平较低，但十年间保持不断上升的变化趋势，增长幅度较大。

（二）科技发展水平

表 3-21　2009—2019 年国内代表性省份的科技发展水平

年份	浙江	江西	山东	河南	湖北	广东	广西	四川	贵州	云南
2009	0.351	−1.263	−0.231	−1.206	−0.552	0.082	−1.116	−0.575	−0.958	−1.350
2010	0.620	−1.226	−0.004	−1.188	−0.497	0.121	−1.228	−0.599	−0.953	−1.363
2011	1.193	−1.209	0.268	−1.057	−0.435	0.695	−0.936	−0.758	−0.904	−1.252
2012	1.990	−1.074	0.622	−0.955	−0.317	0.951	−0.872	−0.521	−0.835	−1.257
2013	2.160	−1.057	0.851	−0.873	−0.169	1.198	−1.128	−0.450	−0.915	−1.178
2014	1.958	−0.849	1.053	−0.810	−0.183	1.291	−1.126	−0.395	−0.967	−1.071
2015	2.208	−0.548	1.057	−0.632	−0.111	1.668	−1.050	−0.241	−0.792	−0.898
2016	2.312	−0.060	1.218	−0.635	−0.050	2.128	−1.080	−0.224	−0.926	−0.670
2017	2.399	0.172	1.290	−0.546	0.072	2.683	−1.060	0.000	−0.947	−0.534
2018	2.502	0.806	1.090	−0.217	0.401	3.504	−0.774	0.242	−0.533	−0.528
2019	2.692	1.087	1.195	−0.084	0.491	3.938	−0.254	0.291	−0.369	−0.402

如表3-21所示，2009—2019年，代表性省份的科技发展水平基本呈现波动上升的变化趋势。其中，广东、江西和浙江的上升幅度较大，依次从2009年的0.082、−1.263、0.351上升到2019年的3.938、1.087、2.692，分别上升了3.856、2.350、2.341。其次是山东、河南和湖北，依次从2009年的−0.231、−1.206、−0.552上升到2019年的1.195、−0.084、0.491，分别上升了1.426、1.122、1.043。贵州、四川、广西和云南的上升幅度相对较低，分别从2009年的−0.958、−0.575、−1.116、−1.350上升到2019年的−0.369、0.291、−0.254、−0.402，依次上升了0.589、0.866、0.862、0.948。从各代表性省份的科技发展水平数值上来看，浙江的科技发展水平最高，其次是广东和山东，均位于东部地区。而位于西部地区的广西、贵州和云南的人才支撑水平较低。相比较而言，广西的人才支撑水平最低，与东部沿海省份存在较大差距，但十年间保持不断上升的变化趋势，存在较大的上升空间。

（三）金融发展水平

表3-22　2009—2019年国内代表性省份的金融发展水平

年份	浙江	江西	山东	河南	湖北	广东	广西	四川	贵州	云南
2009	−1.339	−0.665	−1.173	−1.074	−0.870	−1.513	−0.413	−0.029	−0.561	−0.362
2010	−1.315	−0.675	−1.003	−0.476	−0.840	−1.457	−0.342	−0.174	−0.441	−0.356
2011	−1.359	−1.014	−1.030	−1.064	−1.025	−1.553	−0.503	−0.579	−0.387	−0.485
2012	−1.203	−0.915	−0.931	−0.998	−0.991	−1.523	−0.210	−0.549	−0.272	−0.393
2013	−1.097	−0.805	−0.777	−0.837	−0.786	−1.449	−0.753	−0.436	−0.173	−0.124
2014	−0.991	−0.593	−0.593	−0.679	−0.627	−1.329	−0.590	−0.188	−0.094	0.128
2015	−0.871	−0.270	−0.379	−0.339	−0.410	−0.995	−0.333	0.053	0.256	0.159
2016	−0.681	−0.044	−0.102	−0.149	−0.208	−0.951	−0.185	0.479	0.514	0.171
2017	−0.604	0.094	0.027	0.057	0.032	−0.907	−0.137	0.876	0.615	0.231
2018	−0.627	0.212	0.154	0.307	0.034	−0.886	0.682	0.846	0.707	0.345
2019	−0.345	0.244	0.299	0.524	0.071	−0.378	0.898	0.831	0.983	0.502

如表3-22所示，2009—2019年，代表性省份的金融发展水平基本呈现波动上升的变化趋势。其中，河南、贵州和山东的上升幅度较大，依次从2009年的−1.074、−0.561、−1.173上升到2019年的0.524、0.983、0.299，分别上升了1.598、1.544、1.472。其次是广东和广西，依次从2009年的−1.513、−0.413上升到2019年的−0.378、0.898，分别上升了1.135、1.311。云南、四川和江西的上升幅度相对较低，分别从2009年的−0.362、−0.029、−0.665上升到2019年的0.502、0.831、0.244，依次上升了0.864、0.860、0.909。其中，河南的金融发展水平提升幅度最大，四川提升幅度最小。从各代表性省份的金融发展水平数值上来看，西部地区的云南、贵州和广西的金融发展水平相对较高，其次是江西、湖北和河南，均位于中

部地区。而位于东部的广东和浙江的金融发展水平较低。相比较而言，广西工业绿色高质量发展中的金融发展水平较高，且十年间保持波动上升的变化趋势。

（四）能源投入水平

表3-23　2009—2019年国内代表性省份的能源投入水平

年份	浙江	江西	山东	河南	湖北	广东	广西	四川	贵州	云南
2009	-0.967	-0.799	-0.211	-0.554	-0.218	-1.157	0.023	0.008	2.940	0.751
2010	-1.072	-1.014	-0.230	-0.688	-0.493	-1.217	-0.180	-0.412	2.245	0.347
2011	-1.160	-1.169	-0.332	-0.782	-0.698	-1.286	-0.282	-0.689	1.851	0.182
2012	-1.208	-1.218	-0.361	-0.901	-0.834	-1.317	-0.206	-0.782	1.461	-0.003
2013	-1.157	-1.182	-0.464	-0.943	-0.931	-1.284	-0.859	-0.831	0.912	-0.116
2014	-1.228	-1.203	-0.445	-0.999	-0.989	-1.333	-0.890	-0.808	0.489	-0.223
2015	-1.242	-1.170	-0.376	-0.998	-1.101	-1.369	-0.954	-0.977	0.334	-0.239
2016	-1.273	-1.181	-0.349	-1.081	-1.149	-1.376	-0.996	-1.018	0.172	-0.229
2017	-1.303	-1.236	-0.405	-1.183	-1.149	-1.409	-1.070	-0.950	-0.089	-0.267
2018	-1.370	-1.232	-0.386	-1.161	-1.232	-1.431	-0.793	-1.056	-0.072	-0.350
2019	-1.392	-1.276	-0.384	-1.201	-1.286	-1.460	-0.474	-1.101	-0.189	-0.402

如表3-23所示，2009—2019年，大多数代表性省份的能源投入水平呈现不断下降的变化趋势。其中，贵州、云南和湖北的下降幅度较大，依次从2009年的2.940、0.751、-0.218降低到2019年的-0.189、-0.402、-1.286，分别下降了3.129、1.153、1.068。其次是河南、广西、江西和浙江，依次从2009年的-0.554、0.023、-0.799、-0.967下降到2019年的-1.201、-0.474、-1.276、-1.392，分别下降了0.647、0.497、0.477、0.425。山东的变化幅度最低，从2009年的-0.211降低到2019年的-0.384，降低了0.173。从各代表性省份的能源投入水平数值上来看，贵州和云南的能源投入水平较高，其次是山东和广西，广东、浙江和江西的能源投入水平相对较低。相比较而言，广西工业绿色高质量发展中的能源投入水平较高，但十年间保持波动下降的变化趋势。

（五）市场活跃度

表3-24　2009—2019年国内代表性省份的市场活跃度

年份	浙江	江西	山东	河南	湖北	广东	广西	四川	贵州	云南
2009	0.647	-0.901	-0.492	-1.542	-0.747	0.467	-0.367	-0.749	-1.031	-1.063
2010	0.704	-1.004	-0.301	-1.522	-0.901	0.554	-0.573	-0.906	-1.163	-0.998
2011	0.665	-1.128	-0.245	-1.453	-1.010	0.434	-0.676	-0.996	-1.160	-0.961
2012	0.694	-1.091	-0.194	-1.330	-0.983	0.471	-0.537	-0.936	-1.223	-0.974
2013	0.740	-1.066	-0.162	-1.248	-0.833	0.505	-1.064	-0.851	-1.248	-0.921

续表

年份	浙江	江西	山东	河南	湖北	广东	广西	四川	贵州	云南
2014	0.802	0.050	0.055	-1.161	-0.700	0.369	-0.993	-0.608	-1.109	-0.841
2015	0.828	0.100	0.050	-0.982	-0.569	0.336	-0.956	-0.524	-1.057	-0.742
2016	0.862	0.150	0.166	-0.935	-0.492	0.340	-0.940	-0.480	-0.979	-0.629
2017	0.979	-0.807	0.220	-0.887	-0.354	0.982	-0.900	-0.145	-0.947	-0.496
2018	0.946	-0.820	0.219	-0.860	-0.418	0.888	-0.457	-0.004	-0.771	-0.603
2019	0.999	-0.578	0.287	-0.682	-0.216	0.863	-0.004	0.312	0.032	-0.042

如表 3-24 所示，2009—2019 年，大多数代表性省份的市场活跃度呈现波动上升的变化趋势。其中，四川、贵州和云南的上升幅度较大，依次从 2009 年的 -0.749、-1.031、-1.063 上升到 2019 年的 0.312、0.032、-0.042，分别上升了 1.061、1.063、1.021。其次是山东和河南，依次从 2009 年的 -0.492、-1.542 上升到 2019 年的 0.287、-0.682，分别上升了 0.779、0.860。浙江、江西、广东和广西的上升幅度相对较低，分别从 2009 年的 0.647、-0.901、0.467、-0.367 上升到 2019 年的 0.999、-0.578、0.863、-0.004，依次上升了 0.352、0.323、0.396、0.363。其中，贵州的市场活跃度上升幅度最大，江西的上升幅度最小。从各代表性省份的市场活跃度数值上来看，东部地区的浙江、广东和山东的市场活跃度较高，河南、贵州和广西的市场活跃度相对较低。相比较而言，广西工业绿色高质量发展中的市场活跃度不高，但十年间保持波动上升的变化趋势。

（六）信息化水平

表3-25   2009—2019年国内代表性省份的信息化水平

年份	浙江	江西	山东	河南	湖北	广东	广西	四川	贵州	云南
2009	-0.643	-1.416	-1.232	-1.470	-1.343	-0.815	-1.312	-1.292	-1.392	-1.404
2010	-0.582	-1.401	-1.037	-1.352	-1.215	-0.550	-1.170	-1.153	-1.299	-1.317
2011	-0.369	-1.294	-0.842	-1.222	-1.055	-0.422	-1.004	-0.958	-1.118	-1.129
2012	-0.179	-1.194	-0.662	-1.108	-0.878	-0.230	-0.837	-0.792	-1.052	-1.020
2013	-0.025	-1.116	-0.537	-1.028	-0.673	-0.073	-0.852	-0.731	-0.946	-0.932
2014	0.051	-1.058	-0.426	-0.942	-0.583	0.012	-0.788	-0.610	-0.922	-0.827
2015	0.909	-0.537	-0.038	-0.582	-0.341	0.397	-0.544	-0.044	-0.656	-0.458
2016	1.100	-0.455	0.184	-0.491	-0.278	0.320	-0.586	0.191	-0.718	-0.510
2017	1.559	-0.070	0.416	-0.106	-0.042	0.745	-0.209	0.681	-0.148	0.242
2018	2.127	0.859	1.011	0.647	0.529	1.314	1.024	1.677	0.362	0.426
2019	2.639	1.499	1.575	1.235	1.052	1.791	1.680	2.273	0.833	0.657

如表3-25所示，2009—2019年，大多数代表性省份的信息化水平呈现波动上升的变化趋势。其中，四川、浙江、广西和江西上升幅度较大，依次从2009年的-1.292、-0.643、-1.312、-1.416上升到2019年的2.273、2.639、1.680、1.499，分别上升了3.565、3.282、2.992、2.915。其次是山东和河南，依次从2009年的-1.232、-1.470上升到2019年的1.575、1.235，分别上升了2.807、2.705。贵州、湖北和广东的上升幅度相对较低，分别从2009年的-1.392、-1.343、-0.815、上升到2019年的0.833、1.052、1.791，依次上升了2.225、2.395、2.606。其中，四川的信息化水平上升幅度最大，贵州的上升幅度最小。从各代表性省份的信息化水平数值上来看，东部地区的浙江、广东和山东的信息化水平较高，江西、贵州和广西的信息化相对较低。相比较而言，广西工业绿色高质量发展中的信息化水平较低，但十年间保持波动上升的变化趋势。

（七）交通物流水平

表3-26　2009—2019年国内代表性省份的交通物流水平

年份	浙江	江西	山东	河南	湖北	广东	广西	四川	贵州	云南
2009	-0.397	-1.446	-0.860	-1.380	-1.518	-0.570	-1.339	-1.380	-1.709	-1.662
2010	-0.051	-1.380	-0.622	-1.161	-1.432	-0.386	-1.180	-1.286	-1.619	-1.540
2011	0.173	-1.392	-0.500	-1.089	-1.431	-0.464	-1.170	-1.325	-1.624	-1.478
2012	0.548	-1.267	-0.314	-0.946	-1.295	-0.127	-0.999	-1.177	-1.527	-1.352
2013	0.987	-1.095	-0.201	-0.870	-1.101	0.267	-0.965	-1.064	-1.370	-1.147
2014	1.596	-0.922	0.008	-0.488	-0.873	0.758	-0.824	-0.836	-1.204	-0.986
2015	2.289	-0.738	0.279	-0.422	-0.641	1.233	-0.711	-0.652	-1.039	-0.794
2016	3.307	-0.440	0.688	-0.126	-0.326	2.212	-0.462	-0.329	-0.821	-0.490
2017	3.939	-0.272	0.861	0.123	-0.086	2.797	-0.302	-0.093	-0.694	-0.324
2018	4.324	0.289	1.548	0.714	0.400	3.709	0.363	0.408	-0.268	0.165
2019	4.698	0.415	2.033	1.166	0.670	4.779	0.854	0.699	-0.144	0.296

如表3-26所示，2009—2019年，大多数代表性省份的交通物流水平呈现波动上升的变化趋势。其中，浙江和广东的上升幅度较大，依次从2009年的-0.397、-0.570上升到2019年的4.698、4.779，分别上升了5.095、5.349。其次是山东和河南，依次从2009年的-0.860、-1.380上升到2019年的2.033、1.166，分别上升了2.893、2.546。江西、贵州和云南的上升幅度相对较低，分别从2009年的-1.446、-1.709、-1.662上升到2019年的0.415、-0.144、0.296，依次上升了1.861、1.565、1.958。其中，广东的交通物流水平上升幅度最大，贵

州的上升幅度最小。从各代表性省份的交通物流水平数值上来看，东部地区的浙江、广东和山东的交通物流水平较高，贵州、云南和四川的交通物流水平相对较低。相比较而言，广西工业绿色高质量发展中的交通物流水平较低，但十年间保持波动上升的变化趋势。

（八）环境支撑水平

表3-27　2009—2019年国内代表性省份的环境支撑水平

年份	浙江	江西	山东	河南	湖北	广东	广西	四川	贵州	云南
2009	-0.898	-0.373	-0.815	-0.827	-0.579	-1.689	0.413	0.075	0.733	0.413
2010	-1.705	-0.423	-0.826	-0.943	-0.629	-1.789	0.319	-0.145	0.634	0.504
2011	-1.730	-0.239	-0.898	-0.961	-0.815	-1.924	0.311	-0.504	0.842	0.614
2012	-1.914	0.041	-0.790	-0.929	-0.705	-1.925	0.320	-0.455	1.051	0.620
2013	-1.595	0.318	-0.766	-0.797	-0.555	-1.931	-0.029	-0.370	0.834	0.837
2014	-1.685	0.058	-0.603	-0.764	-0.687	-2.016	-0.012	-0.281	0.936	0.882
2015	-1.483	0.145	-0.634	-0.659	-0.451	-1.848	0.021	-0.125	1.203	0.712
2016	-1.631	0.024	-0.777	-0.721	-0.685	-1.963	0.115	-0.312	0.946	0.608
2017	-1.568	0.092	-0.874	-0.739	-0.477	-2.035	-0.172	-0.228	0.727	0.805
2018	-1.855	0.122	-0.715	-0.401	-0.665	-2.195	0.110	-0.251	0.727	0.635
2019	-1.875	0.074	-0.600	-0.360	-0.899	-2.309	0.412	-0.147	0.576	0.430

如表3-27所示，2009—2019年，大多数代表性省份的环境支撑水平呈现波动下降的变化趋势，部分省份的环境支撑要素呈现波动上升的变化趋势。浙江、广东、湖北、四川、贵州和广西的环境支撑水平呈现波动下降的变化趋势，其中，浙江和广东的下降幅度最大，分别从2009年的-0.898、-1.689下降到2019年的-1.875、-2.309，分别下降了0.977、0.620。湖北、四川和贵州的下降幅度较低，依次从2009年的-0.579、0.075、0.733下降到2019年的-0.899、-0.147、0.576，分别下降了0.320、0.222、0.157。广西的下降幅度最低，从2009年的0.413下降到2019年的0.412，下降了0.001。与之相反，河南和江西的上升幅度较大，依次从2009年的-0.827、0.373上升到2019年的-0.360、0.074，分别上升了0.467、0.447。其次是山东，从2009年的-0.815上升到2019年的-0.600，上升了0.215。云南的上升幅度相对较低，从2009年的0.413波动上升到2019年的0.430，上升了0.017。从各代表性省份的环境支撑水平数值上来看，西部地区的贵州、云南和广西的环境支撑水平较高，中部、东部地区的广东、浙江和河南的环境支撑水平较低。相比较而言，广西工业绿色高质量发展中的环境支撑水平较高，但十年间保持波动下降的变化趋势。

第四章　广西工业绿色高质量发展支撑要素分析

广西作为欠发达地区，资源、环境与经济发展之间的矛盾日益突出，走工业绿色高质量发展之路已经成为广西经济社会发展的内在要求，也是有效化解经济发展与环境资源矛盾的必然选择。推动工业绿色高质量发展离不开人才、科技、金融、能源、市场、信息、交通、环境等发展要素的支撑。可以说，支撑要素的优与劣在促进工业绿色高质量发展过程中起着决定性作用。找准支撑要素的优势和短板，才能为工业绿色高质量发展保驾护航。

第一节　人才

　　近年来，广西坚持人才引领发展的战略，以产业发展为引领，支持特聘专家、"十百千"人才工程、人才小高地等人才项目建设，做好高层次人才培养和引进工作，全方位培养、引进、用好人才，激发人才创新活力，为广西的经济社会发展提供强有力的人才支持。

一、发展成效

（一）人才队伍持续扩大

　　广西是我国的劳动力资源大省。2019年，广西常住人口中有63.12%的劳动人口年龄在16周岁到59周岁之间，共有约3027.27万人，劳动者的平均年龄为36.3岁，拥有极为强劲的人口红利。从城乡就业人数看，截至2019年底，广西全区就业人员达2853万人，城镇就业人员达1538.4万人，乡村从业人员达1538.4万人，城镇从业人员比2000年增加了893.8万人，乡村从业人员比2000年减少了606.6万人。说明随着越来越多农村剩余劳动力向城镇转移，广西的城镇化推进迅速，为工业发展提供了大量的劳动力。

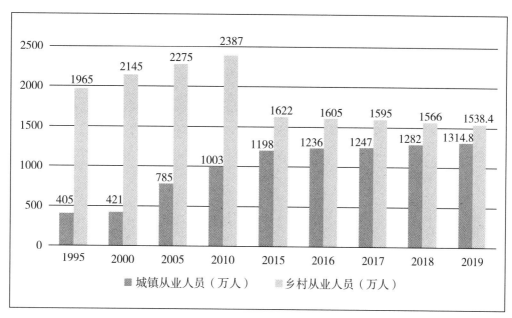

图4-1　1995—2019年广西就业人员总量变化情况

数据来源：历年《广西统计年鉴》。

（二）人才结构不断优化

近年来，广西运用高层次人才中"领头羊"的作用，建设高层次人才集聚地，推进人才小高地建设，汇聚的一大批高层次人才为广西社会经济发展奠定了坚实的人才基础，并在重点行业、产业、科研项目中取得丰硕成果，为广西工业绿色高质量发展带来了巨大效益。从高等教育人数看，2015—2019年，广西每万人口高等教育学校平均在校生数、普通高等学校招生数和普通高等学校专任教师增长迅速。其中，2019年普通高等学校招生数达38.09万人，比2015年增长57.8%，每万人口高等教育学校平均在校生数271人，比2015年增长38.22%。从专业技术人才结构看，截至2019年底，广西全区共有678.94万技能型人才，其中24.4%的人才为高技能人才，共有约165.71万人。广西人力资源和社会保障厅公布的数据显示，截至2019年底，广西共有1587名专家享受政府特殊津贴，在全国享受政府特殊津贴总人数中的占比仅为0.87%，其中有35名专家为高技能人才；入选国家百千万人才工程、自治区百千万人才工程、自治区特聘专家的人数分别为45名、650名和182名；广西共拥有76个自治区级人才小高地。

图4-2　2015—2019年广西高等教育学校在校生数、招生数和专任教师数

数据来源：历年《广西统计年鉴》。

（三）专业人才苗壮成长

近年来，广西打造定位清晰、层次分明、相互衔接、覆盖范围合理的人才培养机制，脚踏实地实施本土人才培养举措。一方面，加强从外部引进人才。近年来，广西以开放的姿态，把优秀人才集聚到八桂大地，凝聚工业绿色高质量发展的强大动能。广西从2001年开始接收中央博士服务团成员挂职锻炼。20年来，290多名挂职博士倾情融入广西、主动担当作为，形成了事业发展与人才发展"双促进"的共赢局面。据统计，2020年，在广西挂职的博士牵头和参与引进的项目共有196个，到位资金1500多亿元。在引才引智层面，广西每年赴区外开展急需紧缺高层次人才招聘活动，2015—2020年引进优秀大学毕业生6000多名，其中博士900多名；连续多年举办海内外高端人才创新创业成果展，700多位高端人才参展。截至2020年底，广西共有各类人才522.47万名，比2019年的495万名增加5.55%，是2015年末的2.27倍。在产业科技创新领域，引入北京中关村创新平台、专业团队建设的南宁·中关村创新示范基地和南宁·中关村科技园，目前集聚创新主体500家左右。另一方面，内部的培育至关重要。除中央博士团外，广西还通过院士后备人选培养工程、八桂学者、特聘专家等自治区重大人才工程，引进培养了近400名高层次创新型人才。自治区先后遴选产生院士后备培养工程人选11名、八桂学者156名、特聘专家184名、优秀专家510名。

> **专栏4-1　柳州市以"人才强市"战略推动工业绿色高质量发展**
>
> 　　近年来，柳州市深入实施"人才强市"战略，不断推动人才发展体制机制改革和政策创新，2018年11月，出台了《柳州市关于加快新时代人才集聚的若干措施》，即"人才新政"。新政实施以来，柳州市新引进人才4.92万人，其中博士、正高职称人才562人，推动全市人才总量达96.13万，引才质量数量实现双提升，为柳州经济社会高质量发展提供了坚强人才保障。面对新时代人才工作的新变化、新机遇、新要求，结合自治区党委人才工作会议和柳州市委人才工作会议关于建设自治区级人才城的决策部署，加快实施新时代"人才强市"战略，2022年柳州市升级推出了"人才新政"2.0版，进一步加大人才集聚培养、升级人才要素保障、深化产才融合发展、营造最优人才生态。
>
> 　　加大人才集聚培养方面，允许"5+5"产业领域重点企业自主评选人才，对引进E类以上或年薪30万元以上产业、金融等方面人才的重点企业给予引才奖励。组建"柳州特色产业访学团"、设立"龙城之光"人才培养计划，通过赴区内外访学研修，培养螺蛳粉、油茶等特色产业急需人才和教育、医疗、金融等领域优秀中青年人才。重点加大产业领军人才团队引进力度，充分发挥政府投资引导基金作用，增加对高端人才（团队）项目的资金支持方式，采取"股权投资+项目支持"相结合的方式，对来柳创新创业A类人才（团队），一事一议，最高可支持2亿元。对引进的B类、C类人才（团队），分别最高可支持5000万元、2000万元。
>
> 　　创新"人才飞地"柔性引才机制方面，推动以研发机构、离岸科技创新中心为主要形式的"人才飞地"建设。主动走出去，先试先行，充分利用北京、上海、粤港澳大湾区等先进城市和地区科技创新资源集聚优势，以人才引进、关键核心技术研究、科技成果转移转化、科技企业和高新技术产业孵化等为目标，实现"人才和研发在外地，转化和落地在柳州"的协调创新模式。

（四）引育平台加快升级

　　广西从2011年开始响应中央号召，全面落实高技能人才最新规划。自那以后，广西开始大量建设高技能人才培训基地，到2019年，广西共有28个国家级和自治区级的高技能人才培训基地，92个国家级和自治区级的技能大师工作室，这些人才培训基地为广西培养了一大批高技能人才，而这些人才也成为广西高新技术行业的中坚力量。从产业领域看，广西在电子信息、城市轨道交通、新能源、食品工程及生物医药、交通物流和现代制造业等28个产业中都已经建立了技能培训平台，致力于加强对各专业技能型人才的培养。从科研院校看，广西的技工院校、职业培训机构和企业培训机构等在培养技能人才方面也发挥了重要的作用。截至2019年末，广西共有43所技工院校，其中有39所技工院校招收学历生；在众多的技工院校中，国家级和自治区级的重点技工学校分别有13所和12所，高级技工学校和技师学校分别有6所和9所。截至2019年底，广西全区的技工院校中共有12.07万在校学生，其中有三个技工学校的学生人数超过了1万人。从职业实训平台看，近年来广西建成多家自治区级职业技能实训基地和人力资源服务产业园。比如，北海市高起点规划建设2.2万多亩的职教园区，连续5年举办"双创"文化节和"双创"大赛，培养了1500多名"双创"人才；百色市整合资源组建"乡村振兴绿领学院"，在全市135

个乡镇（街道）设立"绿领人才工作站"，推动乡村人才培育和管理服务升级。

（五）体制机制改革不断深化

让人才的创新活力得到最大程度释放，深化人才发展的体制机制尤为关键。近年来，广西把人才发展体制机制改革向纵深推进，抓住人才发展薄弱环节，建立以创新创业为导向的人才培养支持机制，健全"刚柔并济"的人才引进机制，完善科学合理的人才评价激励机制，健全拴心留人的人才服务保障机制，打出一套精准有力的"组合拳"，初步形成了全面系统的人才政策和制度体系。在编制改革方面，广西探索建立自治区本级事业单位引进高层次人才专项编制保障机制，每年调剂500个人才专项编制，深受各高校和科研院所欢迎。在职称评审改革方面，广西为高层次急需紧缺人才评审高级职称开辟"绿色通道"。在人才服务方面，建成广西高层次人才一站式服务平台，为7大类18个领域的专家人才提供税收减免、子女入学、配偶就业等32个方面的优质高效服务，努力打造更加友好包容的人才发展环境。重点突出"服务基层"，大力推动改革切实落地在基层、落地在乡村。在工业绿色高质量发展方面，集中选派一批工业振兴特派员组成工作队奔赴各地工业一线，采取组团工作方式服务重点工业企业、重点工业项目、重点招商项目和重点工业园区，引导人才向经济建设主战场、改革创新最前沿汇聚。在社会保障体系方面，推进实施全民参保计划，不断完善广西城乡居民基础养老金标准，建立更加完善的工伤保险和失业保险待遇调整机制。进一步扩大社保服务平台的覆盖面，基本

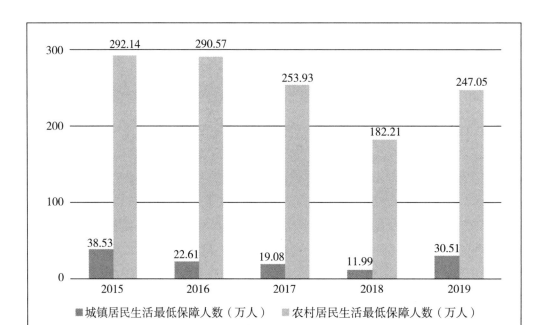

图4-3　2015—2019年广西城乡居民生活最低保障人数

形成了自治区、市、县、乡镇、村五级联通的社保服务体系。截至2020年9月，广西已基本形成全民参保格局，全区城镇职工基本养老保险参保人数898.36万人，城乡居民基本养老保险参保人数2087.66万人，失业保险参保人数394.69万人，工伤保险参保人数470.49万人。

二、存在问题

当今社会的竞争是人才的竞争，只有积累丰富的人才，才能实现区域和国家的崛起。近年来，随着经济的快速发展，广西在贸易、投资、旅游、交通、农业、制造业等领域都面临着庞大的专业人才需求，广西人才发展的瓶颈问题日益凸显。与发达地区相比，广西在人才培养引进方面仍然存在不少问题，难以满足支撑工业绿色高质量发展的需求。

（一）人才供需端存在缺口

广西在人口需求量增大的时期恰好遇上人口红利下降，导致人才数量和质量都严重不足。缺乏引领技术进步的创新人才、领军人才、尖子人才，也缺乏推动产业变革所急需的高技能人才，全区缺乏高层次领军人才，高技能人才仅占技能劳动者的21%，比全国平均水平低6个百分点，工业企业研发人员仅有2.9万人，科学研究和技术服务业城镇就业人员7.1万人，仅为总人数的0.14%。许多企业无法提供具有竞争力的薪资待遇，人才"招不进、留不住、用不好"，尤其是偏远的产业园区工作环境艰苦，专业人才、高技能人才严重匮乏，青年型、技术型、管理型人才缺口大，在相当程度上制约了产业转型升级。此外，随着粤港澳大湾区建设的推进，交通基础设施互联互通能力增强，"人才虹吸"效应持续增强，广西在粤务工人员占全区外出务工人员总量近60%，每年还有10万以上的新增劳动力到广东务工，对广西人才引进和留用产生了较大影响。

（二）专业型人才仍然缺乏

从高技能人才的占比来看，广西的高技能人才数量相对较少，远未能达到全国平均水平。截至2019年底，广西共有678.94万名技能型就业人才，其中高技能人才共有165.71万人，在技能型就业人才中的占比为24.4%，在广西全区就业人员中的占比为5.8%。此外，目前广西高技能人才主要分布于制造业，例如机械、汽车和钢铁行业等，而部分传统行业和新兴高科技产业中，则严重缺乏高技能人才，说明目前广西的技能型人才存在区域分配不均和产业分配不均的问题。从产业分布来看，目前在大部分新兴产业或高科技产业中，都存在高技能人才青黄不接的问题，尤其缺乏在行业或企业发展过程中具备独当一面和领军地位的高技能人才。高技能人才的欠缺，制约了行业和企业的高速发展，高技能人才存在供应断档问题。例如北部湾的船舶制造业、炼油业等海洋产业在发展过程中，各大企业就尤其缺乏具备高超技艺的高技能人才；又例如广西南南铝加工、上汽通用五菱、东风柳州汽车、广西柳州钢铁等重点企业中，缺乏可以开展研发创新活动的高技能人才，这也是导致这些钢铁企业或汽车企业在新产品和新工艺研发工作中存在短板的主要原因。从人才科研创新能力看，广西的科研创新活动中缺乏学科带头人物，也导致广西的学术成果和科研成果都相对偏少，与发达省份有较大差距。根据国家知识产权局网站2020年公布的数据，2020年广西专利申请数为5.17万件，而江苏和广东的专利申请数分别为71.95万件和96.72万件，广西仅为江苏和广东的7.19%和5.35%，因此，与发达省份相比目前广西人才还严重缺乏科研创新能力。从技能型人才的地域分布来看，目前广西的南宁市、柳州市和玉林市等城市集中了广西大部分的技能型人才，而其他地区的技能型人才相对较少，尤其是河池市、钦州市和北海市。

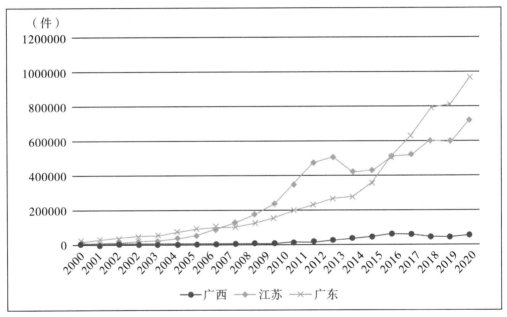

图4-4　2000—2020年广西、江苏和广东专利申请量

数据来源：国家知识产权局。

（三）人才引留仍然较困难

当前，广西在用人机制和激励机制上还不够大胆创新，生活、医疗、教育等条件相对落后，工作环境、工人素质和工作效率与粤港澳大湾区存在较大差距，导致高端要素包括人才、资金、技术等不断向粤港澳地区流动。同时，粤港澳大湾区周边省份及城市竞相出台跨区域产业融合的优惠政策，形成了抢企业、争项目、揽人才的竞争态势，东部地区人才虹吸效应越来越强。据统计，截至2019年底，广西籍区外院校毕业的研究生65%到外省就业，广西培养的研究生49%去区外就业。在流失的高层次人才中，有相当一部分是在原单位从事重要课题研究、技术攻关、关键生产的工作骨干，其中绝大多数都是具有专业技术职称和技术专长的人才，甚至高级管理人才也出现流失。广西高层次人才外流到东部发达地区的现象有所加剧。据调查，广西区内电子商务高层次人才流失率偏高，电子商务人才一年内流失率在10%以下的企业占23%，10%～20%区间的企业占29%，20%～30%区间的企业占26%，30%～40%区间的企业占19%，40%～50%区间的企业占3%。高层次人才流失现象加剧恶化了广西的人才发展环境，导致广西高层次人才形成"走出去"和"引不进来"的恶性循环。

（四）人才培养机制待完善

当前，广西在培养高技能人才方面，没能做到政府、学校和企业之间的通力配合，未能将社会各界的资源有机整合起来，取长补短。只有让政府、学校和企业在高技能人才培养方面保持高度的协调与配合，由政府出台相应的财政支持政策，由学校根据企业需求来设置专业与课程，调整教学内容，才能建立高技能人才多元合作培养机制。目前，广西仅有国家211工程建设高校1所（广西大学），没有高校入选985工程，其余26所均为本科第二批普通高校，总体办学基础较为薄弱，特别是梧州学院、钦州学院、贺州学院等均为2000年以后新成立的本科院校，综合实力不强。国家42所一流大学高校中，广西处于空白状态。95所一流学科建设高校中，仅广西大学1所入学。与其他省份相比，广西的学科建设仍较弱，目前一级学科专业没有排在"B+及以上"的水平，仅广西大学的化学工程与技术专业、桂林理工大学的环境科学与工程专业排在"B"。一流大学、一流学科缺乏导致基础研究和自主创新能力较弱，难以形成具有竞争力的科研成果，难以满足工业绿色高质量发展对科技创新的需求。高层次科研机构较偏少，仅桂林有5家国务院原部门属科研院所，各级政府部门属128家科研机构普遍规模小、研发基础条件差。专利申请量和授权量未达到全国平均水平，每万人口发明专利拥有量只有全国平均水平的1/3。

表4-1　全国一流学科中广西高校评估结果情况

一流学科专业	广西高校名称	评估结果等级
机械工程	桂林电子科技大学 广西大学	B- C
仪器科学与技术	桂林电子科技大学	B-
材料科学与工程	桂林电子科技大学 桂林理工大学 广西大学	C C C-
电器工程	广西大学	C+

续表

一流学科专业	广西高校名称	评估结果等级
电子科学与技术	桂林电子科技大学	C
信息与通信工程	桂林电子科技大学	B-
计算机科学与技术	广西大学 桂林电子科技大学 广西师范大学 桂林理工大学	B- B- C+ C-
土木工程	广西大学 桂林理工大学	B- C
测绘科学与技术	桂林理工大学	C-
化学工程与技术	广西大学	B
轻工技术与工程	广西大学	C+
环境科学与工程	桂林理工大学 广西大学 广西师范大学	B- C C-
软件工程	广西师范大学 广西大学 桂林电子科技大学 桂林理工大学	B- C+ C+ C-

资料来源：根据教育部学位与研究生教育发展中心公布的全国第四轮学科评估结果整理而得。

（五）人才吸引政策仍不足

政府的财政投入是培养高技能人才的重要支持，除了要给予资金支持以外，政府还应当为培养高技能人才制定激励方案和考核机制，全面优化高技能人才的培养体系，进而让高技能人才以及培训人员都能在培训中产生更高的主观能动性和积极性。然而，目前广西政府在高技能人才培养方面还缺乏相应的财政支持政策，政府的财政资金投入，还不足以弥补广西培养高技能人才的资金空缺。一方面，职业院校严重缺乏教育经费，大部分学校的办学资金都只能依靠自筹，政府给予的补助较少；另一方面，政府相关部门还未建立高技能人才培养的专项基金，导致广西在建设高技能人才培训基地方面仍欠缺资金，也未能给予高技能人才应有的奖励。虽然广西近年来出台了一系列吸引高层次人才的政策措施，但与其他省市相比，广西对高层次人才的政策优惠力度不大，对高层次人才的吸引力不强。例如，四川省对引进的顶尖人才最高给予300万元一次性的奖励，最低20万元奖励，引进的创新创业团队给予最高5000万元资助，最低200万元资助。广西的一次性奖励就处于较低的水平，财政的支持力度较弱，对引进的全职八桂学者仅给予税后100万元的安家费。

第二节　科技

"十三五"以来，广西推出一系列改革创新举措，深入实施创新驱动发展战略，以深化改革激发新发展活力，以科技创新催生新发展动能，有效提升了广西科技水平的国际竞争力，支撑工业绿色高质量发展不断迈上新台阶。

一、发展现状

（一）科技创新有效支撑特色优势产业发展

近年来，自治区党委、政府提出"坚持创新支撑产业高质量发展不动摇"。围绕产业链部署创新链，围绕创新链布局产业链。"十三五"时期，广西新设立50亿元创新驱动发展专项资金支持科技创新，聚焦重点支柱产业和战略性新兴产业，实施一大批科技重大专项，推进产业技术攻关，有效支撑特色优势产业发展。例如，在发动机方面，玉柴动力一直在"燃烧、低排放、机械、后处理"四大开发技术方面引领着行业发展潮流，从国Ⅰ到欧Ⅵ步步领先国际先进水平。在工程机械方面，柳工机械的产品研发水平和技术性能始终保持行业领先地位，其研发的高原型特种轮式装载机填补世界空白，柳工挖掘机已成为国内挖掘机行业最具代表性的民族品牌；欧威姆预应力机领跑全国。在汽车及零部件领域，已形成集整车、动力、关键零部件及研发检测于一体的完整产业链，拥有上汽通用五菱、东风柳汽、五菱柳机、上汽变速器等龙头企业，具有自主知识产权的"五菱""宝骏""风行"等全国知名品牌。在新材料方面，华锡铟材料是国内平板显示ITO（氧化铟锡）靶材少有的自主品牌；高端铝合金材料应用技术取得重大突破，成功铸造世界上直径最大的2XXX系圆锭、国内最宽最厚的铝合金扁锭等产品。在生物医药领域，桂林三金位列中国中药50强前列，桂林南药生产的青蒿琥酯抗疟疾药是世界卫生组织确定的抗疟疾首选药。

（二）科技创新平台建设取得积极进展

"十三五"以来，广西出台《广西重大科技创新基地建设管理办法》，对标国家重点实验室、国家工程技术研究中心等国家科技创新基地的要求，着重加强培育建设重点实验室类、工程中心类科技创新基地。依托高校院所、企业及其重点实验室、中试基地、工程技术研究中心等研发机构加强高层次科研人才团队建设，提升科研平台核心竞争力。强化大学科技园、软件园等各类科技创新园区专业化建设水平。持续开展广西重大科技创新基地建设计划，自实施"三百二千"科技创新工程①以来，广西新增了大量国家级和省级创新平台。截至2020年底，广西已建立了3家国家级工程技术研究中心、3家国家重点实验室、238家自治区工程技术研究中心、115家自治区重点实验室、8家国家级产业化基地、7家自治区级产业化基地、7家国家级农业科技园区、29家自治区农业科技园区等一批科技创新平台。

（三）企业技术创新主体地位持续强化

"十三五"期间，广西出台《广西壮族自治区科技创新条例》、《关于进一步深化科技体制改革推动科技创新促进广西高质量发展的若干措施》（简称"广西科改33条"）等政策，瞄准创新发展堵点痛点下"猛药"。落实企业研发投入奖补、研发加计扣除、税收减免、科技创新券等政策，强化对工业企业扶持。"十三五"时期，广西大中型工业企业新产品产值超过12373.21亿元；工业企业发明专利授权4328件，企业创新能力不断提升。如图4-5所示，广西规模以上工业企业R&D经费从2011年的约58.68亿元增长到2019年的约104.47亿元，增长了1.78倍，年均增长7.48%；除了2015年和2018年外，其他年份均实现了正增长。

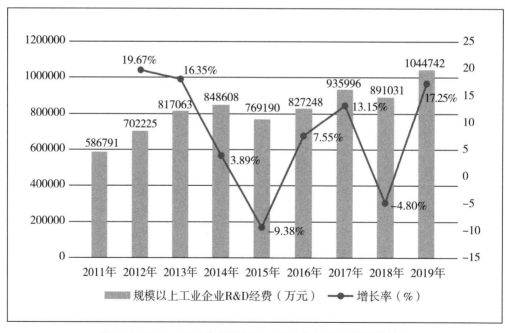

图4-5　2011—2019年规模以上工业企业R&D经费及增长率

数据来源：Wind数据库。

---

① "三百二千"工程即突破100项重大技术、创建100个国家级创新平台、引育100个高层次创新人才和团队"3个100"，新增1000家高新技术企业、转化1000项重大科技成果"2个1000"。

同时，广西大量培育高新技术企业，全面实施瞪羚企业培育计划、高新技术企业倍增行动计划等，高新技术企业的数量实现较快增长。截至"十三五"期末，广西高新技术企业的数量达到2388家，瞪羚企业实现从无到有，达93家。如图4-6所示，广西高新技术企业数从2007年的355家增长到2019年的2366家。2007年以来，广西高新技术企业数仅在2008年和2009年经历了负增长，可能是受金融危机的影响；2010年后持续维持正增长，并且2018年增长率达到56%的高点，2019年有所下降，增长率也达到28%。

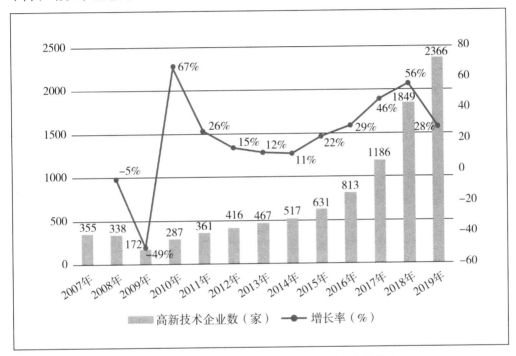

图4-6　2007—2019年广西高新技术企业数及增长率

数据来源：Wind数据库。

从广西高新技术企业工业总产值来看，2010年广西高新技术企业总产值仅为1579.06亿元，到2020年已经增长到6121.14亿元，增长了3.88倍，年均增长14.51%。

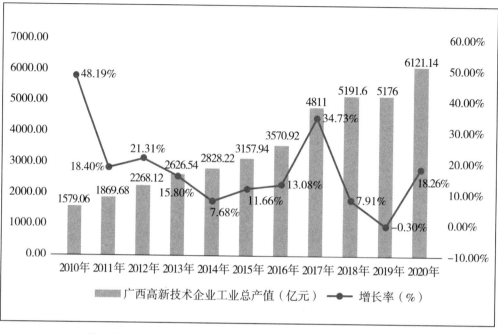

图4-7　2010—2020年广西高新技术企业工业总产值及增长率

数据来源：Wind数据库。

（四）科技创新人才活力得到激发

为解决人才短缺的问题，近年来，广西在全国首推科技计划项目申报常态制、创新项目企业牵头制、科技项目经费"包干制"，加强"揭榜挂帅""赛马"制协同创新。着力引育一大批"高精尖缺"创新人才，用人才"第一资源"激活"创新第一动力"、引领发展"第一要务"。坚持"厚土培植""带土移植"，持续实施广西院士后备人选培养工程、八桂学者制度、特聘专家制度，开展人才小高地、院士工作站平台建设，科技创新主力军不断壮大。搭建"人才飞地"，推进人才"冬令营"，举办"科技列车河池行"。"十三五"期末，广西拥有国家"五类"人才97人，比2015年翻两番。2021年，高层次人才引育取得历史性突破，1人当选中国工程院院士，8人入选教育部"长江学者"、3人入选中国工程院院士增选有效候选人名单，3名专家分别当选国际欧亚科学院院士、俄罗斯自然科学院院士，广西新增高层次创新人才65人。广西的R&D人员全时当量在2015—2019年处于长期上升趋势，特别是2017年以来呈现加速上升态势。

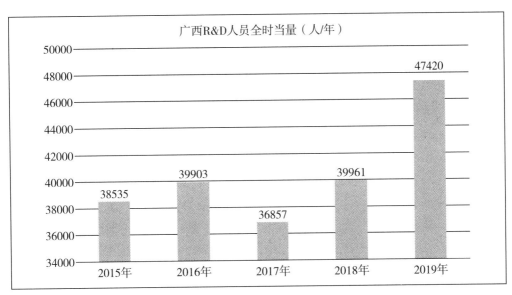

图4-8 2015—2019年广西R&D人员全时当量

数据来源：Wind数据库。

如图4-9所示，广西R&D成果应用及科技服务全时人员从2009年的800人增长到2019年的1083人，增加了283人，呈现波动上升趋势，但相较于2018年的最高值1408人，2019年广西R&D成果应用及科技服务人员有所下降。此外，广西R&D成果应用及科技服务全时人员从2009年的481人增长到2019年的868人，总体也呈震荡上升趋势，为广西科技创新提供了坚实的支撑。

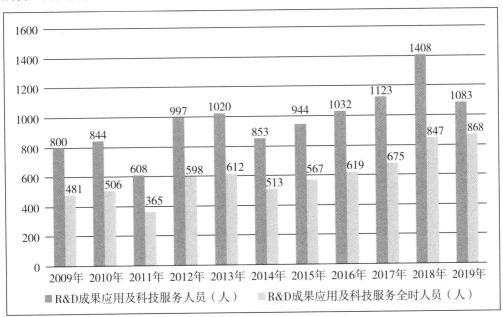

图4-9 2009—2019年广西R&D成果应用及科技服务全时人员

数据来源：Wind数据库。

（五）科技成果产出更加丰硕

近年来，广西出台《广西壮族自治区专利事业发展"十三五"规划》《广西实施发明专利双倍增计划（2016—2020年）》等一系列文件，成为全国首批3个特色型知识产权强省建设试点省区之一。2020年，广西拥有发明专利25163件，每万人口发明专利拥有量为5.12件，同比增长11.35%。有效注册商标总量29.58万件，有效注册量全国排名第21位。在2020年中央对地方党委、政府知识产权保护工作考核中，广西得分为89.4分，排在全国第二等，即良好档次，为西部省区市前三名。

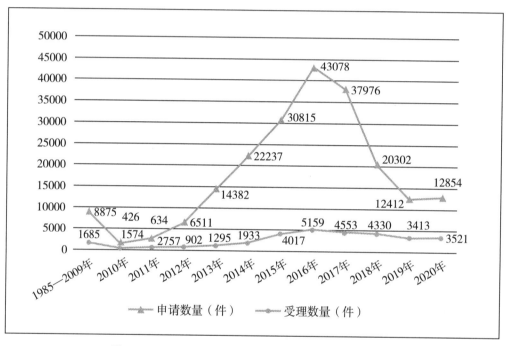

图4-10 1985—2020年广西发明专利申请和授权趋势

数据来源：Wind数据库。

通过图4-11可以看出，广西从2010年起到2016年，发明专利授权量快速上升，之后逐步回落，到2019见底，2020年开始有所回升。2020年，广西获得国家发明专利3521项，位居国内省区市第二十二名；专利数量的增长率为4%，近6年的平均增长率为11%，分别位居第三十二名和第二十八名。但广西每亿元地区生产总值伴随的专利产出数量达到了0.16项，位居第二十四名；每万人的专利产出数量达到了0.7项，位居第二十六名，表明广西还应加大向技术创新驱动型经济发展模式转变力度。

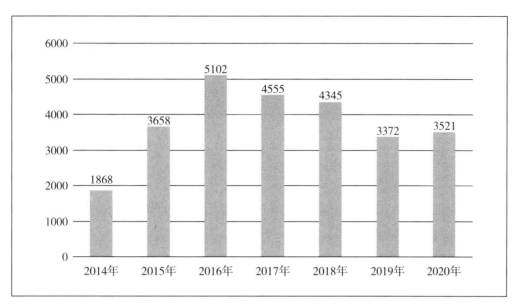

图4-11 广西在2014—2020年获得的国家发明专利的数量情况（单位：项）

数据来源：Wind数据库。

如图4-12所示，广西规模以上工业企业R&D项目数从2011年的2890项增长到2019年的3937项，增加了1047项，除了在2013年和2015年为负增长外，其他年份均为正增长，2019年增长率甚至达到36.51%。

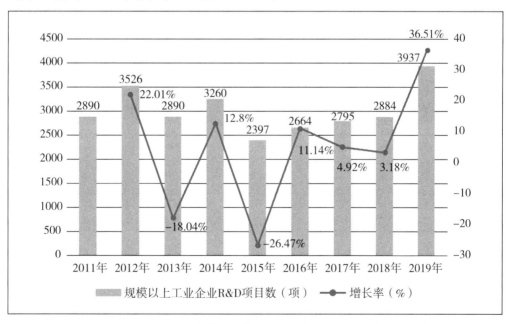

图4-12 2011—2019年广西规模以上工业企业R&D项目数及增长率

数据来源：Wind数据库。

（六）基础研究和关键核心技术攻关取得新进展

"十三五"期间，广西出台《进一步加强基础科学研究实施方案》，着力在国家自然科学核心技术研发方面发力，为产业高质量发展奠定基础。"十三五"时期，广西每年获国家自然科学基金资助项目的数量、经费逐年递增。2020年，广西共获得国家自然科学基金项目623项，直接经费2.21亿元。在新一代信息技术、海洋技术、新材料等领域，累计实施重大技术项目112项，获得的专利数目多达521个，这些基础研究和关键核心技术的攻关克难，为广西带来159亿元的新增产值。由图4-13可知，广西研究与实验发展经费支出从2010年的62.9亿元增长到2020年的173.2亿元，增加了110.3亿元，年均增长10.66%；除了2015年广西经历了负增长以外，其他年份均呈现正增长态势，但增长率呈现波动下降趋势。

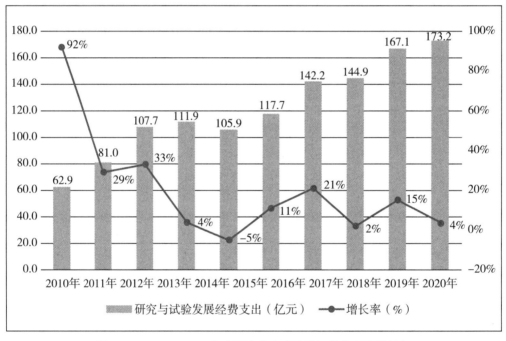

图4-13　2010—2020年广西研究实验发展经费支出及增长率

数据来源：Wind数据库。

（七）创新型经济格局初步形成

高新技术产业开发区是"发展高科技、实现产业化"的集聚区，是实施创新驱动发展的示范区和高质量发展的先行区。"十三五"以来，广西加快实施高新区创新能力提升计划，先后建立了崇左、玉林、贺州、百色、防城港、贵港等6家自治区级高新区，至此，全区共拥有14家高新区，其中4家国家级高新区。截至2020年底，广西14家高新区经济持续保持恢复态势，工业总产值、营业总收入、出口总额等主要指标增长趋势明显，完成工业总产值7995.04亿元，同比增长9.47%；实现营

业总收入 10353.62 亿元，同比增长 21.88%；完成出口总额 125.19 亿美元，同比增长
30%；共有高新技术企业 2064 家，占全区高新技术企业数量的 73.55%；规模以上工
业企业 1642 家，上市企业 62 家，收入超亿元企业达 903 家。此外，在科技部开展的
全国 169 家国家高新区 2020 年度评价排名中，南宁、柳州、桂林和北海 4 个国家高
新区均排在前 75 位，居于全国中上水平。

（八）科技合作市场不断扩大

以中国—东盟检验检测认证高技术服务集聚区为平台，与国内外企业开展多领
域深度合作；建立跨国技术转移机制，向越南、柬埔寨、缅甸等国家输出新型肥料
技术、大米种植和加工技术；打造"中国—东盟技术转移中心曼谷创新中心"等国
际创新合作平台，进一步促进广西科技创新领域的对外开放合作，也推动广西科技
融入国内国际双循环新发展格局通过全力打造面向东盟的区域科技创新中心，广西
作为西南地区连接中国与东盟科技创新合作的战略支点地位逐渐凸显。

2018—2019 年，广西的输出技术合同成交额均超额完成了"十三五"时期规划
的目标任务。如表 4-2 所示，广西技术市场输出技术合同数从 2007 年的 319 项增长
到 2019 年的 2647 项，增长了 8.3 倍，年均增长 19.28%；技术市场吸纳技术合同数从
2007 年的 1196 项增长到 2019 年的 5256 项，增长了 4.39 倍，年均增长 13.13%。

表 4-2　2007—2019 年广西技术市场合同数

年份	技术市场输出技术合同数（项）	增长率（%）	技术市场吸纳技术合同数（项）	增长率（%）
2007 年	319		1196	
2008 年	437	36.99%	1327	10.95%
2009 年	290	−33.64%	1192	−10.17%
2010 年	258	−11.03%	1351	13.34%
2011 年	778	201.55%	1784	32.05%
2012 年	423	−45.63%	1979	10.93%
2013 年	694	64.07%	2198	11.07%
2014 年	2347	238.18%	4108	86.90%
2015 年	1577	−32.81%	3299	−19.69%
2016 年	1832	16.17%	3466	5.06%
2017 年	2039	11.30%	3914	12.93%
2018 年	2149	5.39%	4106	4.91%
2019 年	2647	23.17%	5256	28.01%

数据来源：Wind 数据库。

二、存在问题

工业绿色高质量发展的重中之重在于科技创新。近年来，广西大力实施创新驱动发展战略，推动科技支撑广西绿色工业的高质量发展，并取得了一定成绩，但由于广西本身经济发展相对落后，其综合科技创新水平也落后于我国其他发达省份。根据《中国区域科技创新评价报告2019》，2019年，广西的综合科技创新水平在全国排名第二十五位，仅有46.7%，与全国平均水平（70.71%）相差较远。广西在科技支撑工业绿色高质量发展方面还处于较为落后的状态，也存在一些问题。

（一）研发投入不足

广西研发投入强度低于全国平均水平。2020年，广西R&D经费仅173.2亿元，远低于四川（1055.3亿元）和湖南（898.7亿元），投入强度仅为0.78，比2019年低了0.1，不足全国平均水平（2.40）的三分之一，甚至低于贵州、云南、甘肃、宁夏等西部省区。2020年，广西规模以上企业研发投入强度仅为全国平均水平的54%，有研发机构的企业数仅占总数5.5%。

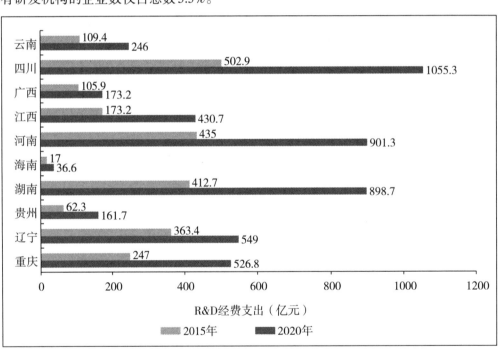

图4-14　2020年各省（区、市）R&D经费情况

数据来源：国家统计局。

如表4-3所示，2012年，广西财政科技投入为42.81亿元，在财政支出中的占比为1.43%；2019年，广西财政科技投入为72.62亿元，在财政支出中的占比却仅仅有1.24%。从上述数据来看，广西的科技拨款在财政支出中的占比连年下滑，说明目前广西政府在支持科技研发工作方面财政支持力度还不够，未来还需加大财政投入，鼓励科技创新。

表4-3　2012—2019年广西财政科技投入统计表

项目	2012年	2013年	2014年	2015年	2016年	2017年	2018年	2019年
科技拨款占财政支出比重（%）	1.43	1.70	1.72	1.20	1.04	1.23	1.19	1.24
地方财政科技拨款（亿元）	42.81	54.36	59.93	48.93	46.55	60.60	63.34	72.62
广西地方财政科技拨款占地区生产总值比重（%）	0.33	0.38	0.38	0.29	0.25	0.33	0.32	0.34

数据来源：Wind数据库。

（二）高新技术企业偏少偏弱

由表4-4可知，广东高新技术企业从2007年的2401个增长到2020年的52797个，增长了21.99倍；而在此期间，广西的高新技术企业数仅从2007年的355个增长到2020年的2739个，仅增长7.72倍，略高于云南的1671个和贵州的1838个，也远低于四川的8061个。2020年，广东的高新技术企业数约是广西的19.28倍。

表4-4　2007—2020年广西和部分省区高新技术企业数

（单位：个）

年份	四川	云南	贵州	广东	广西
2007年	449	240	141	2401	355
2008年	436	235	137	2383	338
2009年	230	204	74	1421	172
2010年	290	324	114	1784	287
2011年	369	441	147	2082	361
2012年	393	541	178	2387	416
2013年	1732	636	221	7432	467
2014年	1990	748	299	8814	517
2015年	2614	902	379	10649	631
2016年	3047	1084	471	19463	813
2017年	3480	1225	688	32718	1186

续表

年份	四川	云南	贵州	广东	广西
2018年	4250	1329	1163	44686	1849
2019年	5594	1454	1620	49991	2366
2020年	8061	1671	1838	52797	2739

数据来源：Wind数据库。

从高新技术企业利润来看，2007—2020年，广东高新技术企业净利润从451.3亿元增长到2020年的6936.9亿元，增长了15.37倍；而广西高新技术企业净利润仅从32.7亿元增长到329.8亿元，增长了仅10.1倍，虽然高于贵州的117.9亿元，但仍低于云南的358.3亿元和四川的685.2亿元。2020年，广东高新技术企业净利润是广西的21倍。

表4-5 2007—2020年广西和部分省区高新技术企业利润表

（单位：万元）

年份	四川	云南	贵州	广东	广西
2007年	78117	41124	16832	451286	32650
2008年	102007	16036	13269	309923	44704
2009年	42119	47798	11938	416702	62165
2010年	76557	88370	28016	555837	113722
2011年	98955	121465	40612	557512	128433
2012年	35464	94534	46331	581388	106477
2013年	396126	64624	48929	2032050	124062
2014年	429757	100045	70508	2499535	153061
2015年	238982	100709	60517	2607703	126502
2016年	282275	113503	61231	3544537	168908
2017年	452262	158215	85916	4501911	257559
2018年	545443	218135	104715	4928567	262869
2019年	590827	264656	68189	5672095	225393
2020年	685198	358322	117862	6936900	329780

数据来源：Wind数据库。

高新技术企业偏小偏弱导致广西高技术制造业的发展速度偏慢。2019年，广西的高技术制造业的增加值增长率为4%，但是全国平均水平为8.8%；占规模以上工业增加值的比重为6.74%，全国水平则为14.4%。

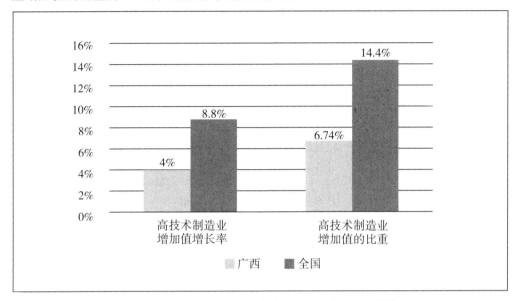

图4-15　2019年广西与全国高技术制造业发展对比柱状图

数据来源：广西科技信息网，科技部网站。

（三）企业自主创新能力有待提升

广西企业技术力量相对薄弱，自主创新投入不足，跟风模仿开发较多，科技成果转化率较低。以电子信息、生物科技、新材料、智能制造为代表的高新技术行业占比低、体量小，石化、装备制造等支柱产业领域的国家级、自治区级创新平台少，且平台类型单一，主要为研发平台，缺乏技术咨询、交易平台，平台运行机制不够完善，公共服务能力不强等问题。截至2020年底，广西只有3家国家重点实验室，仅为全国的0.6%；国家级企业技术中心仅17家，仅占全国的1.1%；国家级工程（技术）研究中心不足全国的2%；从事科学研究和技术服务的法人单位共28686家，远低于广东（194574家）；众创空间和孵化器总量241家，远低于广东（1975家）；规模以上工业企业中超过九成没有研发活动，有产学研合作的企业仅占全部企业的4.01%。根据《中国区域创新能力评价报告2020》，广西区域创新能力由2018年的第二十位下降到2020年的第二十三位，区域创新能力综合效用值仅为21.54，明显低于湖南（全国第十二位，28.06）、江西（全国第十六位，25.1）、贵州（全国第二十位，23.24），略低于青海、宁夏等西部地区。

表4-6　2020年31个省（区、市）区域创新能力评价情况

排名	地区	创新能力效用值	排名	地区	创新能力效用值
1	广东	62.14	17	辽宁	25.04
2	北京	55.5	18	海南	23.4
3	江苏	49.59	19	河北	23.28
4	上海	44.59	20	贵州	23.24
5	浙江	40.32	21	青海	21.95
6	山东	33.15	22	宁夏	21.83
7	湖北	30.98	23	广西	21.54
8	安徽	30.67	24	山西	21.51
9	陕西	30.22	25	云南	20.92
10	重庆	29.38	26	新疆	20.21
11	四川	28.5	27	甘肃	19.83
12	湖南	28.06	28	吉林	19.2
13	河南	27.48	29	黑龙江	17.85
14	福建	27.17	30	内蒙古	17.82
15	天津	27.08	31	西藏	17.08
16	江西	25.1			

数据来源：《中国区域创新能力评价报告2020》。

（四）科技成果转移转化不强

广西产业在技术创新中注重实验室应用基础研究，而忽视实际产业化研究，因此科技成果产业化步伐缓慢。同时，创新平台大多建在高校和科研院所，但是此类事业单位并不能承担产业化职能，加之科研院所和高校对专利管理与转让手续存在诸多问题，导致科技成果转化速度难以加快。2019年，广西共拥有6185家规模以上工业企业，但近90%以上的企业都处于产业链低端，这些企业往往缺乏吸纳和运用科技成果的能力。从事产业创新成果转化的产业基地建设相对缺乏，产业运营企业稀缺，导致创业投资基金和风险投资基金进入广西意愿低，无法促进本地科技成果转化。此外，广西的技术市场缺乏活跃性。2019年，我国技术市场共完成48.4万项技术交易，但广西的技术交易为2649项，仅占0.55%；全国项目合同成交金额高达2.24万亿元，但广西的项目合同成交金额为77.56亿元，仅占0.35%。

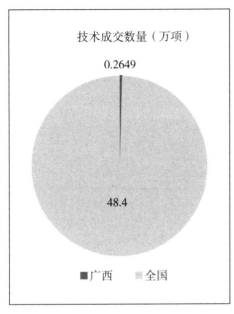
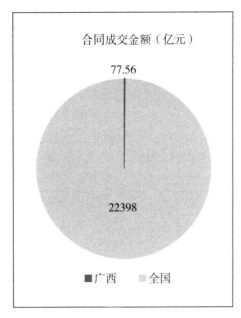

图4-16　2019年广西与全国技术交易和合同完成金额占比饼图

数据来源：Wind数据库。

（五）科技政策执行力还需提升

广西在支持产业创新方面相继出台系列文件，但是目前创新体系机制尚不健全。例如，创新管理部门多、无缝联动少。由于科技创新涉及的范围非常广，参与的管理部门也相对较多，主要包括自治区发展改革委、自治区工业和信息化厅、自治区科技厅、自治区财政厅、自治区税务局、各地市政府等十几个不同的部门，跨机构、跨地区的创新资源开放共享较少，也较难整合多部门的资源。支持产业创新发展的加计扣除政策的限制条件过多，具体操作时只有由科技部门立项的项目研发费用可以加计扣除，但企业从事创新活动时所产生的费用却远高于此；且企业科技创新税收优惠政策实行先征后退，操作手续复杂，要耗费较多的时间和精力，企业直接享受政策的难度较大。此外，自治区层面还没有建立新兴产业统计制度，无法开展新兴产业统计分析工作等。

第三节　金融

"十三五"以来，广西以推动实体经济发展、加强金融的深化改革、加大力度有效防控金融风险来作为推动全区金融系统发展的三大要务。以沿边金改和金融开放门户建设为引领，攻坚克难、积极作为，全力以赴稳金融、促发展，有力地推动广西产业发展的同时，守住了不发生系统性金融风险的底线。

一、发展现状

（一）金融综合实力不断提升

"十三五"期间，广西金融业在广西经济发展进程中的支撑作用逐渐凸显。广西金融业增加值由2000年的21.39亿元增加到2020年的逾1500亿元，是"十二五"末年的1.5倍，年均增长23.68%。广西金融业增加值在地区生产总值和服务业中的占比分别为7%和13%，对地区生产总值增长贡献率为8.47%左右。

表4-7　2000—2020年广西金融业增加值占地区生产总值比重表

年份	金融业增加值（亿元）	金融业增加值占地区生产总值比重（%）
2000年	21.39	1.03
2001年	27.40	1.20
2002年	35.86	1.42
2003年	61.59	2.20
2004年	74.00	2.24
2005年	91.93	2.46
2006年	129.14	2.92
2007年	190.73	3.48
2008年	249.01	3.86
2009年	336.82	4.74
2010年	384.53	4.50
2011年	445.37	4.32
2012年	573.05	5.07
2013年	777.60	6.25
2014年	876.47	6.45
2015年	1018.01	6.88
2016年	1136.85	7.05
2017年	1273.40	7.16
2018年	1403.19	7.15
2019年	1469.45	6.92
2020年	1598.00	7.23

数据来源：历年《广西统计年鉴》。

（二）金融组织体系不断完善

坚持培育与引进并重，以银行等金融机构为主体，同时发展证券机构、地方金融机构、基金机构和保险机构，形成了多元发展金融组织体系。三大政策性银行和全国性股份制商业银行相继落户广西。截至2020年末，广西拥有超500家商业银行，30家证券公司及分支机构，1家融资租赁公司和1家公募基金，3家期货及分支机构，85家私募基金和2244家保险公司及分支机构。"十三五"期末，广西金融机构营业网点数达到6758个，比上年增长0.81%；金融机构法人机构数量达到446个，比上年下降14.89%；社会融资规模达到7089亿元，同比增加29.28%。

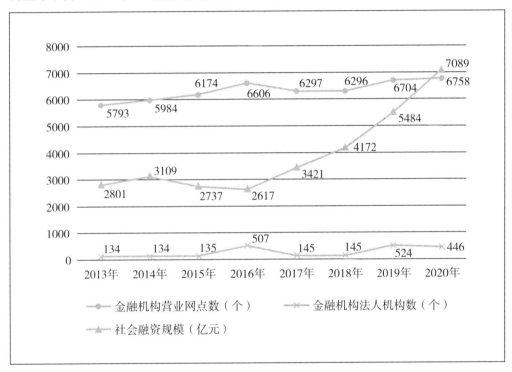

图4-17 2013—2020年广西主要金融机构数及社会融资规模

数据来源：Wind数据库。

（三）金融供给持续扩大

社会融资规模持续增长。2020年，广西社会融资规模增量达7089亿元，是2015年的2.6倍，存贷比突破100%，扶贫小额信贷增量排全国第一；企业直接融资1981.14亿元，比2015年增长39.98%；全区提供各类风险保障84.7万亿元，是2015年的4.9倍；制造业贷款、小微企业贷款余额（含票）分别达到2338.24亿元、6313.34亿元，分别比2015年末增加454.08亿元、3105.41亿元；境内外上市公司48家，新三板挂牌企业65家；上海证券交易所、深圳证券交易所分别在广西设立服务基地。

　　本外币存贷款余额呈现逐年大幅攀升的态势。"十三五"末，广西金融机构本外币贷款余额为3.5万亿元，与"十二五"末相比，同比增长9%。2004年，广西的本外币贷款余额为2786.8亿元，2019年这一数据迅速攀升至30497.39亿元，2004—2019年本外币贷款余额的年均增长率达17.29%。2004年，广西的各项存款余额为3673.2亿元，2019年这一数据迅速攀升至31646.01亿元，2004—2019年各项存款余额的年均增长率达15.44%。广西的贷款增长速度长期处于高位，全面地推动了整个广西的社会经济发展。尤其是广西在全面改革了地方法人银行业金融机构以后，也进一步扩大了广西的金融市场规模，2004年，广西的银行业机构数有5602家，2019年增长至6704家。

表4-8　2004—2019年广西本外币存贷款余额与地区生产总值表

（单位：亿元）

年份	本外币存款	本外币贷款	地区生产总值
2004年	3673	2787	3434
2005年	4262	3105	3742
2006年	5029	3637	4418
2007年	5801	4331	5475
2008年	7075	5110	6455
2009年	9639	7360	7113
2010年	11814	8980	8552
2011年	13528	10646	10300
2012年	15967	12356	11304
2013年	18400	14081	12448
2014年	20299	16071	13588
2015年	22794	18119	14798
2016年	25478	20641	16117
2017年	27900	23226	17791
2018年	29790	26688	19628
2019年	31646	30497	21237

数据来源：历年《广西统计年鉴》。

表4-9　2004—2019年广西主要经济金融指标

各项指标	2004年	2019年	年均增长或累计增加值
地区生产总值（亿元）	3433.5	21237.14	12.92%
金融业增加值（亿元）	66.43	1469.45	22.93%
金融业增加值/生产总值（%）	1.93	6.92	增加4.99个百分点
金融业从业人员（万人）	7.84	19.60	6.30%
各项存款余额（万亿元）	3673.2	31646.01	15.44%
各项贷款余额（万亿元）	2786.8	30497.39	17.29%
银行业机构数（家）	5602	6704	增加1102家
保险业保费收入（亿元）	66.4	6649211	115.46%
保险密度（元）	135.8	1341	16.49%
保险深度（%）	2.0	3.1	增加1.1个百分点

数据来源：根据中国人民银行南宁中心支行历年广西金融运行报告整理。

保险对经济保障和支持力度持续加大。2001—2019年，广西保费收入从35.06亿元增至629.03亿元，增长17.9倍，年均增速16.39%；全区累计赔款给付支出从14.69亿元增至237.93亿元，增长16.20倍；反映地区经济和保险业的发展水平的保险密度（按人口计算的人均保险费额）增长17.33倍，保险深度（保费收入/生产总值）累计提升1.5个百分点。

表4-10　2001—2019年主要年份广西保险业务发展情况

项目	2001年	2005年	2010年	2015年	2017年	2019年
保费收入（万元）	350616	731142	1790516	387457	5650988	6290312
保险密度（元）	73.69	149.39	389.02	804.31	1157	1277
保险深度（%）	1.6	1.8	1.9	2.3	2.8	3.1
财产保险赔款支出（万元）	62992	117165	270387	791312	960917	1458485
人身保险赔款和给付支出（万元）	83988	52123	173078	536356	857383	920826

数据来源：历年《广西统计年鉴》。

（四）金融开放成效显著

中国人民银行等十一部委在"十三五"期间联合印发了《云南省　广西壮族自治区建设沿边金融综合改革试验区总体方案》，强调要将广西建设成为我国西部地区的金融开放门户，成为中国和东盟国家开展经贸往来的重要枢纽。国务院于2018年12月正式批复《广西壮族自治区建设面向东盟的金融开放门户总体方案》，标志着我国将从国家战略层面将广西打造成为中国面向东盟国家的金融开放枢纽城市，促进了广西全面开放新格局的形成。总体方案中要求广西要充分发挥与东盟国家陆海相邻的独特优势，抢抓机遇，提升金融服务广西工业高质量发展的能力，为广西着力走活开放发展这盘棋振翼提速。2010年，广西的跨境人民币结算量为126亿元，到2020年这一数据攀升至1557亿元，2010—2020年广西的跨境人民币结算量年均增长率高达28.56%，在西部各省区市和边境省区中，广西的跨境人民币结算量的增长率保持超高水平。在广西各银行，中国和东盟国家之间的交易可以直接以人民币进行挂牌交易。2020年，广西跨境人民币结算量占广西本外币跨境收支的40.75%，其中与东盟跨境结算量681亿元，占广西与东盟本外币跨境收支的60%。广西跨境人民币结算总量在中国西部12省（区、市）和9个边境省（区）排名第一。

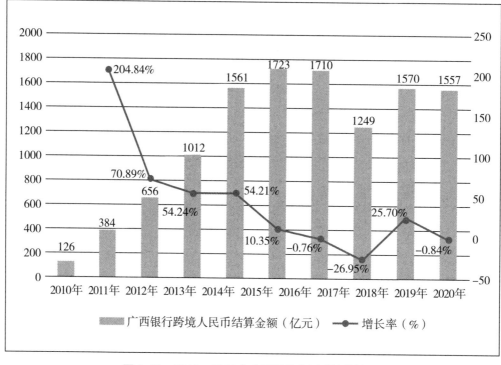

图4-18　2010—2020年广西跨境人民币结算情况

数据来源：Wind数据库。

从西部陆海新通道沿线省区市来看，整体跨境人民币结算量相对较小，占全国比重约为10%，仅有广西、重庆和四川三省区市的跨境人民币结算量超过1000亿元人民币。分省区市来看，2020年广西跨境人民币结算量达到1556.8亿元，在西部陆海新通道沿线省区市中排名第二，仅次于重庆市。

表4-11　广西与西部陆海新通道沿线省区市跨境人民币结算量

（单位：亿元）

项目	2016年	2017年	2018年	2019年	2020年
广西	1709.70	1249.00	1303.70	1570.00	1556.80
内蒙古	380.10	309.10	279.30	361.50	457.50
海南	231.90	180.90	281.40	281.40	372.50
重庆	1140.40	790.50	923.00	1098.80	1687.00
四川	1121.40	761.00	956.30	1400.00	1366.90
贵州	311.00	161.00	213.90	211.00	183.80
云南	657.40	561.00	570.60	627.00	662.40
西藏	1.00	18.00	5.10	1.10	0.90
陕西	430.40	339.20	317.00	492.80	504.40
甘肃	242.00	144.20	191.00	189.20	126.30
青海	52.00	/	2.60	13.60	37.80
宁夏	63.00	32.50	30.60	41.90	31.20
新疆	258.40	/	461.50	543.60	411.60
江西	568.80	268.30	355.80	528.40	557.00
广东	27000.00	19695.00	34000.00	34000.00	41000.00
湖南	891.20	476.50	482.20	699.90	684.90
全国	52300.00	43600.00	51100.00	60400.00	67700.00
广西占比（%）	3.27	2.86	2.55	2.60	2.30

数据来源：Wind数据库，经课题组整理。

（五）股权市场稳步发展

广西不断加快区域性股权交易平台建设。2012年，我国政府明确提出各地方政府可以就本区域的实际情况建立区域性股权市场，以便于解决本区域中小企业的融资难问题，实现社会闲散资金的合理配置。2013年6月，广西响应中央政府的号召，也专门建立广西北部湾股权托管交易所，这是广西区域内唯一的股权类交易场所。经过几年发展，该交易所更名为广西北部湾股权交易所，随后于2018年3月27日收购南宁股交中心，在得到自治区金融办的审批并通过以后，广西北部湾股权交易所逐渐发展成为以为中小企业提供金融综合服务为主的区域股权市场运营机构，其提供的金融服务包括挂牌上市、股权融资、股权登记托管、债权融资等。截至2020年底,北部湾股交所共有2724家挂牌上市的企业,其中托管企业和中介机构分别有304家与182家,北部湾股交所共获得128.46亿元融资,已经成长为广西专为中小微企业服务的金融服务平台,为广西中小微企业的培育与发展作出了重要贡献。截至2020年底,在广西股权投资市场中共成立246只基金,共募集1566.79亿元资金。如图4-19所示,广西2019年的基金募集数量最多,共计55只,股权投资市场中的占比高达22.36%。

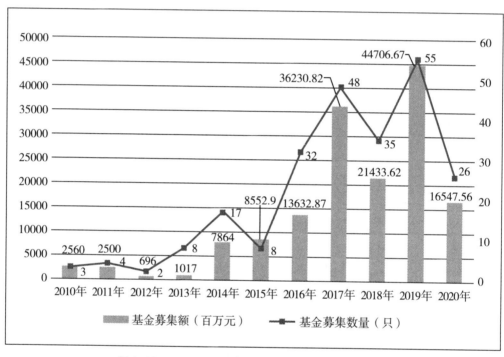

图4-19 2010—2020年广西股权投资基金募集情况

数据来源:Wind数据库。

2010—2020年,广西的股权投资市场中共成立538个投资项目,共获得376.83亿元投资金额。广西股权投资市场中2017年的投资案例最多,共计210个投资案例,共获得140.62亿元投资,在广西2010—2020年股权投资市场投资总额中的占比高达37.36%。

从广西股权投资市场的投资行业来看,排行第一的是清洁技术行业,共有75个投资案例;第二是化工原料及加工行业,共有60个投资案例;第三是食品和饮料行业,共有53个投资案例。从投资金额来看,金融行业得到的投资金额独占鳌头,共获得125.53亿元投资,在总投资额中的占比已经超过30%,其次分别是能源及矿产行业、化工原料及加工行业。

（六）企业资本市场融资不断增加

广西重视企业上市培育，通过"一企一策"政策帮助企业解决上市过程中的问题。政府部门联合证券机构开办各类企业培训班、交流会，内容涵盖科创板上市发行、上市公司董事会秘书、资本市场跨境业务等多方面，一方面帮助广西企业了解上市规则，另一方面也增强企业领导者的资本市场意识。广西企业资本市场融资能力不断增加。截至2021年7月底，广西新三板市场总共有65家挂牌公司，其资产总额以及营业收入总额分别有156.78亿元和123.35亿元；广西区域股权交易系统中的挂牌公司的资产总额以及营业收入总额分别有167.69亿元和5.37亿元。2021年，新增一家上市公司，广西共有39家上市企业。

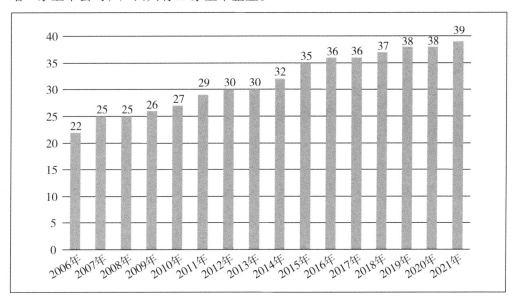

图4-20 2006—2021年广西上市企业公司数（单位：家）

数据来源：Wind数据库。

（七）政金融合支持实体经济发展

近年来，广西出台了大量关于推动实体经济发展的金融支持政策，实现了金融服务实体经济质效双升。"十三五"期间，广西政府和20多家综合性金融机构签订战略合作协议，加强了政府和金融机构之间的深度合作，为广西提供意向融资规模超过2.5万亿元。坚持不懈实施"引金入桂"战略，建立以银行为主体的多元化金融体系。建立制度化和常态化的政金企融资对话机制，加强广西不同区域和级别之间的政金企融资对接。充分发挥广西综合金融服务平台、微信小程序等科技金融作用，截至2021年10月末，广西综合金融服务平台累计注册企业12.4万户，进入金融机构107家，发布金融产品573项，累计帮助企业获得授信超3800亿元，获得贷款近2500亿元。积极搭建政银企合作交流平台。"十三五"期间，广西政府牵头举办了300多场政金企融资对接活动，参与这些活动的企业接近4万家。为响应国家发展普惠金融的号召，广西也在加速银企互动，并由政府牵头举办了"民微首贷""银税互动"等专项活动，为广西重点领域和薄弱领域引入了大量金融资本。

设立政府投资引导基金，拓宽新兴产业融资渠道。为提高财政资金使用效益，广西设立政府投资引导基金，并通过直接股权投资的方式，支持新兴产业和先进制造业发展。广西政府投资引导基金设立5年，财政资金杠杆放大作用显著，实现投贷联动总规模超过1000亿元。截至2021年9月，广西政府投资引导基金累计参与设立了37只基金，各类基金累计投资97个企业项目，实现投贷联动总规模1000余亿元，财政资金杠杆放大作用显著。建立投贷联动融资新模式，构建有效的基金投资管理体系。广西政府投资引导基金与广西交通投资集团、广西北部湾投资集团、广西投资集团和广西北部湾港集团等发起设立5支专项产业投资基金，支持"工业强桂"战略，投资柳州国轩高科锂电项目等5个广西重大工业项目。创建区市联动投资新机制，促进科技成果转化应用。与南宁、柳州等市财政及国有企业联合投资设立13只科创基金、区域特色产业投资基金，重点培育战略性新兴产业等。

探索融资担保服务。广西政府性融资担保体系从2016年建设以来，累计服务市场主体6.31万户，担保923.68亿元。2021年，广西融资担保集团有限公司（以下简称广西融资担保集团）全力缓解小微企业和三农融资难、融资贵、融资慢问题，社会效益显著。2021年，广西融资担保集团与自治区科技厅、自治区工业和信息化厅联合设立创新驱动发展融资担保基金、园区企业融资担保基金等，以"拨改担"方式加大对园区企业、"专精特新"企业的融资支持。广西产业技术研究院新型功能材料研究所有限公司是广西创新驱动发展融资担保基金担保的首个企业，获得担保授信2000万元。社会效益取得新突破。2021年，广西融资担保集团将新增担保额的95.97%投向小微企业和三农。全年平均担保费率为0.81%，合计降低社会融资成本10.28亿元。全年助推企业增加产出约369亿元，新增税收约19亿元，稳定及新增就业约5.5万人。在中国人民银行主办的评选中，广西融资担保集团荣获"年度最佳普惠金融服务担保公司"奖项。

二、存在问题

"十三五"期间，广西金融业取得较快发展，可是金融业还并不足以为产业发展提供充足的金融支持。目前广西的金融体系建设仍存在诸多问题，主要表现在以下几个方面：

（一）金融供给总量不足

广西金融业各项指标占全国的比重基本在1.9%左右，明显低于广西地区生产总值占全国生产总值2.1%以上的比重；2018—2021年，金融业增加值分别占地区生产总值的7.15%、6.92%、7.21%和6.91%。金融业对经济增长贡献率由2018年的7.15%下降到2021年的6.91%。2019年，广西新增社会融资5483亿元，这一数据远远低于全国8252亿元的平均水平。与全国3064元的保险密度相比，广西2019年的保险密度仅只有1329元；保险深度为3.1%，远远落后于4.45%的全国保险深度。金融业增加值在地区生产总值的占比中，广西、全国平均水平和广东的数据分别为6.92%、7.80%和8.22%，广西金融业增加值在地区生产总值中的占比仍低于全国平均水平。截至2019年底，广西金融机构本外币各项存款余额的增长率为6.30%，而全国平均水平和广东分别为8.60%和11.70%；广西金融机构本外币各项贷款余额的增长率为14.70%，而全国平均水平和广东分别为11.90%和15.70%。

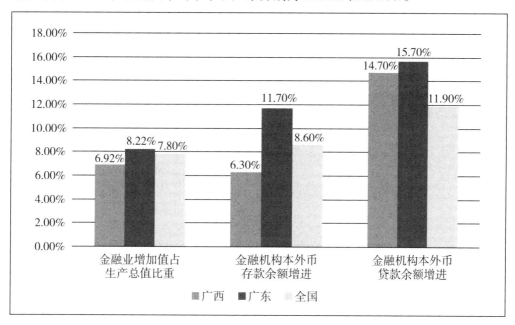

图4-21　2019年广西、广东与全国金融业增加值与本外币存款情况

数据来源：Wind数据库。

（二）金融组织体系不够健全

截至2019年底，广西共有6704个银行业金融机构，这些金融机构的资产总额为4.22万亿元，与2018年相比，同比递增9.57%。2019年，广西大型商业银行、小型农村金融机构、城市商业银行机构、国家开发银行和政策性银行机构分别有1885个、2347个、587个和66个，其资产总额分别为14164亿元、9103亿元、6510亿元和5224亿元，资产总额占比分别为33.55%、21.56%、15.42%和12.38%。在整个西部地区，广西的营业网点平均资产为6.29亿元，排行第十一位；广西的外资银行资产占比为0.15%，且呈现连年下滑态势，远远低于全国的1.2%。

表4-12　2019年广西银行业金融机构情况

机构类别	营业网点		
	从业人数（人）	机构个数（个）	资产总额（亿元）
大型商业银行	36549	1885	14164
国家开发银行和政策性银行	1745	66	5224
股份制商业银行	4545	186	3638
城市商业银行	9591	587	6510
小型农村金融机构	25090	2347	9103
财务公司	62	2	233
邮政储蓄	9973	973	2066
外资银行	78	4	63
新型农村金融机构	7956	653	1173
其他	49	1	40
合计	95638	6704	42213

资料来源：广西银保监局、广西地方金融监管局、智研咨询整理。

与西部陆海新通道沿线省区市相比，广西银行业法人机构数量处于中游。2020年，广西银行业法人机构数为142个，与经济发展水平较高的广东相比，仅占其69.95%，与云南、内蒙古、四川、贵州银行业法人机构数的214个、180个、178个和176个相比仍有较大差距。

表4-13　广西与陆海新通道沿线省区市银行业法人机构数量

（单位：个）

项目	2014年	2015年	2016年	2017年	2018年	2019年	2020年
广东	143	206	211	211	222	217	203
广西	135	136	136	145	142	142	142
海南	41	42	45	45	45	46	46
重庆	34	35	39	56	55	55	57
四川	181	178	181	182	179	179	178
贵州	/	/	144	166	176	176	176
云南	176	178	194	215	215	215	214
西藏	0	0	4	4	5	5	5
陕西	129	133	140	145	149	153	152
甘肃	114	112	113	120	120	120	120
青海	35	37	37	40	41	41	40

续表

项目	2014 年	2015 年	2016 年	2017 年	2018 年	2019 年	2020 年
宁夏	31	33	37	42	42	42	42
内蒙古	169	173	180	181	181	180	180
新疆	110	113	116	122	124	124	124
通道沿线	1155	1170	1366	1476	1487	1488	1485
全国	/	/	/	4549	4588	4607	4604
广西占比（%）	/	/	/	3.19	3.10	3.08	3.08

数据来源：Wind 数据库，经课题组整理。

（三）社会融资结构有待优化

社会融资结构中仍然以银行贷款为主。2019 年，广西银行贷款、非金融企业表外融资、通过发行债券和股票等直接融资的结构为 77.52∶21.50∶0.98，银行贷款在社会融资结构中占比高达 77.52%。同期，广西社会融资增量在全国的占比为 2.34%，共计 5484 亿元，其中 67.7% 为人民币贷款、16.2% 为政府债券、7.3% 为银行承兑汇票、4.9% 为直接融资，剩余其他各类社会融资规模为 3.9%。可见，广西社会融资结构中仍然以银行贷款为主。广西本身缺乏社会资金投资渠道，很少有社会资金可以直接转化为金融资本或者产业资本，导致广西的社会闲散资金很难在广西社会经济发展进程中发挥应有的作用。

国民经济证券化率偏低。2020 年底，全国经济证券化率为 114.18%，而广西的经济证券化率仅只有 13.06%，远远落后于全国平均水平。2020 年底，我国的独角兽企业共有 251 家，但没有任何一家独角兽企业来自广西；广西共有 51 家瞪羚企业，在全国当年企业中的占比仅仅只有 0.2%。可以看出，目前广西的国民经济证券化率仍偏低，缺乏产业发展动力。

（四）直接融资比重偏低

在广西的资本市场中，直接融资占比较低，未能发挥其应有的作用。根据央行公布的数据，广西 2019 年新增的社会融资 5483 亿元中，有 267 亿元为直接融资，占比仅为 4.87%，其直接融资规模在全国直接融资中的占比为 0.72%。由于直接融资占比较低，广西的各大中小微企业在发展过程中长期存在融资困难问题，严重地制约了广西金融对实体经济的支持。

现有上市公司数量偏少。截至 2020 年底，我国共有 3891 家 A 股上市公司，其中仅只有 0.98% 的 A 股上市公司来自广西，共 38 家。同期，A 股上市公司四川共有 145 家，广西 A 股上市公司数量仅只有四川的 1/4，同为西部边疆少数民族地区的新疆已有 A 股上市公司 58 家。

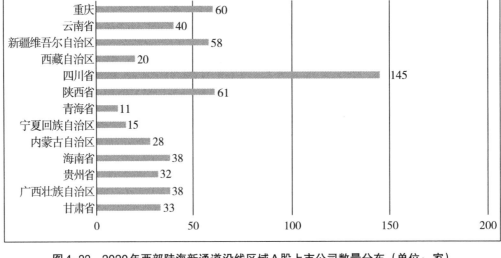

图4-22   2020年西部陆海新通道沿线区域A股上市公司数量分布（单位：家）

数据来源：Wind数据库。

由表4-14可知，西部陆海新通道沿线地区的上市公司融资主要靠的是增发等再融资方式，增发获得的融资额超过总融资额的一半，而首发仅占16%左右，首发融资额占全国的比重约在5%，说明沿线地区上市企业储备量严重不足。就广西而言，2020年融资总额达到118.11亿元，西部陆海新通道沿线排名第五，广西亟待加强上市企业储备量，提升对实体经济的服务力。

表4-14   2020年广西与西部陆海新通道沿线省区市上市公司融资规模

地区	融资总额/发行规模（亿元）						
	总额	首发	增发	配股	优先股	可转债发行	可交换债
四川	397.64	80.46	223.67	29.32		61.59	2.60
陕西	343.12	92.87	188.15			50.00	12.10
重庆	279.38	33.16	217.33			25.10	3.79
广西	118.11		39.24	39.94		38.92	
云南	107.21	9.66	77.88			19.68	
新疆	75.79	11.67	39.17	4.45		8.50	12.00
山西	59.17	8.27	1.40	38.05	10.00	1.44	
内蒙古	54.58		46.58		8.00		
贵州	27.88	17.01	9.10			1.77	
甘肃	26.16		19.78			6.38	

续表

地区	融资总额/发行规模（亿元）						
	总额	首发	增发	配股	优先股	可转债发行	可交换债
西藏	25.24	11.99				13.25	
海南	24.86	2.08	22.78				
宁夏	13.00					13.00	
江西	214.39	119.03	21.69			71.68	2.00
广东	2497.8	492.55	1229	143.3	9.35	537.44	86.00
湖南	586.73	119.01	222.51		140.0	77.21	28.00
全国	16676.5	4699.6	8341.37	512.9	187.3	2475.253	459.96

数据来源：Wind数据库，经课题组整理。

（五）财政资金效能不足

一是担保权能有限。财政出资的担保公司数量少，本金不足，担保金额有限，杠杆放大倍数有限。二是风险缓释功能缺失。广西制定了中小微企业信用担保风险补偿、自治区扶贫小额信贷风险补偿资金，但尚未开始对金融机构进行风险补偿。三是各类产业基金发展迟缓。尽管自治区政府已经参与和正在筹建广西产业发展基金、广西东盟"一带一路"产业投资基金、珠江西江产业基金、广西北部湾创新发展投资基金、广西全域旅游产业发展基金、广西旅游产业发展基金、广西中马产业发展投资一号基金、广西海升现代农业扶贫产业发展基金、广西北部湾厚润德智能制造产业基金、广西东盟硅谷双创高科技基金、广西恒拓汽车产业基金、广西国富创新医疗健康产业基金、广西三诺电子信息产业发展基金、广西皇氏产业投资发展基金等14只产业引导股权投资基金，但受制于广西财政资金不足，且依据有关规定，不得以借贷资金出资设立各类投资基金，广西各类产业发展基金设立和规模扩大进度迟缓，基金投资效率、运营水平以及投资运营体系仍有待进一步提升。

（六）金融基础支撑体系不够完善

受制于信息技术应用滞后、部门之间存在"信息孤岛"等原因，信息采集、交换、共享渠道不畅，数据格式不统一，信息共享效率低下，影响了产融合作成效。2017年，尽管广西已经出台《广西金融业发展"十三五"规划》、实施金融支持实体经济16条措施、企业上市"三大工程"等系列政策文件和举措，但支持政策主要集中在企业上市、挂牌、再融资等成功之后的一次性奖励，产业、土地、财政和人才等方面政策组合运用不够。对企业以往的用地、纳税、社保、环境保护等方面缺乏减免、优惠或补贴措施，使企业在改制过程中需要补交大量地价、税款、社保和环保费用，造成企业还未上市就要付出巨大的机会成本，影响企业上市积极性。

（七）金融风险防控压力大

尽管从总体上看，广西金融风险在可控范围内，但由于不良贷款余额以及不良贷款率呈现逐年攀升的态势，意味着广西控制金融风险的压力较大，银行不良贷款仍偏高。截至2019年底，广西银行业金融机构的不良贷款率为1.2%，比2018年下降1.4个百分点，共有258亿元不良贷款额，导致广西的金融机构更偏向于为上市公司、国有大型企业、政府购买项目提供贷款，工业贷款和制造业贷款在总贷款额中的占比在逐年大幅下滑，长此以往必然不利于广西工业绿色高质量发展。

第四节　能源

"十三五"以来，按照国家关于能源发展的总体部署，广西开始全面优化和调整自身能源结构，以切实提高能源保障能力为中心，积极推进能源领域体制机制改革、进一步优化能源结构、加快能源基础设施建设、大力发展清洁能源、多措并举推动广西能源发展。广西能源消费"双控"执行情况良好，各大项目在建设过程中已基本解决能源供应问题，较好地适应了全区工业绿色高质量发展的需要。

一、发展现状

"十三五"期间，广西加速供给侧结构性改革，工业发展速度和质量得到全面提升，拉动全社会用电量快速增长，广西全社会用电量年均增速为8.7%。有关部门公布数据显示，2020年，广西全社会用电量为2025亿千瓦时，与2019年相比，同比例增长6.2%，增速为全国第六，是2015年的1.52倍。

（一）广西能源资源状况

1.水电资源

广西水电资源比较丰富，理论蕴藏量2133万千瓦，集雨面积50平方公里以上的河流937条，水域面积约4700平方公里，可开发量居全国各省区市第八位。广西水电资源主要分布在红水河、郁江和柳江等干流上，经济可开发装机容量为1800万千瓦，年发电量约790亿千瓦时（界河按50%计算），广西水电资源主要集中在西部和西北部，中部次之，东北部和西南部又次之，南部和东部较少。

2.煤炭资源

广西煤炭资源储量少，是国内主要的缺煤省份之一。广西已查明的煤炭资源总量为21.36亿吨，保有资源为18.56亿吨，分别约占全国的0.2%和0.18%。广西煤资源分布不均衡，主要集中在百色—南丹以东、钦州—来宾—柳城—融水以西的区域，桂东北和桂东南地区很少，只有零星分布。广西煤炭煤质差、煤层薄、水文地质条件复杂，开采难度大；煤种主要为中高硫、低热值的褐煤为主。近年来，广西原煤产量从2015年的402.4万吨减少到2020年的241.6万吨，减少39.96%，由于原煤资源有限，大规模增加产量可能性不大。目前，广西煤炭输入主要来源国内的山西、贵州等省份，也从越南、印度尼西亚进口动力煤。

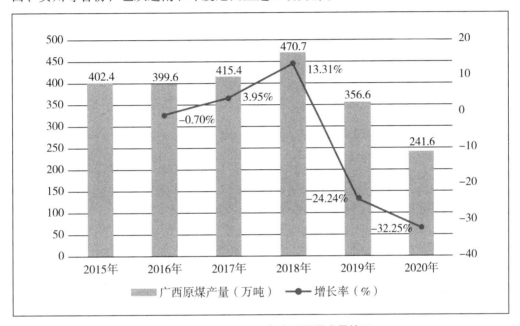

图4-23　2015—2020年广西原煤产量情况

数据来源：Wind数据库。

3.新型能源

一是太阳能资源。广西日照充足，太阳能资源较为丰富，各地总辐射量为3600～5300兆焦/平方米，辐射量以夏季最多，占全年的35%，冬季占全年的15%，日照可利用天数占全年的40%～50%，是利用太阳能的有利地区。二是风能资源。广西属亚热带季风区，冬季盛吹西北风，夏季盛吹东南风，冬半年风力大于夏半年，风向稳定，风力较强，夏季风力较弱。广西风能资源主要分布在北部湾沿海地区、右江河谷、湘桂走廊，以及大容山、大明山等高山地区，尤其是北部湾沿海一带风能资源较为丰富。三是生物质资源。截至2020年末，广西土地总面积23.76万平方公里，其中山地、丘陵和石山面积占总面积的69.7%，平原和台地占27%，水域面积占3.3%，山多地少是广西土地资源的主要特点。调查数据显示，2020年底，广西森林覆盖率为62.37%，拥有较为丰富的农业生物资源，为可再生能源发展奠定了基础。

（二）能源生产情况

尽管受到资源禀赋的限制，2015—2020年，广西一次性能源生产保持了稳定的发展势头。一次性能源产量从2015年的3274.39万吨标准煤提高到2020年的3801.74万吨标准煤，年均增速3.03%。

1.电力工业

近年来，广西在推进供给侧结构性改革的同时，积极开展传统优势产业二次创业，传统优势产业朝着绿色高质量方向不断发展，拉动全社会用电量快速增长。从总体来看，广西全社会用电量连续五年保持稳定增长，即使在2020年新冠肺炎疫情的影响下，依然呈现稳中有升的态势。正是以工业用电为代表的第二产业用电量的回暖上浮，成为增长的主要拉动因素，贡献率为54%。

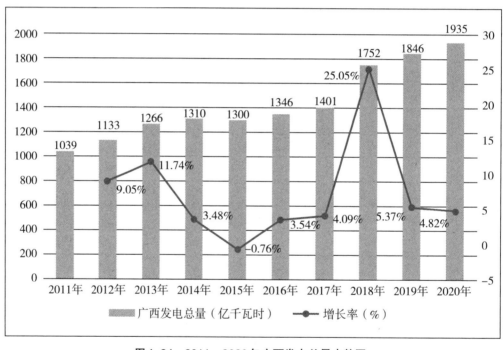

图4-24　2011—2020年广西发电总量走势图

数据来源：Wind数据库。

2.煤炭以外调为主

近年来，国际市场能源价格大幅上涨，全国各地区煤炭供需持续偏紧。2020年，广西原煤产量为241.6万吨，同比下降115.0万吨。广西长期以来煤炭消耗高于煤炭生产，在区外调进煤炭中，主要以贵州煤为主，约占广西煤炭消费量的一半左右；从越南、印度尼西亚、澳大利亚、南非等国进口煤炭约占20%，从山西、河南、陕西、内蒙古等北方省份调进煤约占10%，从云南、湖南、四川、重庆等南方省市调进煤也约占10%。

3.油气资源保障不断增强

广西石油、天然气资源贫乏，主要油田——田东油田位于百色盆地田阳附近，石油储量5000万吨，年产原油3万吨左右。为保障广西经济社会发展所需的油气资源，广西相继建成投产中石油钦州1000万吨炼油工程、中石化北海炼油异地改造工程，填补了西南地区大型炼油厂的空白。目前，广西成品油自给能力大幅提高，也极大地增强了西南地区成品油供应保障能力。广西本身不产天然气，全部天然气需求都需要靠区外供应。国家布局的西气东输二线工程广州至南宁段正在抓紧建设，南宁华南城天然气分布式能源项目加快建设，中石化北海液化天然气（LNG）项目、中石油钦州液化天然气项目以及中缅天然气管道工程前期工作加快推进，广西天然气保障不断加强。

4.新型能源生产取得突破

截至2020年底，广西境内电源装机5160万千瓦，非化石电源装机占比超过50%。在新能源方面，截至2020年底，广西风电、光伏装机分别为650万千瓦、200万千瓦，较2015年分别增加610万千瓦、188万千瓦，分别是2015年的16.1、16.4倍。广西属于我国沿海省区，因此在沿海地区建设了核能发电站，其核能发电量的占比达8.7%。相关统计数据预测显示，截至2022年，广西有4个机组保持运行状态。广西在海上风电建设方面正如火如荼，未来风电装机总容量将突破2400万千瓦。从整个南方地区来看，广西的风电装机容量仅次于江苏，对于缓解广西电力紧张问题发挥了巨大的作用。

表4-15　地区能源相对优势比较

地区	相对优势
广西	水电（第五位）、核电（第七位）
云南	水电（第二位）、风电（第六位）、原煤（第十位）
安徽	原煤（第六位）、火电（第八位）、光电（第十一位）
贵州	水电（第四位）、原煤（第五位）
江西	光电（第十六位）
湖南	水电（第七位）

数据来源：Wind数据库。

（三）能源供给状况

1.能源总供需情况

近年来，广西能源生产虽然呈快速发展的态势，但还是远远不能满足激增的能源消费需求，能源消费与能源生产之间的缺口呈现逐年增大的趋势，由2015年的3274.39万吨标准煤扩大到2020年的3801.74万吨标准煤。

图4-25　2015—2020年广西能源生产、消费总量

数据来源：Wind数据库。

2.能源供给结构

"十三五"期间，广西非化石能源发电量占比超50%，其清洁能源在三年内实现了全额消纳。纵观广西的能源消费结构，2020年，广西的新型能源发电占比高达46.82%，由此看来，目前广西的清洁能源发电水平较高。自治区统计局数据显示，2011年广西地区发电总量为1039.1亿千瓦时，2020年广西发电量增长至1935.1亿千瓦时，2011—2020年广西发电量复合增长率为7.15%。其中水电发电量为614.47亿千瓦时，火电发电量为1029.12亿千瓦时，核电发电量为168.37亿千瓦时，风电、光伏等其他能源发电量为123.15亿千瓦时。

3.电力供应紧缺

长期以来，广西发电构成主要是火电和水电。火力发电是我国主要的发电方式，也是最为稳定的电力来源。但随煤炭价格高涨，广西又处于电煤储运末端，火力发电成本大幅增加。再加上环保的要求越来越严格，一些小型、低效能的火电厂在这些年逐渐被关停，火电在广西电源的占比大幅下降。广西的另一个重要的电源构成是水电，虽然广西拥有丰富的水电资源，也建有不少大型水电站，但水电容易受季节性干旱影响，发电不稳定问题比较突出。比如2020年以来，广西干旱少雨，水力发电受到较大影响。此外，广西风电占比虽然逐年加大，但受天气影响，发电量也会有所波动。而光伏电站目前在广西建设不多，发电占比较少。此外，广西的核电2020年发电量217万千瓦，占比仍然较小。

4.电力消费状况

据统计，2020年广西全社会用电量2025.25亿千瓦时。其中，第一产业用电量29.36亿千瓦时；第二产业用电量1321.38亿千瓦时，其中工业用电量1291.7亿千瓦时；第三产业用电量268.06亿千瓦时；城乡居民生活用电量406.46亿千瓦时。

表4-16 2007—2020年广西用电量及其需求结构

年份	全社会用电量（亿千瓦时）	第一产业用电量（亿千瓦时）	第二产业用电量（亿千瓦时）	第三产业用电量（亿千瓦时）	城乡居民生活用电量（亿千瓦时）
2007年	681.15	17.56	518.45	52.13	93.01
2008年	760.79	17.21	575.18	59.3	109.1
2009年	856.4	20.3	635.1	72	129
2010年	993.24	20.09	747.39	81.64	144.12
2011年	1112.21	22.74	827.59	91.99	169.89
2012年	1153.85	22.49	844.62	103.31	183.43
2013年	1237.75	23.97	883.39	118.83	211.56
2014年	1307.51	25.02	911	132.99	238.5
2015年	1334.32	26.61	909.42	147.28	251.01
2016年	1359.64	28.63	899.31	161.49	270.21
2017年	1422.34	30.38	938.31	186.05	287.6
2018年	1702.75	25.53	1115.94	225.66	335.62
2019年	1907.17	27.2	1257.74	251.93	370.3
2020年	2025.25	29.36	1321.38	268.06	406.46

数据来源：Wind数据库。

从需求结构来看，不考虑口径调整等因素，广西一二三产业用电量总体保持稳定的增长，但结构变化也较为明显，第二产业用电量占比总体呈现出明显的下降态势，居民生活用电与第三产业占比明显上升。预计未来第三产业与居民生活用电占比仍将持续上升。

5.广西工业消费能源状况

近年来，广西能源利用效率不断提高，工业节能效果显著。广西实施一系列节能减排政策，显著提高了能源使用效率，解决了能源短缺问题，全面推动了广西经济的发展。另外，广西在工业发展进程中，实现了新型工业节能技术的推广与普及，大量落后产能被淘汰，解决了广西工业发展的产能过剩问题，也提高了其工业建设的能源使用效率。从表4-17中，我们可以发现，广西的能源消耗总量呈现上升趋势，但每万元地区生产总量能耗则呈现下降态势，且在2015—2019年每万元地区生产总量消耗能源始终少于全国平均水平，在某种程度上说明广西工业在走向绿色高质量发展。

表4-17　2015—2019年广西能源总体状况

项目	2015年	2016年	2017年	2018年	2019年
能源消费总量（万吨标准煤）	9805.66	10110.15	10456.02	10823.39	11270.05
工业终端消费的煤合计（万吨）	4523.03	4657.47	4744.37	5094.24	5502.72
工业终端消费的油品总量（万吨）	1559.77	1757	1774.17	1720.49	1555.31
工业终端消费的电力总量（亿千瓦时）	3722.86	3695.67	3937.48	4008.66	4212.02
每万元地区生产总值消耗能源（吨标准煤）	0.66	0.63	0.59	0.55	0.53
全国平均每万元地区生产总值消耗能源（吨标准煤）	0.66	0.63	0.61	0.59	0.57

数据来源：Wind数据库。

二、存在问题

近年来，广西能源供给能力稳步提升，但由于广西本身缺乏石油和煤炭资源，导致广西在工业发展和社会建设进程中，能源依赖外部供给较高。新时代，广西必须尽快调整能源利用方式和优化能源结构，才能推动工业绿色高质量发展。

（一）能源供应难以满足迅速增长的消费需求

"十三五"以来，广西进入工业化中期阶段，工业产业的转型高速发展，产生了极大的能源需求。2020年，广西的能源消费总量为1.17万亿吨标准煤，与2010年相比，累计增长48.01%。但目前广西的能源对外依存度仍偏高，从图4-26可见，广西能源对外依存度长期高于50%，2020年其能源对外依存度就高达69%，外部环境对广西能源供应产生较大的影响，能源供应矛盾将随时影响工业发展。

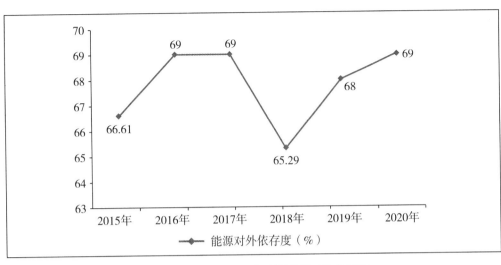

图 4-26　2015—2020 年广西能源对外依存度

数据来源：Wind 数据库。

（二）工业利用能源方式过于粗放

广西对自然资源要素依赖程度高，工业层次明显偏低，产品技术含量和附加值不高。近年来，广西引进了一批大项目，但总体存在项目小、项目少的问题，大部分项目属于初加工和传统产业，且"重多轻少"，先进制造业、高新技术产业和战略性新兴产业项目投资占比不高、支撑作用不明显，新兴产业投资偏少、增速偏慢。2020 年，广西六大高能耗行业产值占比近 40%，却消耗近九成的煤炭能源和近八成的用电量。随着广西承接产业数量不断增多，项目落地所面临的用地规模、用地指标、污染物排放容量、能耗总量不足等约束越来越明显。

表 4-18　2020 年广西六大高能耗工业企业能耗情况

指标	综合能源消费			全社会用电		
	总量 （万吨标煤）	同比增长 （%）	占比 （%）	用电量 （亿千瓦时）	同比增长 （%）	占比 （%）
规模以上工业企业合计	7399.74	5.0	—	1291.7	4.7	—
#六大高耗能行业	6638.85	7.0	89.7	1028.7	—	79.6
石油加工、炼焦及核燃料加工业	190.96	-24.0	2.6	14.28	4.7	1.1
化学原料及化学制品制造业	173.99	1.0	2.4	38.66	1.5	3.0
非金属矿物制品业	1483.32	4.9	20.1	145.43	9.4	11.3
黑色金属冶炼及压延加工业	2091.73	19.5	28.3	293.69	4.9	22.7
有色金属冶炼及压延加工业	1054.09	3.1	14.2	390.56	3.9	30.2
电力、热力的生产和供应业	1644.76	3.4	22.2	146.08	10.7	11.3

数据来源：自治区统计局《广西节能监测专报（2020 年 12 月）》。

（三）工业领域消费能源转型缓慢

由于自然和历史条件等原因，广西产业发展基础薄弱，生产方式低端低效，广西产业发展主要是依靠资源要素投入，高投入、高消耗、高排放、低产出、低效率特征明显。由于创新能力明显不足，产业链条短、知名品牌少、核心竞争力不强等问题突出，导致产业长期处于价值链低端。多年来，广西通过重大项目引进高效推动经济社会发展，但主要以承接边际产业扩张、生产性项目外包等为主，多为低端要素消耗型、非核心技术型行业，产业重型化特征仍然明显，绿色化生产缺乏，部分重大产业项目引进带来的收益与环境承载不匹配，对能源环境资源的影响非常大。

（四）能源成本高

电能主要分为居民生活用电、大工业用电、一般商业用电以及农业用电等方面，其中工业用电量需求大。可是，广西用电成本较周边地区长期偏高，电力成本作为企业投资考虑的重要成本之一，为广西在招商引资带来了不利影响。2020年，工商业及其他用电（单一制）价格方面，与周边省区相比，湖南>广西>江西>安徽>贵州>云南，广西每度电大约比湖南低0.03元。

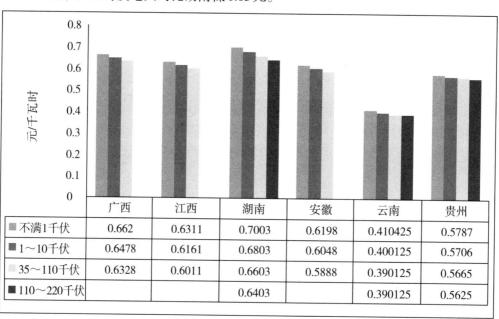

	广西	江西	湖南	安徽	云南	贵州
不满1千伏	0.662	0.6311	0.7003	0.6198	0.410425	0.5787
1～10千伏	0.6478	0.6161	0.6803	0.6048	0.400125	0.5706
35～110千伏	0.6328	0.6011	0.6603	0.5888	0.390125	0.5665
110～220千伏			0.6403		0.390125	0.5625

图4-27　2020年工商业及其他用电（单一制）价格比较

第五节　市　场

"十三五"时期，广西深入贯彻落实党中央决策部署，以供给侧结构性改革为主线，以保障和改善民生为立足点，积极贯彻落实稳增长、促消费的政策措施。在自治区党委、政府的正确领导下，通过各级各部门的共同努力，广西居民收入与经济同步增长，消费市场规模稳步扩大，市场主体多元化发展，消费结构不断优化升级，消费热点和新兴消费业态不断涌现，消费已成为拉动工业生产的重要动力。

一、广西市场发展现状

（一）市场消费规模不断扩大

2020年，受新冠肺炎疫情影响，广西社会消费品零售总额7831亿元，比上年下降4.51%，但仍比2015年增长了1.36倍，年均增长6.34%。按经营地统计，城镇消费品零售额6786.70亿元，下降4.6%；乡村消费品零售额1044.31亿元，下降3.8%。按消费类型统计，商品零售额6718.33亿元，下降4.2%；餐饮收入额1112.68亿元，下降6.4%。

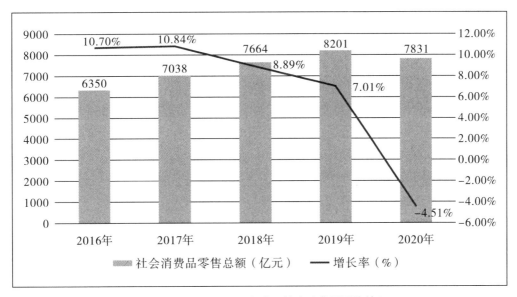

图4-28　2016—2020年广西社会消费品零售情况

数据来源：Wind数据库。

在限额以上单位商品零售额中，粮油、食品、饮料、烟酒类零售额比上年增长19.6%，服装、鞋帽、针纺织品类下降20.1%，化妆品类下降18.7%，金银珠宝类下降28.8%，日用品类下降2.5%，家用电器和音像器材类下降13.4%，中西药品类增长1.3%，文化办公用品类下降10.9%，家具类增长1.8%，通信器材类下降10.3%，建筑及装潢材料类下降3.1%，石油及制品类下降16.1%，汽车类下降4.8%。2020年，广西实物商品网上零售额614.8亿元，按可比口径计算，比上年增长37.7%，占社会消费品零售总额的比重为7.9%，比上年提高2.5个百分点。

2020年，广西人均社会消费品零售总额达到15604元，比2015年的11996元增长了1.18倍，年均增长5.40%。对比"十三五"期间广西工业和市场的发展趋势，可以看出，广西社会消费品零售总额、人均社会消费品零售总额的增速都低于工业的增速，特别是近两年来，受新冠肺炎疫情和宏观经济下行的影响，三大指标均呈现下降趋势。

（二）商品市场体系基本初具规模

截至"十三五"期末，广西共有商业网点197.3万个，其中城市商业网点53万多个、农村商业网点144.3万个。各类商品交易市场3000多个，各类农贸市场2155个，专业市场、农副产品批发市场等其他类型商品交易市场800多个，其中综合性市场40个、农副产品市场33个、生产资料专业市场20个、工业消费品市场15个；其中年交易额亿元以上的市场89家，全年实现成交额960.9亿元，占同期广西社会消费品零售总额的29%。

（三）大宗商品交易市场发展迅速

广西大宗商品交易市场快速发展，市场数量由2015年初的3家发展到2020年的9家，交易品种由2个增加到22个，年交易额也由1000多亿元增长到2447.13亿元，增幅达2.4倍，其中年成交额在1000亿元以上的市场有1家，年成交额在150亿～400亿元之间的市场有2家，年成交额在100亿元以下的有5家。从经营品种来看，广西已上市交易品种涉及食品、农产品、化工、冶金、煤炭等行业的产品22个，且多为广西较具资源优势的产品。2020年，广西6家经营白糖的交易市场累计实现白糖现货交收量357.87万吨，约占全国2008/2009年榨季产量的28%。

（四）广西进出口商品主要地区

2021年，面对全球新冠肺炎疫情带来的严重冲击，广西外贸进出口依然展现了较强的韧性，实现了良好开局。然而，当前外贸面临的不确定不稳定不均衡因素增多，外部环境更趋复杂严峻。受新冠肺炎疫情影响，2021年12月广西外贸结束了连续15个月同比正增长的态势，当月下降21.5%，其中边境贸易降幅高达50.8%。

从进出口商品贸易情况来看，据海关统计，2021年广西外贸规模再创新高，进出口5930.6亿元人民币，比2020年（下同）增长21.8%（增幅比全国高0.4个百分点），比 2019 年增长 26.3%。从主要区域来看，广西的主要贸易伙伴集中在亚洲的东盟、拉丁美洲和北美洲，广西对亚洲地区进出口总额为 4217.8 亿元，同比增长 17.9%，其中对东盟地区进出口总额为 2821.2 亿元，同比增长 18.8%；对拉丁美洲地区进出口总额为 675.9 亿元，同比增长 50.4%；对北美洲进出口总额为 376.3 亿元，同比增长 43.7%。总体看来，对新兴市场增势显著。2021 年，广西对《区域全面经济伙伴关系协定》（RCEP）其他成员国进出口 3209.1 亿元，增长 18.9%，占 54.1%。

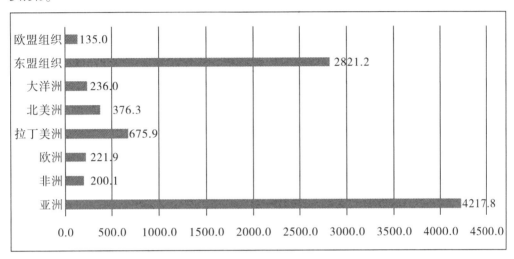

图 4-29　2021 年广西对外贸易主要区域分布情况（单位：亿元）

数据来源：南宁海关。

从进口商品贸易情况来看，2021 年，广西进口总额 2991.5 亿元，增长 38.3%。从进口商品国别来看，广西主要进口来源地为亚洲的东盟、拉丁美洲和大洋洲。广西对亚洲地区进口总额为 1716.1 亿元，同比增长 31%，其中对东盟组织地区进口总额为 1163.9 亿元，同比增长 38.4%；对拉丁美洲地区进口总额为 598.8 亿元，同比增长 48%；对大洋洲地区进口总额为 208.8 亿元，同比增长 33.1%；对北美洲地区进口总额为 204.6 亿元，同比增长 119.1%；对欧洲地区进口总额为 100.4 亿元，同比增长 17.1%；对欧盟组织地区进口总额为 45.6 亿元，同比增长 8.1%。

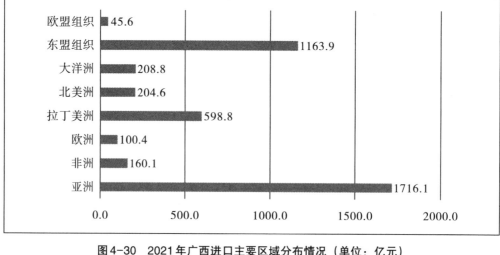

图4-30　2021年广西进口主要区域分布情况（单位：亿元）

数据来源：南宁海关。

从出口商品贸易情况来看，2021年，广西出口总额2939.1亿元，增长8.6%。就出口商品区域分布而言，2021年，广西出口的主要区域集中在亚洲的东盟国家。广西对亚洲地区出口总额为2501.6亿元，同比增长10.4%，其中对东盟组织地区出口总额为1657.3亿元，同比增长8.1%；对北美洲地区出口总额为171.7亿元，同比增长1.9%；对欧洲地区出口总额为121.5亿元，同比下降21.9%；对非洲地区出口总额为40亿元，同比下降6.3%；对拉丁美洲地区出口总额为77.1亿元，同比增长71.9%；对大洋洲地区出口总额为27.2亿元，同比下降6.2%；对欧盟组织地区出口总额为89.4亿元，同比下降22.6%。

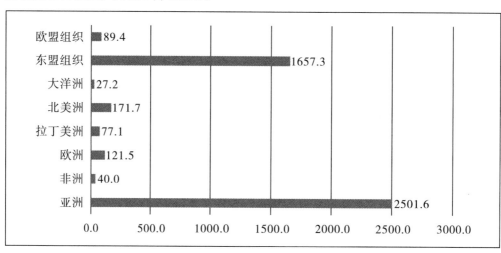

图4-31　2021年广西出口主要区域分布情况（单位：亿元）

数据来源：南宁海关。

二、广西工业品销售情况

（一）广西主要工业产品

40多年的改革开放，促进了广西工业的发展，其成品糖工业、工程机械行业、汽车行业的发展都保持了迅猛的态势，如表4-19所示。

表4-19　广西工业品构成

工业大类	主要工业品	工业大类	主要工业品
糖	成品糖	医药	中成药（正骨水、金嗓子、西瓜霜、百年乐、膏药）、化学药品原药
有色金属	铜、铅、锌、镍、铝、锡、锑等十种有色金属，铝材	电力	核电、火电、水电
钢铁	中小型型钢、钢材、钢结构、粗钢、冷轧薄板生铁	电子信息	半导体分立器件、显示器、电子元件
汽车	商用车、乘用车、新能源汽车	家用电器	彩色电视机
服装及鞋	服装业、轻革、鞋	塑料制品	塑料制品、塑料制品料
木材加工	胶合板、人造板、纤维板、装饰板、木制衣架	新材料	稀土（稀土永磁材料、稀土合金和稀土磁性、发光材料、稀土分离冶炼、抛光粉）
纺织	纱、布、茧丝绸业、棉纺织业、植物纤维、矿物纤维、化学纤维、绣球锦	造纸	蔗渣浆板、原生浆（化学浆和化学机械浆）、纸制品（瓦楞纸箱、纸浆模塑制品）、机制纸及纸板（生活用纸、白卡纸、瓦楞原纸、特种纸、沙管纸）
建材	瓷质砖、天然花岗岩建筑板材、硅酸盐水泥熟料、水泥、砖、人造岗石板材、商品混凝土、高岭土（土）、陶质砖	化学制品	天然香料、合成复合肥、农用氮磷钾化学肥料、香精、牙膏、松香、合成氨、聚丙烯、磷酸、硫酸
食品（含农副产品）	月饼、饲料、配合饲料、卷烟、油渣饼、精炼实用植物油、便面、罐头软饮料、饮料酒、乳制品、发酵酒精、腐乳、腐竹、龟苓膏、辣椒酱、本茶（罗汉果）、大米加工、方、酱油、酒（白酒、啤酒）、食用油	家具	家具
电气机械及器材	电线、发电机组、铅酸蓄电池、原电池及原电池组（非扣式）、电力电缆、变压器、锂电子电池、高压开关板、发动机	机械装备	民用钢制船舶、金属切削机床、散货船、挖掘及铲土运输机械、全集装箱船、电动自行车
石化	液化石油气、成品油、芳烃、道路沥青、依稀、硫黄	其他	橡胶轮胎外胎、羽绒业、玻璃包装容器、陶瓷（坭兴陶等）、重晶石、铝材、人造宝石

数据来源：Wind数据库。

（二）广西工业产品进出口情况

1.广西工业品进口数量分析

从进口商品的数量来看，资源型产品中，广西进口主要有金属矿及矿砂、煤及褐煤、木及其制品、纸浆、纸及其制品、原油、初级形状的塑料、未锻轧铜及铜材、未锻轧铝及铝材、纺织原料等，其中金属矿及矿砂进口数量为4255万吨，煤及褐煤进口数量为657万吨，木及其制品进口数量为81.8万吨，纸浆、纸及其制品进口数量为76.8万吨，原油进口为51万吨（见表4-20）。

表4-20　2021年广西进口资源类产品主要种类数量

序号	主要产品	计量单位	数量
1	金属矿及矿砂	万吨	4255.0
2	煤及褐煤	万吨	657.0
3	木及其制品	万吨	81.8
4	纸浆、纸及其制品	万吨	76.8
5	原油	万吨	51.0
6	初级形状的塑料	万吨	6.8
7	未锻轧铜及铜材	万吨	4.6
8	未锻轧铝及铝材	万吨	1.6
9	纺织原料	万吨	1.5
10	医药材及药品	万吨	1.3
11	成品油	万吨	1.0
12	天然及合成橡胶（包括胶乳）	万吨	0.9
13	钢材	万吨	0.6

数据来源：南宁海关。

2.从工业品进口金额分析

2021年，广西进口资源型产品总额476.1亿元，比2020年增长30.3%；进口机电产品1022.1亿元，同比增长24.8%；进口高新技术产品857.4亿元，同比增长41.4%。

从进口商品的金额来看，资源型产品中，广西进口金额较大的有金属矿及矿砂806亿元，煤及褐煤83.6亿元，纸浆、纸及其制品34.4亿元，未锻轧铜及铜材26.5亿元，原油18.9亿元，木及其制品10.7亿元（见表4-21）。

表4-21 2021年广西进口资源类产品主要种类金额

序号	主要产品	计量单位	金额
1	金属矿及矿砂	亿元	806.0
2	煤及褐煤	亿元	83.6
3	纸浆、纸及其制品	亿元	34.4
4	未锻轧铜及铜材	亿元	26.5
5	原油	亿元	18.9
6	木及其制品	亿元	10.7
7	初级形状的塑料	亿元	7.9
8	未锻轧铝及铝材	亿元	2.7
9	纺织原料	亿元	1.7
10	医药材及药品	亿元	1.5
11	钢材	亿元	0.8
12	天然及合成橡胶（包括胶乳）	亿元	0.8
13	成品油	亿元	0.4
14	美容化妆品及洗护用品	亿元	0.2

数据来源：南宁海关。

就机电产品进口而言，2021年，广西主要进口的机电产品有自动数据处理设备及其零部件，电子元件，电工器材，液晶显示板，半导体制造设备，计量检测分析自控仪器及器具，印刷、装订机械及其零件等，其中进口自动数据处理设备及其零部件389.4亿元，电子元件301亿元，电工器材60.8亿元，液晶显示板48.2亿元，半导体制造设备10.8亿元（见表4-22）。

表4-22 2021年广西进口主要机电产品种类及金额

序号	主要产品	单位	金额
1	自动数据处理设备及其零部件	亿元	389.4
2	电子元件	亿元	301.0
3	电工器材	亿元	60.8
4	液晶显示板	亿元	48.2
5	半导体制造设备	亿元	10.8
6	音视频设备及其零件	亿元	7.9
7	通用机械设备	亿元	6.8
8	计量检测分析自控仪器及器具	亿元	6.7
9	印刷、装订机械及其零件	亿元	5.2

续表

序号	主要产品	单位	金额
10	医疗仪器及器械	亿元	4.6
11	有机发光二极管显示屏	亿元	4.3
12	航空器零部件	亿元	3.2
13	机床	亿元	2.9
14	机械基础件	亿元	2.8
15	汽车（包含底盘）	亿元	1.6

数据来源：南宁海关。

3.从工业产品出口数量分析

从出口商品的数量来看，资源型产品中，广西出口主要有纸浆、纸及其制品，木及其制品，水泥及水泥熟料，陶瓷产品，未锻轧铝及铝材，肥料，钢材，植物材料编织品，焦炭及半焦炭，橡胶轮胎等，其中纸浆、纸及其制品出口40320吨，木及其制品出口32902吨，水泥及水泥熟料出口24112吨，陶瓷产品出口17464吨，未锻轧铝及铝材出口12919吨，肥料出口10536吨（见表4-23）。

表4-23　2021年广西出口资源类产品主要种类数量

序号	主要产品	单位	数量
1	纸浆、纸及其制品	吨	40320
2	木及其制品	吨	32902
3	水泥及水泥熟料	吨	24112
4	陶瓷产品	吨	17464
5	未锻轧铝及铝材	吨	12919
6	肥料	吨	10536
7	钢材	吨	9018
8	植物材料编织品	吨	1948
9	焦炭及半焦炭	吨	1946
10	未锻轧铜及铜材	吨	1564
11	橡胶轮胎	吨	1325
12	箱包及类似容器	吨	925
13	医药材及药品	吨	872
14	烟花、爆竹	吨	856
15	花岗岩石材及其制品	吨	354

数据来源：南宁海关。

4.从工业品出口金额分析

2021年，广西出口农产品总额207.19亿元，比2020年增长8.6%；出口机电产品120.5亿元，同比增长18.2%；出口高新技术产品66.9亿元，同比增长34.8%。从出口商品的金额来看，资源型产品中，广西出口金额较大的有纸浆、纸及其制品3689万元，陶瓷产品3383万元，未锻轧铝及铝材3116万元，木及其制品2360万元，医药材及药品1637万元，钢材1013万元（见表4-24）。

表4-24 2021年广西出口资源类产品主要种类金额

序号	主要产品	单位	数量
1	纸浆、纸及其制品	万元	3689
2	陶瓷产品	万元	3383
3	未锻轧铝及铝材	万元	3116
4	木及其制品	万元	2360
5	医药材及药品	万元	1637
6	钢材	万元	1013
7	未锻轧铜及铜材	万元	981
8	箱包及类似容器	万元	853
9	植物材料编织品	万元	620
10	肥料	万元	216
11	橡胶轮胎	万元	216
12	稀土及其制品	万元	183
13	烟花、爆竹	万元	173
14	纺织原料	万元	156
15	铁合金	万元	47

数据来源：南宁海关。

就机电产品出口而言，2021年，广西主要出口的机电产品有电子元件，自动数据处理设备及其零部件，电工器材，汽车（包含底盘），汽车零配件，灯具、照明装置及其零件，通用机械设备，音视频设备及其零件，医疗仪器及器械，计量检测分析自控仪器及器具，机床等，其中电子元件出口约19.7亿元，自动数据处理设备及其零部件出口约18.9亿元，电工器出口约9.8亿元，汽车（包含底盘）出口约6.3亿元，汽车零配件出口约3.3亿元，通用机械设备出口约2.9亿元，音视频设备及其零件约2.2亿元，医疗仪器及器械约1.9亿元。

表4-25　2021年广西出口主要机电产品种类及金额

序号	主要产品	单位	数量
1	电子元件	万元	196731
2	自动数据处理设备及其零部件	万元	189207
3	电工器材	万元	97744
4	汽车（包含底盘）	万元	62781
5	汽车零配件	万元	33200
6	灯具、照明装置及其零件	万元	30687
7	通用机械设备	万元	28616
8	音视频设备及其零件	万元	21736
9	医疗仪器及器械	万元	19284
10	计量检测分析自控仪器及器具	万元	18518
11	机床	万元	14045
12	液晶显示板	万元	9750
13	机械基础件	万元	9359
14	手机	万元	5688
15	手用或机用工具	万元	4988

数据来源：南宁海关。

三、存在问题

近年来，虽然广西市场发展取得显著成效，但产品结构、产品质量、产品品牌和营销体系等仍存在不少问题，这些问题影响着市场机制作用的发挥，影响着资源的优化配置，影响着广西工业绿色高质量发展。

（一）工业产品供给未能满足多样化需求

从产品市场来看，广西的产品需求结构呈现年年变化的态势，但是其目前的产品结构却不能充分满足其产品需要。广西的产品数量规模较小，大部分产品在市场中缺乏知名度和影响力，尤其缺乏大宗产品和重要产品，例如在广西的产品市场中原油等几乎为零。

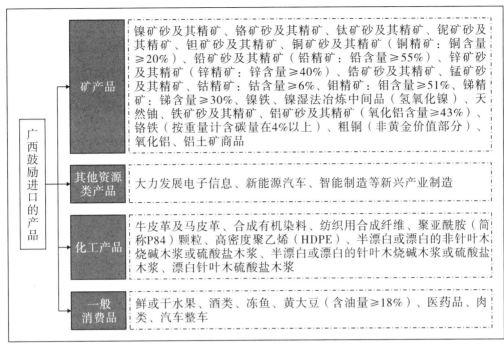

图4-32　2020年广西鼓励进口的资源性产品、原材料产品、消费品

资料来源：自治区商务厅。

目前，广西制造业仍然处于产业链低端，传统劳动密集型产业居多。因此，在广西的产品市场中，大部分生产出来的产品缺乏耐久性、可靠性和适用性，都是缺乏技术含量和精深加工的原材料产品、初级产品，这些产品的品质较低，容易被其他产品所替代，产业转型升级所需的设备还需要进口，导致产业转型难、转型慢。

表4-26　2020年广西鼓励进口的重点行业项下设备产品

序号	设备类别
1	水力发电等部分电力设备
2	铜、铝、铅、锌、镍大中型矿山建设设备等部分有色金属开采及生产设备
3	高强度钢生产装置等冶金加工处理设备
4	高性能涂料等石油与化工生产设备
5	新型节能环保墙体材料、绝热隔音材料等建材生产设备
6	海洋药物开发与生产等医药生产设备
7	数控机床关键零部件及刀具制造等机械设备
8	汽车整车及发动机、关键零部件系统设计开发生产等汽车制造设备
9	大型船舶设计和制造关键设备等船舶制造设备

续表

序号	设备类别
10	高技术绿色电池产品制造设备等轻工设备
11	新型高技术纺织机械及关键零部件制造等纺织设备
12	建筑节水、节能、节地及节材关键技术开发生产等建筑设备
13	卫星通信系统制造、地球站制造等信息及电子行业设备
14	海水淡化等环境保护与资源节约综合利用设备
15	其他

资料来源：自治区商务厅。

（二）工业开放合作水平仍然偏低

"十三五"时期以来，广西开放合作成效明显，进出口贸易额不断增加，但与发达地区相比，工业开放合作水平仍然偏低，外向型产业基础仍薄弱，出口商品中本地货源产品占比不足50%。企业品牌文化意识不强，自我保护意识薄弱，商标意识薄弱，工业领域缺少具有影响力的国际品牌产品，技术、标准和服务方面竞争力不强，对外合作竞争力弱，企业"走出去"难度大。通道经济、边境贸易占比过大，贸易市场过于集中，外向型产业集聚度不高，尤其是国家级外贸转型升级基地数量较少，国际营销体系建设滞后，外贸企业开拓市场能力不足，广西工业进出口总额仅占全国的1.3%，工业产品出口交货值仅占全国工业销售产值的4%。随着中美贸易摩擦不断升级和国内用工、用电、资源成本不断上升，在承接东部产业转移的过程中，东盟国家和非洲国家作为投资目的地吸引力将越来越强，特别是珠三角地区存在比较明显的"越顶转移"现象，一些关键性产业链、供应链环节向外转移对广西承接东部产业转移造成较大的冲击。

（三）工业品牌建设能力较弱

广西工业品牌建设虽然已经有一定的进步，但总体看来，知名品牌数量较少，自主创新能力弱，品牌生命周期短。2020年，广西只有金嗓子进入中国品牌500强榜单中，排名358位。由于广西大多企业缺乏培育自主品牌的动力，因此，在自主研究开发品牌方面的投入较少，造成广西品牌技术附加值低、技术含量低，形成主要以复样加工和来样加工为主的"代工生产"模式，不仅浪费了大量资源，造成了严重的环境污染问题，而且使得广西工业品牌的建设能力较弱。

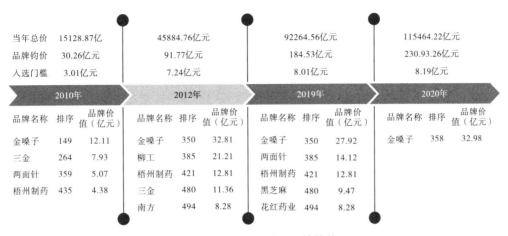

当年总价	15128.87亿			45884.76亿元			92264.56亿元			115464.22亿元		
品牌钧价	30.26亿元			91.77亿元			184.53亿元			230.93.26亿元		
入选门槛	3.01亿元			7.24亿元			8.01亿元			8.19亿元		

| 2010年 | | | 2012年 | | | 2019年 | | | 2020年 | | |
品牌名称	排序	品牌价值（亿元）	品牌名称	排序	品牌价值（亿元）	品牌名称	排序	品牌价值（亿元）	品牌名称	排序	品牌价值（亿元）
金嗓子	149	12.11	金嗓子	350	32.81	金嗓子	350	27.92	金嗓子	358	32.98
三金	264	7.93	柳工	385	21.21	两面针	385	14.12			
两面针	359	5.07	梧州制药	421	12.81	梧州制药	421	12.81			
梧州制药	435	4.38	三金	480	11.36	黑芝麻	480	9.47			
			南方	494	8.28	花红药业	494	8.28			

图4-33　品牌联盟广西品牌榜单

资料来源：品牌联盟网。

（四）工业所需的现代服务业发展滞后

广西的现代服务业发展远落后于我国发达省份，目前广西的服务业在三次产业中的占比相对偏低，在全国范围内缺乏竞争力。2019年，广西的服务业在地区生产总值中的占比为50.7%，与2018年相比，同比上涨0.21%，其上涨幅度微弱。而同期，四川省服务业在地区生产总值中的占比就达到52.4%，甘肃省也达到55.12%，甚至超过了全国平均水平的54.53%。从上述数据来看，目前广西的现代服务业落后，产业结构亟待升级，不利于推动绿色工业的高质量发展。

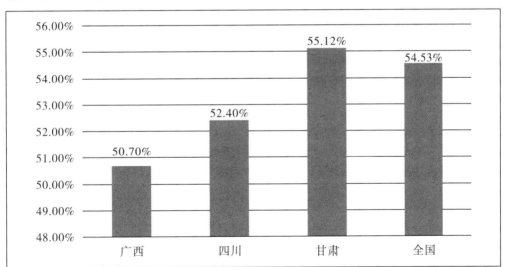

图4-34　2019年广西与全国及其他省服务业占地区生产总值比重对比柱状图

数据来源：Wind数据库。

第六节　信息化

"十三五"时期，以《国家信息化发展战略纲要》为根本遵循，广西出台了数字广西建设纲领性文件《关于深入实施大数据战略加快数字广西建设的意见》、配套文件《广西数字经济发展规划（2018—2025年）》以及数字广西"十四五"规划体系相关文件，制定财税、投融资、人才、知识产权保护等措施，激励信息化与工业化两化融合发展，取得了显著成效。

一、发展现状

（一）工业互联网基础设施支撑能力不断提升

"十三五"时期，广西加大信息化基础设施建设投入，持续提升对数字广西建设的支撑作用，着力于构建更加安全、高效和广泛的新时期信息基础设施。表4-27是广西2015—2019年信息化的发展情况，从数据来看，广西的信息化发展速度较快，信息化水平不断提高。

表4-27　广西2015—2019年信息化发展情况

指标	2015年	2016年	2017年	2018年	2019年
平均每万人拥有电话机（部）	8572	8522	9607	10772	11004
互联网用户数（万户）	3521.63	3961.35	4771.64	5465.86	6134.6
电信业务总量（亿元）	608.1	388.96	711.88	2051.51	3587.75

数据来源：Wind数据库。

在长途光缆线路长度方面，广西从2001年的1.79万公里增长到2019年的4.03万公里，增加了2.24万公里，年均增长4.61%。国际通信网络建设方面，南宁国际局是中国联通集团公司八大区域性国际出入口局之一，具备直达越南、缅甸、老挝的陆缆和传输资源。南宁国际局将面向东南亚国家建立一个国际陆缆与传输网络体系，其中包括一个国际核心节点和4个路南边境站，另外还有5个海外pop点（网络服务提供点），总带宽达到41万兆，实现广西与东南亚、粤港澳快速通道连接。IPv6（下一代互联网协议）网络能力提升和物联网建设方面，在IPv6网络能力基本就绪的基础上，全面提升IPv6端到端贯通能力，聚焦促进IPv6用户规模及流量规模快速增长，有力保障IPv6网络及服务质量，截至2020年7月末，广西全区IPv6活跃连接数3800万。持续推进优化升级物联网，全面提升物联网网络质量和应用水平，全区物联网用户852万户。

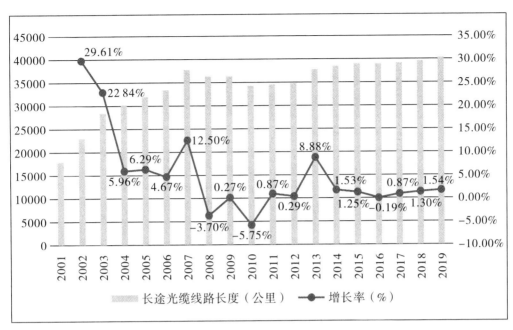

图4-35　2001—2019年广西长途光缆线路长度

数据来源：Wind数据库。

加快移动互联网建设。从互联网端口数来看，2015—2020年间，广西互联网端口数从2015年的1530万个增长到2020年的3356万个，总体呈稳步上升趋势。2019年广西互联网端口数仅低于安徽和四川，高于江西、湖南、贵州和云南等省。2020年，数字基础设施部分指标步入国内前列。广西4G基站累计17.6万个；5G基站累计3.1万个；全区光纤里程长度累计221万公里，排名全国第九，增速排名全国第一；省际出口带宽3644万兆，排名全国第四，增速排名全国第五；大数据中心承载能力达到20万标准机架。推动开展5G示范应用，重点推动柳工5G远程控制工程机械、柳钢和玉柴集团5G智慧工厂、上汽通用五菱5G智慧交通等应用示范。

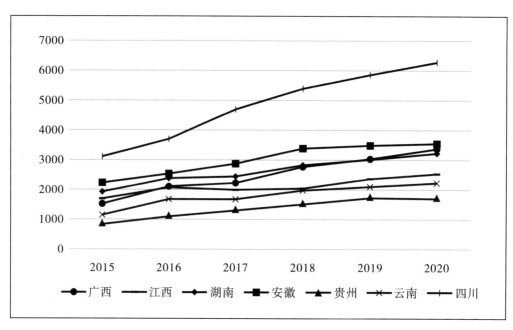

图4-36 2015—2020年广西与部分省互联网端口数（单位：个/万人）

数据来源：Wind数据库。

（二）信息产业化进程不断加快

2020年，广西累计完成软件业务收入432亿元，同比增长79.27%。列入统计范围的软件与信息技术服务业企业233家，其中超过10000万元的企业有34家。中国—东盟华为软件创新中心、中国—东盟网络安全交流培训中心、浪潮计算机设备生产基地、基于鲲鹏处理器的南宁宝德计算机生产研发基地等信息技术创新发展自主安可系统研发、生产和培训项目落地南宁。南宁围绕建设广西"首善之区"和区域性国际城市，着力发展行业应用软件，创新信息服务业商业模式，力争打造成为区域性应用软件和信息服务业中心城市。桂林围绕建设宜居城市目标，以转变发展方式为主线，积极发展工业软件、智能交通软件、旅游服务软件和信息化产品、动漫网游等创新创意产品。柳州重点发展工业软件、智能交通软件和社会信息化应用软件，推动"经济升级，城市转型"工作开展。北海作为广西软件与信息服务业的后起之秀，通过龙头企业带动，在软件产品开发和呼叫服务、互联网金融大数据等方面重点发展，产业不断做大做强。

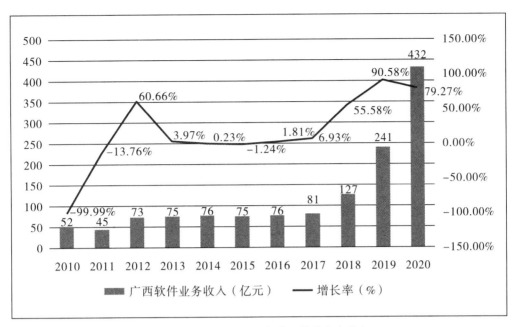

图4-37　2010—2020年广西软件业务收入

数据来源：Wind数据库。

（三）信息化建设示范初见成效

围绕企业上云、工厂内外网络升级改造等方面，企业两化融合水平稳步提高，一批工业互联网平台建设初见成效。如柳钢的"基于工业互联网平台的生产线数字孪生系统"、柳工的"工业互联网平台企业安全综合防护系统"、南宁富桂精密公司的工业互联网平台、广西金川公司的铜镍冶炼工业互联网平台测试床平台、广西建工的基于BIM（建筑信息模型）的工业互联网应用平台、上汽通用五菱智能车联网平台、东亚糖业的广西·中国糖业产业园工业互联网平台等，涉及食品、冶金、汽车、机械、电子信息制造、建材、木材加工、有色金属、电力等行业。其中柳钢、柳工两个项目获评2019年工业和信息化部工业互联网创新发展工程项目。此外，好运网、迈迪网、欣正工业互联网等跟工业生产紧密相关的生产性服务业平台有了较快的发展。同时，一批工业互联网标杆企业涌现。例如，广西汽车集团有限公司"轻量化汽车底盘关键零部件智能制造能力"等项目列入工业和信息化部2019年制造业与互联网融合发展试点示范项目和工业和信息化部2019年制造业"双创"平台试点示范项目。2020年7月，"广西泛糖科技有限公司基于糖产业链的智慧管理平台"等17个项目入选广西工业互联网试点示范项目名单。

表4-28　2020年广西工业互联网平台试点示范项目

序号	企业名称	项目名称	区域
1	广西泛糖科技有限公司	基于糖产业链的智慧管理平台	南宁
2	柳州柳工挖掘机有限公司	挖掘机工业互联网应用项目	柳州
3	方盛车桥（柳州）有限公司	方盛车桥智能制造工业互联网应用	柳州
4	广西柳工机械股份有限公司	腾智工业云平台建设项目	柳州
5	柳州酸王泵制造股份有限公司	基于个性化定制生产模式下的耐腐耐磨离心泵制造信息集成应用系统	柳州
6	广西欣正工业互联网科技发展有限公司	欣正工业互联网平台	柳州
7	桂林国际电线电缆集团有限责任公司	电线电缆制造移动物联网技术应用	桂林
8	中国化学工业桂林工程有限公司	中化桂林综合管控一体化信息云平台	桂林
9	桂林广陆数字测控有限公司	广陆智能工厂——制造一部MES系统、销售系统应用项目	桂林
10	北海市深蓝科技发展有限责任公司	智能电网柔性配电技术设备（DFACTS）研发	北海
11	北海忽米网络科技有限公司	忽米网北海工业互联网服务平台	北海
12	广西金川有色金属有限公司	广西金川铜冶炼工业互联网平台	防城港
13	防城港澳加粮油工业有限公司	澳加粮油智能制造创新应用及智慧工厂建设项目	防城港
14	国投钦州发电有限公司	国投钦州发电有限公司智能电厂建设	钦州
15	广西玉柴新能源汽车有限公司	基于"机器视觉+"的新能源物流车驾驶室智能产线	玉林
16	吉利百矿集团有限公司	煤电铝一体化综合信息管理平台	百色
17	北海星石碳材料科技有限责任公司	超高比表面积活性炭智能化生产系统研发	北海

数据来源：广西壮族自治区工业和信息化厅。

（四）促进传统产业数字化转型

传统产业是广西工业的家底和支柱，其产业基础、资源禀赋以及在全区产业发展中的定位和角色，决定着广西必须依靠转型升级来加快经济高质量发展的速度。"十三五"时期，广西坚持把深化传统产业智能化升级改造作为推动广西数字经济高质量发展的核心主线，结合广西在冶金、有色、建材、汽车、机械、制糖、林业、轻工等传统产业领域发展基础，全面实施传统产业"二次创业"，加快以云计算、大数据、人工智能等新技术推动传统产业链条协同、集群优化，初步形成特色突出、模式多元的产业数字化升级新格局。据统计，2020年，广西传统产业数字化规模达6400亿元，占地区生产总值比重的28.8%左右，是2016年的近两倍。评选出自治区级智能工厂和数字化车间45家，其中柳州市11家，桂林市8家，分别居全区第一、第二位。可以看出，伴随数字经济的全域式渗透，传统产业向数字化、平台化、智能化转型发展成为大势所趋，将全面加速广西人工智能产业的发展。

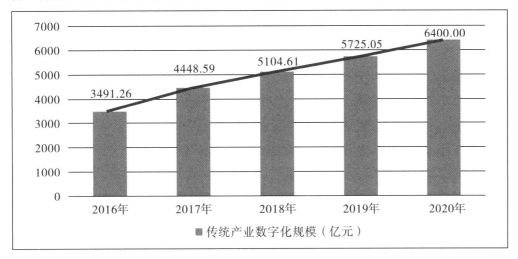

图4-38　2016—2020年广西传统产业数字化规模变化图

数据来源：中国信息通信研究院。

（五）工业企业上云取得新进展

广西营造企业上云良好氛围，促进供需加强对接。2020年5月，印发《关于加快推进企业上云相关工作的通知》，从加强宣传培训、提升云服务供给能力、树立标杆示范、开展企业上云效果评价等方面推动企业上云。2020年6月，印发《关于公布广西企业上云行动计划供给资源池（第三批）云服务提供商的通知》，组建以三大电信运营商、阿里、华为、浪潮为主，各行业云服务商为辅的立体化云供给池，利用云服务、云应用降低信息系统构建成本，推动工业企业生产设备、研发工具、业务系统等云化改造和云端迁移。截至2020年，资源池共有79家云服务供应商。同时，广西立足电子装备、汽车装备、大型机械制造等制造业产业基础优势，深入实施企业"上云用数赋智"行动，引导行业龙头企业信息基础架构和应用系统向云上迁移，建设行业云平台，2020年，广西实现规模以上工业"企业上云"全覆盖，同时确定12项企业上云试点示范项目，发挥试点示范项目的引领示范带动作用。

表4-29　2020年企业上云试点示范项目

序号	企业名称	项目名称	区域
1	广西梯度科技有限公司	梯度容器云平台	南宁
2	广西田园生化股份有限公司	广西田园生化股份有限公司"企业云平台"的建设	南宁
3	柳州沪信汽车科技有限公司	基于互联网技术的汽车零部件供应商质量大数据管理平台项目	柳州
4	柳州莫森泰克汽车科技有限公司	构建企业信息化管理平台，提升企业智能制造能力	柳州
5	柳州松芝汽车空调有限公司	基于工业互联网的汽车空调系统数字化工厂建设项目	柳州
6	广西鱼峰集团有限公司	鱼峰集团大数据云平台建设项目	柳州
7	桂林梵玛科机械有限公司	三维协同设计制造云平台建设与应用项目	桂林
8	桂林优利特医疗电子有限公司	基于MES平台的智能制造	桂林
9	桂林中昊力创机电设备有限公司	设备互联网智能管理平台建设	桂林
10	广西安特特种设备有限公司	基于5G网络的电梯安全生命周期工业APP建设项目	桂林
11	桂林金格电工电子材料科技有限公司	基于图像识别的工业互联网云平台开发及在触头生产的应用	桂林
12	梧州神冠蛋白肠衣有限公司	肠衣机器视觉检测和自动分类系统研发及产业化项目	梧州

数据来源：广西壮族自治区工业和信息化厅。

二、主要问题

虽然近年来广西工业信息化发展取得显著成效，但信息化水平还不完全适应工业绿色高质量发展的需要，信息化建设仍有待未来持续改善。

（一）工业互联网基础建设仍需加强

目前广西的信息基础设施建设还相对较为落后，政府相关部门还未针对全区的信息化基础设施建设制定管理条例，导致各区域的信息建设有不同的标准和规范，出现了重复建设和分散建设的问题，这就导致广西各区域、各部门信息基础设施无法联网对接，共享数据资源。基础设施建设仍需加强，例如从光缆线路长度数据来看，广西每平方公里光缆线路长度从2015年的2.76公里，增长到2019年的7.45公里，增长了169%，但低于江西、湖南和安徽等省，高于云南、四川和贵州。

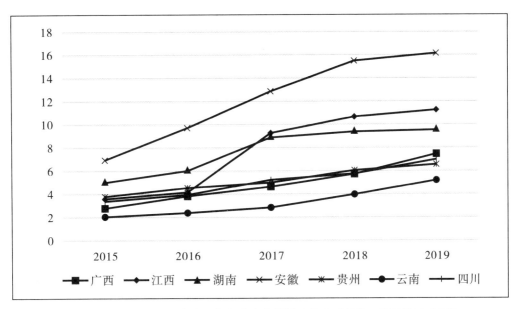

图 4-39　2015—2019 年广西与部分省光缆线路长度（单位：公里/平方公里）

数据来源：CAMAR 数据库。

（二）制造业企业信息化处理能力薄弱

从企业拥有网站数来看，广西每百万企业拥有网站数从 2015 年的 16 个，增长到 2019 年的 24 个，增长了 50%。总体看来，广西企业拥有网站数稳步提升，但在此期间其数量远低于江西、湖南、安徽、贵州、云南和四川等省。

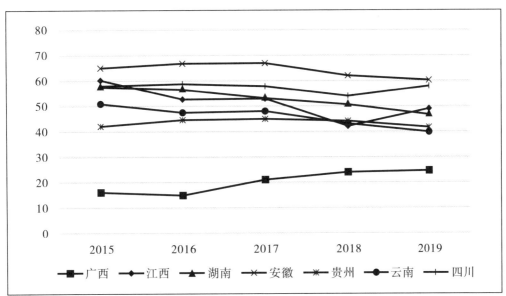

图 4-40　2015—2019 年广西与部分省企业拥有网站数（单位：个/百万企业）

数据来源：Wind 数据库。

（三）工业电子商务发展有待提升

以电子商务交易额（电子商务销售额＋电子商务采购额）/百万人作为电子商务交易规模的衡量指标，从图4-41可以看出，2015—2019年间，广西电子商务交易金额从2015年的28.30亿元/百万人增长到2019年的51.65亿元/百万人，总体呈稳步上升趋势。然而，其数量远低于江西、湖南、安徽、贵州、云南和四川等省，仅在2019年超过了贵州省。

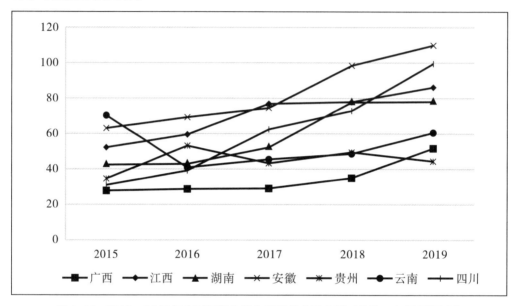

图4-41　2015—2019年广西与部分省电子商务交易金额（单位：亿元/百万人）

数据来源：Wind数据库。

（四）信息产业化步伐亟待提速

从软件业务收入来看，2015—2019年间，广西每万人软件业务收入从2015年的135万元增长到2019年的426万元，增长了两倍多，总体看来呈快速上升趋势。2019年，广西每万人软件业务收入低于四川、湖南和安徽，但高于江西、贵州和云南。由此可见，广西软件业务具有巨大的发展潜力。

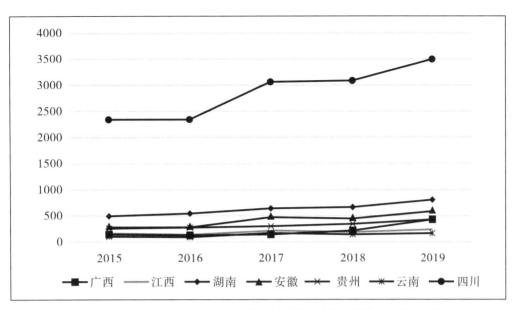

图4-42　2015—2019年广西与部分省软件业务收入（单位：万元/万人）

数据来源：Wind数据库。

（五）工业互联网推动制造业升级创新生态亟须构建

一是工业互联网创新环境有待营造。开发试验环境、开源社区等同步发展及技术成果转移与应用创新的环境有待营造。当前，广西工业互联网平台发展还处于市场刚起步、应用刚显现的阶段。共性技术还未提炼，技术体系还有待完善；标准、测试评估等支撑体系仍在建设，跨领域企业融通以及区域协调的格局还未打开；联盟、企业、供应商、第三方等产业链上下游资源还未有效对接。二是广西工业互联网联盟尚未正常工作。截至2020年底，广西工业互联网产业联盟已联合区内116家骨干工业互联网服务企业单位、相关高校、科研院所和广西龙头工业企业。然而，广西工业互联网产业联盟及专家委员会还未正常开展工作，联盟牵头单位人员、资金等方面的投入还不足，相关机制还没有建立起来，工作局面还没有打开，无法对制造企业的产业升级、业务需求、人力资源等方面信息进行整合、归类及动态管理，难以形成产业共生、资源共享的互动发展格局。

（六）两化融合步伐还需提速

广西传统产业企业信息化水平较低，工业互联网建设、行业数字化平台建设远远滞后于全国平均水平，现有本土互联网企业与汽车、有色金属、装备制造业、生物医药产业及其他传统产业的融合程度不高。工业和信息化部2019年两化融合评估结果显示，广西两化融合在全国排第24位。数字化研发设计工具普及率56.6%，比全国低14.2个百分点，关键工序数控化率（加权）46.7%，比全国低3.8个百分点。

第七节　交通物流

"十三五"以来,广西全力加快综合交通运输基础设施建设,完成综合交通运输固定资产投资超过6000亿元,比"十二五"时期增长17%,其中公路水路增长32.5%,交通物流发展对经济的支撑作用也逐步提升。

一、发展现状

"十三五"期间,广西综合交通实体线网的总里程建设超过14万公里,与"十二五"期间相比,同比增长7.9%,交通线网的面积密度超出全国平均水平4%。

（一）交通基础设施建设成绩突出

公路方面。1990—2020年广西公路营运里程稳步增长。截至2020年,总计达到了13.16万公里,相当于1990年的3.64倍。2006年广西公路里程增速最快,达到了45.7%。2020年,广西高速公路营运里程已经达到6854.6公里,比2019年净增759.0公里,增长12.45%。县县通高速公路比例达96%。

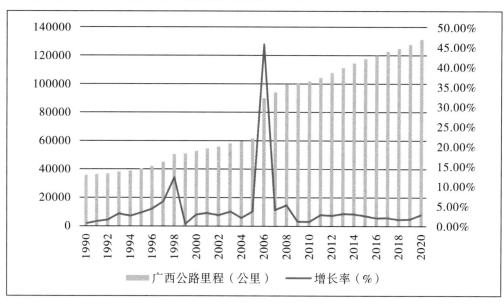

图4-43　1990—2020年广西公路里程发展情况

数据来源:Wind数据库。

从西部陆海新通道沿线省区市来看,2020年,广西公路里程高于海南、青海、宁夏等省区,处于中等位置。

表4-30　2016—2020年西部陆海新通道公路里程

（单位：万公里）

项目	2016年	2017年	2018年	2019年	2020年
内蒙古	19.61	19.94	20.26	20.61	21.02
广西	12.05	12.33	12.54	12.78	13.16
海南	2.82	3.07	3.5	3.81	4.02
重庆	14.29	14.79	15.75	17.43	18.08
四川	32.41	33	33.16	33.71	39.44
贵州	19.16	19.44	19.69	20.47	20.67
云南	23.81	24.25	25.29	26.24	29.25
西藏	8.21	8.93	9.78	10.4	11.81
陕西	17.25	17.44	17.71	18.01	18.07
甘肃	14.3	14.23	14.32	15.14	15.6
青海	7.86	8.09	8.21	8.38	8.51
宁夏	3.39	3.46	3.54	3.66	3.69
新疆	18.21	18.53	18.9	19.42	20.92
全国	422.66	433.85	446.59	469.9	519.81
广西占全国比重	2.85%	2.84%	2.81%	2.72%	2.53%

数据来源：Wind数据库。

2020年，广西高速公路里程高于重庆市和海南省，但低于四川和贵州省。广西高速公路里程虽然在2016—2018年高于云南省，但是2020年比云南省少1200公里。

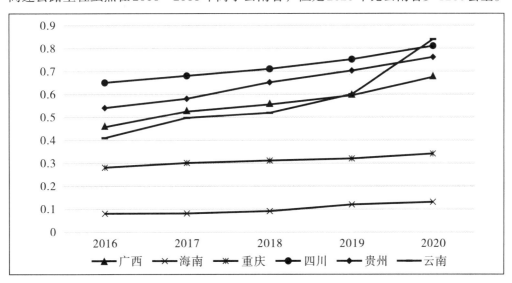

图4-44　2016—2020年广西与周边省市高速公路里程（单位：万公里）

数据来源：Wind数据库。

铁路方面。"十三五"期间，广西铁路总营业里程已达5206公里，与"十二五"期间相比，铁路总营业里程新增120公里，其中1792公里的营运里程为高铁动车。2020年广西铁路营运里程为2000年的2.6倍，年均增长4.9%。

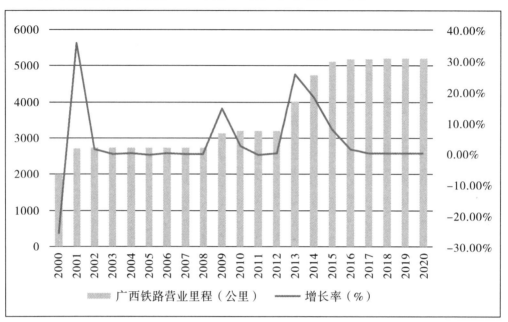

图4-45　2000—2020年广西铁路营业里程规模和增速情况

数据来源：Wind数据库。

近年来，广西铁路营业里程远高于海南、重庆、贵州、西藏、青海、宁夏等省区市，与四川持平，但与内蒙古、新疆相比仍有一定差距。尽管广西的高铁里程数较高，但是高铁运营速度却相对较慢。目前广西有60%的高铁时速在每小时200公里以下，远远无法和全国统一的每小时350公里的高铁时速相比，这在某种程度上也制约了广西工业绿色高质量发展。

表4-31　2016—2019年西部陆海新通道铁路营业里程

（单位：万公里）

项目	2016年	2017年	2018年	2019年
内蒙古	1.23	1.27	1.28	1.3
广西	0.52	0.52	0.52	0.52
海南	0.1	0.1	0.1	0.1
重庆	0.21	0.22	0.23	0.24
四川	0.46	0.48	0.5	0.52
贵州	0.33	0.33	0.36	0.38
云南	0.37	0.37	0.38	0.41

续表

项目	2016年	2017年	2018年	2019年
西藏	0.08	0.08	0.08	0.08
陕西	0.46	0.5	0.5	0.54
甘肃	0.41	0.47	0.47	0.48
青海	0.23	0.23	0.23	0.24
宁夏	0.13	0.14	0.14	0.16
新疆	0.59	0.59	0.6	0.69
全国	12.40	12.70	13.17	13.99
广西占全国比重	4.19%	4.09%	3.95%	3.72%

数据来源：Wind数据库。

同时，崇左作为陆上边境口岸型国家物流枢纽承载城市，首趟中越集装箱（凭祥—上海）冷链班列于2019年2月开行，主要装运来自越南的火龙果、龙眼等水果，该班列较普通货物列车用时压缩50个小时左右，填补了广西通往长三角地区的冷链专列空白，为发挥崇左铁路口岸跨境物流运输功能、推进东盟和长三角地区贸易畅通起到积极促进作用。当前，崇左已被列为国家第三批两岸冷链物流产业合作试点城市。中欧班列（凭祥—河内）跨境集装箱直通运输班列实现每周2列常态化运行，推进丝绸之路经济带与中南半岛经济走廊的有效对接。

表4-32 中欧班列（凭祥—河内）跨境集装箱直通运输班列运行情况

项目	内容
黄金物流线	崇左市—越南谅山—越南海防港
	崇左市—越南河内—越南胡志明市
	崇左市—越南谅山—老挝他曲—泰国曼谷
全国各地经崇左的跨境铁路班列	共9条
跨境物流项目	广西祥祥国际物流公司已在越南谅山省、老挝那泡口岸、泰国那空帕侬府分别建立了物流园区
国际物流线路	崇左市—苏州—满洲里—欧洲（苏满欧）
	崇左市—郑州—新疆霍尔果斯—欧洲（郑新欧）
	崇左市—重庆—新疆阿拉山口—欧洲（渝新欧）

资料来源：崇左市北部湾经济区规划建设管理办公室。

海运方面。2021年，北部湾港港口完成货物吞吐量3.58亿吨，同比增长21%，增速排名全国沿海主要港口第一；集装箱吞吐量完成601万标箱，同比增长19%，增速排名全国沿海主要港口第一。货物吞吐量、集装箱吞吐量增速远高于全国平均数。中国—东盟港口城市合作网络成员达到43家，已开通至东盟国家的直航航线15

条，航线涉及新加坡、越南等国的14个港口。海铁联运干线方面，北部湾港—香港、北部湾港—新加坡航线正逐步实现"天天班"，渝桂、蓉桂、滇桂班列已常态化运行。

水路方面。2015—2020年广西内河航道运营里程基本保持稳定。2020年，广西内河航道运营里程达到了5707公里，比1990年的4500公里增长了26.8%。西江黄金水道基础设施优化升级，高等级航道（千吨级及以上）达1532公里。其中，西江航运干线水运主通道船闸的通运等级达1000吨以上。长洲船闸在全国率先实现了集中监控和梯级联合调度机制，为其他省市的船闸管理提供了范本。

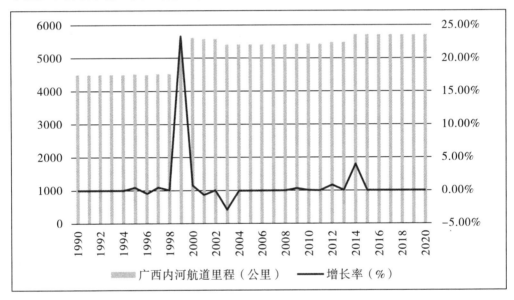

图4-46　1990—2020年广西内河航道里程

数据来源：Wind数据库。

航空方面。"十三五"以来，广西民航基础设施建设项目加快推进，成绩显著。全区民用运输机场设计容量超过3800万人次，比"十二五"末提高35%，机位数量190个，比"十二五"末新增40个，整体保障能力显著提高。在注重单个机场规模容量提升和机场数量增多的同时，着力优化机场群功能格局，初步形成了以南宁、桂林机场为枢纽，北海、柳州机场为重点，梧州、玉林、百色、河池等机场为支撑的机场体系。2019年，广西各机场完成旅客吞吐量2903.7万人次，货邮吞吐量16.8万吨，保障起降30万架次，比"十二五"末期分别增长54%、26%、22%。全区330条客运航线通达国内国际193个通航点，比"十二五"末增加40个通航点，网络通达性显著改善。2020年南宁临空经济示范区获国家发展改革委、民航局联合复函支持，是全国第15个获批的国家级临空经济示范区。示范区内临空指向型产业加快聚集，为区域经济发展带来新活力。截至2022年6月，在飞国际货运航线15条，通往8个东盟及南亚国家，涉及航空公司9家，运营企业9家。

（二）运输固定资产投资稳定增长

2020年，受疫情影响，广西交通运输主要指标出现较大波动，在经历了年初的大幅下降后持续回升，全年运输固定资产投资累计实现正增长。表4-33的数据显示了2016—2020年西部陆海新通道沿线各省区市运输固定资产投资情况，广西运输固定资产投资从2016年的724.51亿元增长到2020年的1237.26亿元，增加了512.75亿元，年均增长14.32%，2020年占全国运输固定资产投资的比重为4.78%。近年来，广西运输固定资产投资远高于海南、重庆、西藏、陕西、甘肃、青海、宁夏、新疆等地区。

表4-33　2016—2020年广西与部分省区市运输固定资产投资

（单位：亿元）

项目	2016年	2017年	2018年	2019年	2020年
内蒙古	910.80	700.86	554.15	407.02	411.44
广西	724.51	802.96	813.44	1059.29	1237.26
海南	176.58	172.35	196.67	163.32	153.52
重庆	458.49	504.49	595.65	605.38	622.17
四川	1306.47	1457.44	1636.44	1805.67	1763.46
贵州	1500.00	1650.62	1700.19	1207.78	1121.29
云南	1269.40	1600.46	1882.17	2340.94	2642.65
西藏	402.10	567.07	651.86	457.44	381.20
陕西	508.01	590.17	647.72	707.12	584.71
甘肃	760.00	865.34	722.96	819.10	912.49
青海	388.26	446.61	413.66	203.62	226.66
宁夏	200.60	200.45	179.01	141.27	139.14
新疆	332.32	1872.55	501.87	629.61	636.22
全国	19681.35	22706.78	23350.15	23452.33	25883
广西占全国比重	3.68%	3.54%	3.48%	4.52%	4.78%

数据来源：Wind数据库。

（三）物流产业规模逐步提升

1990—2020年广西物流业增加值[①]规模进行动态分析，广西物流业增加值稳步增长，物流业年平均增加值由"十二五"期间的685.66亿元，增长到"十三五"期

---

① 由于统计局未统计专门的物流业增加值，因此本文以交通运输、仓储及邮电通信业的指标来代替。

间的908.81亿元。从增速分析，2015—2020年期间广西物流业增加值同比增速并不稳定，2017年增长最快，增速达到了11.69%。

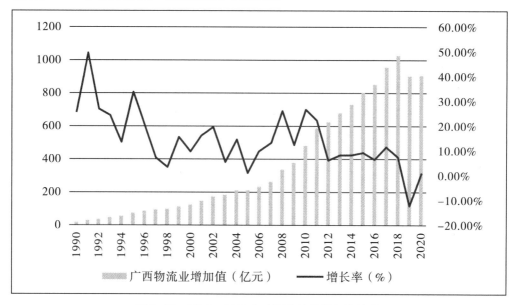

图4-47　1990—2020年广西物流业增加值情况

数据来源：Wind数据库。

对广西物流业增加值占地区生产总值比重动态分析，2015—2020年广西物流业增加值占地区生产总值比重保持在4.6%左右，2018年达到最大值5.2%后开始下滑，2020年广西物流业增加值占地区生产总值的比重达到了4.1%，比2016年降低了0.6个百分点。

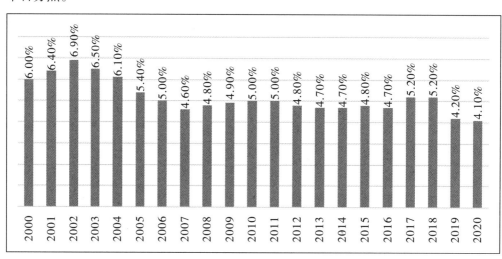

图4-48　2000—2020年广西物流业增加值占地区生产总值比重

（四）商品货运量增长明显

1990年以来，广西公路货运长期占主导地位，占全区货运量比重保持在69%以上，水路运输于2008年后超过铁路运输，并保持长期高于铁路运输的态势。从广西货运量结构的变化看，公路运输是广西物流运输最主要的方式，水运运输逐渐成为广西物流运输的重要方式，铁路运输在广西物流运输的作用逐渐下降。

表4-34 1990—2020年全国和广西货运量结构

年份	全国公路货运量占比（%）	全国铁路货运量占比（%）	全国水运货运量占比（%）	广西公路货运量占比（%）	广西铁路货运量占比（%）	广西水运货运量占比（%）
1990	74.60	15.52	8.25	78.49	14.86	6.66
1991	74.45	15.51	8.46	77.37	14.94	7.68
1992	74.67	15.07	8.84	75.07	16.01	8.92
1993	75.30	14.59	8.78	78.64	13.56	7.80
1994	75.81	13.83	9.07	76.47	14.82	8.71
1995	76.15	13.44	9.17	79.36	13.06	7.58
1996	75.77	13.17	9.81	78.94	14.41	6.65
1997	76.40	13.47	8.87	79.99	14.07	5.94
1998	77.01	12.96	8.64	80.58	13.66	5.76
1999	76.60	12.96	8.86	80.89	12.82	6.30
2000	76.46	13.14	9.01	79.33	14.23	6.44
2001	75.35	13.78	9.46	79.20	14.05	6.75
2002	75.25	13.82	9.56	78.99	13.14	7.87
2003	74.14	14.33	10.10	76.65	14.55	8.80
2004	72.96	14.59	10.98	74.88	15.17	9.95
2005	72.06	14.46	11.80	72.88	14.97	12.14
2006	71.98	14.15	12.21	71.00	16.10	12.91
2007	72.04	13.81	12.36	69.98	16.28	13.75
2008	74.12	12.78	11.39	78.06	9.67	12.27
2009	75.32	11.80	11.29	80.20	9.49	10.31
2010	75.52	11.24	11.69	81.01	7.87	11.11
2011	76.28	10.64	11.52	83.41	4.97	11.62

续表

年份	全国公路货运量占比（%）	全国铁路货运量占比（%）	全国水运货运量占比（%）	广西公路货运量占比（%）	广西铁路货运量占比（%）	广西水运货运量占比（%）
2012	77.78	9.52	11.19	83.74	4.24	12.02
2013	75.06	9.68	13.66	82.49	4.58	12.93
2014	75.97	8.69	13.64	82.40	4.10	13.50
2015	75.43	8.04	14.69	79.61	3.86	16.53
2016	76.17	7.60	14.55	79.78	3.67	16.56
2017	76.73	7.68	13.90	79.94	3.80	16.26
2018	76.79	7.81	13.64	80.45	3.75	15.80
2019	72.88	9.31	15.85	77.99	4.59	17.42
2020	72.45	9.63	16.10	77.53	4.94	17.53

数据来源：Wind数据库。

在货物运输方面，广西以多式联运为重点，以基础设施立体互联为基础，努力推动形成"宜铁则铁、宜公则公、宜水则水、宜空则空"的运输局面，发展绿色运输，推进大宗货物及中长途货物"公转铁""公转水"，优化运输结构。表4-35的数据显示，广西货运总量从2016年的160761万吨增长到2020年的187444万吨，增长了26683万吨，年均增长3.91%，2020年占全国比重达到3.96%。从规模来看，2020年，广西货运量超过西部陆海新通道沿线所有省区市。

表4-35　2016—2020年西部陆海新通道货运量

（单位：万吨）

项目	2016年	2017年	2018年	2019年	2020年
内蒙古	186726	213318	232525	188450	170547
广西	160761	174642	190652	183036	187444
海南	21786	21351	22040	18456	20670
重庆	107966	115536	128491	112970	121692
四川	160970	172922	187385	177283	171896
贵州	89526	96242	102537	83402	86444
云南	115505	129298	140670	122727	121058
西藏	1971	2203	2433	4025	4091

续表

项目	2016年	2017年	2018年	2019年	2020年
陕西	149046	163079	173245	154749	165260
甘肃	60661	66204	70386	63610	67239
青海	16881	17923	18905	15057	14291
宁夏	43260	38187	38916	42511	42850
新疆	71961	84395	97498	84423	57814
全国	4386763	4804850	5152732	4713624	4735564
广西占全国比重	3.66%	3.63%	3.70%	3.88%	3.96%

数据来源：Wind数据库。

从公路货运量看，表4-36数据显示，广西公路货运量总量从2016年的128247万吨增长到2020年的145323万吨，增加17076万吨，年均增长3.17%，2020年占全国比重为4.24%。在西部陆海新通道沿线省区市中，2020年广西公路货运量高于内蒙古、海南、重庆、贵州、云南、西藏、陕西、甘肃、青海、宁夏、新疆，仅仅低于四川省。

表4-36　2016—2020年西部陆海新通道公路货运量

（单位：万吨）

项目	2016年	2017年	2018年	2019年	2020年
内蒙古	130613	147483	160018	110874	109002
广西	128247	139602	153389	142751	145323
海南	10879	11223	12052	6770	6853
重庆	89390	95019	107064	89965	99679
四川	146046	158190	173324	162668	157598
贵州	82237	89298	95354	76205	79412
云南	109487	124064	135321	117145	115620
西藏	1906	2148	2363	3969	4039
陕西	113363	123721	130823	109801	116057
甘肃	54761	60117	64271	58228	61272
青海	14047	14871	15685	11722	10835
宁夏	37421	31659	31757	34360	34216

续表

项目	2016年	2017年	2018年	2019年	2020年
新疆	65139	74760	85029	69290	40305
全国	3363404	3679517	3956871	3435480	3426413
广西占全国比重	3.81%	3.79%	3.88%	4.16%	4.24%

数据来源：Wind数据库。

从铁路货运量看，表4-37数据显示，广西铁路货运量从2016年的5898万吨增长到2020年的9269万吨，增加3371万吨，年均增长11.96%，2020年占全国比重为2.08%。2020年广西铁路货运量超过海南、重庆、四川、贵州、云南、西藏、甘肃、青海、宁夏等西部陆海新通道沿线省区市，仅次于内蒙古、陕西和新疆。

表4-37　2016—2020年西部陆海新通道铁路货运量

（单位：万吨）

项目	2016年	2017年	2018年	2019年	2020年
内蒙古	56113	65835	72506	77576	61545
广西	5898	6634	7140	8405	9269
海南	793	963	1068	1133	1135
重庆	1928	2012	1967	1911	2194
四川	6794	6982	7199	7718	7771
贵州	5635	5279	5513	5523	5801
云南	5372	4568	4661	4886	4919
西藏	65	56	70	55	52
陕西	35459	39162	42245	44751	49056
甘肃	5866	6052	6087	5366	5966
青海	2834	3052	3220	3335	3456
宁夏	5839	6528	7159	8151	8634
新疆	6822	9635	12469	15133	17509
全国	333186	368865	402631	438904	445761
广西占全国比重	1.77%	1.80%	1.77%	1.91%	2.08%

数据来源：Wind数据库。

从水路货运量看，表4-38数据显示，广西水路货运量从2016年的26615万吨增长到2020年的32852万吨，增加了6237万吨，年均增长5.40%，2020年占全国水路货运量的4.31%。2020年广西水路货运量居西部陆海新通道沿线省区市之首。

表4-38　2016—2020年西部陆海新通道水路货运量

（单位：万吨）

项目	2016年	2017年	2018年	2019年	2020年
内蒙古	0	0	0	0	0
广西	26615	28405	30123	31881	32852
海南	10113	9165	8921	10552	12682
重庆	16648	18506	19460	21094	19819
四川	8131	7750	6862	6896	6527
贵州	1654	1665	1670	1674	1231
云南	646	666	687	696	519
西藏	0	0	0	0	0
陕西	224	196	177	197	147
甘肃	34	35	28	16	1
青海	0	0	0	0	0
宁夏	0	0	0	0	0
新疆	0	0	0	0	0
全国	638238	667846	702684	747226	761630
广西占全国比重	4.17%	4.25%	4.29%	4.27%	4.31%

数据来源：Wind数据库。

二、存在问题

产业发展离不开交通物流基础设施的支撑，目前广西的交通物流基础设施水平仍然落后，还未构建多式联运的综合运输体系。

（一）物流通道互联不互通

目前广西仍存在对接粤港澳大湾区通道瓶颈突出，西部陆海新通道西线铁路通道未打通，北上铁路通道质量不高。在西部地区，广西的公路网络仅排名第七，在全国排名靠后，处于中下游水平。北部湾港江海联运的水运体系未形成，目前物流成本仍然偏高，港口仓储条件、装卸运输条件、船期等都并不能满足企业的要求。内河航道过船设施能力不足，阻航碍航设施依然存在。广西民航机场旅客联程运输、货物多式联运水平不高，枢纽集疏运体系有待完善。跨境运输通关便利化水平有待提高。从物流业固定资产投资规模来看，2020年，四川和广东的物流业固定资产投资额分别达到了5673.69亿元、4535.07亿元，分别是广西的1.71倍和1.31倍。

2020年，广西物流业固定资产投资规模低于西南地区大多数省份，仅超过贵州和重庆927.63亿元和672.87亿元。

表4-39   2003—2020年广西与部分省市物流业固定资产投资规模

（单位：亿元）

年份	广东	广西	重庆	四川	贵州	云南
2003	72.36	28.14	7.54	40.10	8.41	15.62
2004	581.84	162.92	169.63	263.64	134.22	209.14
2005	628.60	186.24	221.03	227.63	127.78	335.19
2006	751.73	203.75	250.86	314.16	161.86	398.38
2007	773.28	280.10	334.13	352.84	176.82	396.72
2008	1002.20	380.70	428.40	572.10	245.70	344.80
2009	1444.00	537.63	613.10	1089.09	373.29	542.18
2010	1636.90	759.90	604.30	1358.90	489.20	933.60
2011	1663.12	755.02	712.28	1716.05	566.74	904.01
2012	1710.78	904.38	834.57	2052.24	739.49	780.55
2013	2425.24	1097.83	1010.11	2096.61	1003.72	1112.74
2014	2589.86	1275.64	1200.04	2934.76	1319.85	1513.49
2015	3037.61	1509.05	1433.80	3074.38	1588.86	1809.30
2016	3032.32	1823.95	1628.87	3704.34	1779.92	2560.50
2017	3759.60	1981.59	1954.61	4466.96	2334.31	3718.24
2018	3666.36	2357.10	2173.52	5234.38	2587.35	4221.32
2019	4097.68	2696.11	2294.25	5610.74	2288.10	4866.97
2020	4535.07	3312.27	2639.40	5673.69	2384.64	5065.98

数据来源：Wind数据库。

（二）物流规模偏小

广西物流产业增加值从2016年的737.2亿元增长到2020年的908.8亿元，年均增长5.37%，占全国比重一直保持在21%左右。由表4-40可知，从规模来看，2020年，广西物流产业增加值分别比四川、云南、内蒙古和陕西少563.5亿元、201亿元、254.3亿元和166.4亿元。

表4-40　2016—2020年西部陆海新通道物流产业增加值

（单位：亿元）

项目	2016年	2017年	2018年	2019年	2020年
内蒙古	976.5	1074.2	1130.1	1202.7	1163.1
广西	737.2	804.6	867.1	902.0	908.8
海南	188.9	213.9	224.2	256.0	244.1
重庆	777.2	828.0	899.4	977.1	952.9
四川	1118.8	1205.9	1401.7	1473.1	1472.3
贵州	503.3	576.3	655.3	709.9	725.4
云南	740.2	888.1	1041.2	1101.1	1109.8
西藏	37.5	42.0	47.7	47.8	46.0
陕西	879.4	959.1	1033.6	1106.3	1075.2
甘肃	343.7	378.3	407.2	438.4	420.2
青海	107.5	118.3	123.2	123.2	120.2
宁夏	187.4	182.8	170.1	177.7	167.3
新疆	461.6	554.4	730.1	751.1	613.4
全国	33028.7	37121.9	40337.3	42466.3	41561.7
广西占全国比重	21.4%	21.1%	21.6%	21.8%	21.7%

注：经课题组整理，其中，物流产业增加值以交通运输、仓储和邮政业增加值来衡量。

从物流产业增加值占生产总值比重来看，2020年广西为4.1%，高于全国平均水平，但分别比海南、云南、甘肃、内蒙古、新疆、宁夏、陕西的数值低，比重庆、四川、贵州、青海、西藏的数值高。总体来看，广西处于中等水平。

表4-41　2016—2020年西部陆海新通道物流产业增加值占生产总值比重

（单位：%）

地区	2016年	2017年	2018年	2019年	2020年
内蒙古	7.08	7.21	7	6.99	6.7
广西	4.67	5.16	5.24	4.25	4.1
海南	4.62	4.76	4.57	4.8	4.41
重庆	4.31	4.13	4.17	4.14	3.81
四川	3.38	3.18	3.27	3.18	3.03

续表

地区	2016年	2017年	2018年	2019年	2020年
贵州	4.27	4.24	4.27	4.23	4.07
云南	4.52	4.8	4.99	4.74	4.53
西藏	3.2	3.11	3.08	2.82	2.42
陕西	4.62	4.47	4.32	4.29	4.11
甘肃	4.98	5.16	5.02	5.03	4.66
青海	4.76	4.8	4.48	4.19	4
宁夏	6.74	5.71	4.85	4.74	4.27
新疆	4.79	4.97	5.7	5.52	4.45
全国	4.43	4.46	4.39	4.3	4.09

数据来源：Wind数据库。

（三）物流成本仍然偏高

广西物流成本偏高，制约了现代物流业的发展。相关统计数据显示，2019年广西全区社会物流总费用3213.1亿元，全区社会物流总费用占地区生产总值比重为15.1%，高于全国平均水平（14.7%）0.4个百分点。

（四）物流企业实力偏弱

从物流市场主体数量看，截至2020年末，全区5A级物流企业5家，A级以上物流企业83家。与全国相比，3A级及以上物流企业中广西企业数量占全国比例不到1%，广西资质高的物流企业数量不多。总体来看，广西物流企业大部分是综合实力较弱且规模偏小的中小物流企业，这些中小物流企业往往只能够为客户提供运输、仓储和报关等传统服务，而能够为客户提供供应链管理设计、物流方案定制化设计、物流信息服务等高层次物流服务的企业相对较少。

（五）物流软环境仍有待提升

在当前互联网信息时代中，广西的物流信息化建设水平相对较为落后。广西在开发和应用行业物流软件方面滞后，导致企业货物运输期间难以根据物流信息进行实时跟踪调查，也难以提供存货控制和条码应用等服务。滞后的物流软环境建设，极大地制约了广西物流行业的高质量发展。

（六）高素质物流人才匮乏

广西物流从业人员在学历结构、职称结构和技术等级结构等方面均与发达城市存在较大差距。广西物流与采购联合统计数据显示，2019年，广西物流行业中共有130万名就业人员，但其中专业的物流从业人员占比不足5%。物流人力资源后期培养力度不够，物流企业只重视现有人力资源的使用，对人才培训的重视和投入不够。物流人力资源培养水平较低，以物流科技创新和知识型物流人才为核心的教育体系尚未形成，在学校教育方面和职业培训方面，都不能很好地满足物流企业对物流人才的需求。学校的物流专业课程和人才培养由于教学制度的制约，导致物流从业人员技术水平有限而且出现参差不齐的局面。还有由于粤港澳大湾区的虹吸效应，优秀的物流人才流失严重，导致广西现代物流业人才缺乏。

第八节　环境

"十三五"以来，广西党委、政府高度重视优化营商环境工作，全区上下以强有力的举措开展优化营商环境大行动，各项目标圆满完成，整体营商环境大幅提升，市场化法治化国际化的营商环境加快形成，为工业绿色高质量发展提供了坚强保障。

一、全区的营商环境发展现状

2018年开始，广西相继出台了深化营商环境综合改革行动方案及相关政策文件，建立起优化营商环境的长效机制，印发优化营商环境考评办法，制定优化营商环境全过程监管机制，开展优化营商环境的多项专项行动，广西优化营商环境工作不断取得新成效。

（一）形成了优化营商环境的政策文件体系

2018年，广西全区开展优化营商环境大行动，出台实施了优化营商环境"1+14"系列文件，即《关于进一步深化改革创新优化营商环境的若干意见》及14个配套文件。这些政策文件聚焦广西营商环境最迫切、最急需解决的问题，按照可操作、可量化、可考核的要求，形成若干条政策措施。2019年2月，又出台了广西优化营商环境重点指标百日攻坚行动"1+7"系列文件，即《广西优化营商环境重点指标百日攻坚行动方案》，以及围绕国务院第五次大督查关注的企业开办、工程建设项目报建、不动产登记、获得电力、获得信贷以及用水、用气报装等营商环境7项重点指标的攻坚任务形成的7个文件。

表4-42　广西优化营商环境"1+14"系列政策文件统计表

序号	文号	文件名称
1	桂发〔2018〕10号	《关于进一步深化改革创新优化营商环境的若干意见》
2	桂政发〔2018〕18号	《进一步深化广西电力体制改革的若干措施》
3	桂办发〔2018〕23号	《关于构建新型政商关系做好亲商安商工作的意见》
4	桂政发〔2018〕26号	《关于实行重大项目建设"五个优化"的若干措施》
5	桂政发〔2018〕27号	《关于实行投资项目审批"五个简化"的若干措施》
6	桂政发〔2018〕28号	《关于推进"一事通办"改革的若干措施》
7	桂政发〔2018〕49号	《关于优化市场环境的若干措施》
8	桂政发〔2018〕48号	《关于改进安全质量认证和生产许可的若干措施》
9	桂政发〔2018〕50号	《进一步减轻企业税费负担的若干措施》
10	桂政发〔2018〕51号	《关于推进办税便利化的若干措施》
11	桂政发〔2018〕52号	《关于加强人力资源社会保障服务的若干措施》
12	桂政发〔2018〕53号	《关于推行"354560"改革提升服务企业效能的若干措施》
13	桂政发〔2018〕54号	《关于优化土地要素供给的若干措施》
14	桂政发〔2018〕55号	《关于加大金融支持实体经济发展的若干措施》
15	桂政发〔2018〕56号	《关于优化通关环境畅通南向通道的若干措施》

（二）政务服务便民化程度显著提升

推进政务服务只进"一扇门"。以企业和群众办事"只进一扇门"为目标，大力推进行政许可、行政征收、行政给付、行政确认、行政裁决、行政奖励、其他行政权力、公共服务等8类依申请政务服务事项集中办理，推动服务事项进驻大厅到位、审批授权窗口到位、电子监察到位，实现企业和群众办事从跑多个部门"多扇门"向只跑政务大厅"一扇门"转变。推行"一窗受理、集成服务"模式。在投资项目审批、商事登记、不动产登记等领域推行"一窗受理、集成服务"模式，实现由"办一证"跑"一窗"向"办一事"跑"一窗"的根本性转变。以办理不动产登记为例，原来需要在不动产登记、房产交易管理等部门之间来回跑，实行"一窗受理"后，实现测绘成果、房屋楼盘表、交易网签合同备案信息、不动产登记信息实时共享，一般登记业务从原来15个工作日压缩到网上预审通过后1个小时内办结，抵押登记从原来10个工作日压缩到网上预审通过后30分钟内办结。推进"一事通办"。全区共取消、下放和调整230项行政许可事项，形成"39证合一"改革新模式。广西从单一部门即可办结的事项入手，编制发布自治区、市、县、乡四级"一次性告知""最多跑一次""一次不用跑"3张清单。对纳入清单的事项,要求严格按照清单标准优化办事流程,减环节、减材料、减时限,承诺办结时限平均压缩至法定办结时限一半以上。目前,自治区、市、县、乡四级单一部门办理的事项"最多跑一次"实现率分别达98.74%、98.72%、98.53%和97.74%,取消证明材料2270项。

(三)行政审批效能改革见实效

健全"并联审批",实现"部门协同"。例如南宁市通过梳理建设项目从立项到取得施工许可证全流程相关清单,开设建设项目一站式服务窗口,指导项目业主按照计划表开展项目审批工作,核准类、审批类、备案类项目承诺办理时间分别压缩到51天、53天、48天,审批用时最大减少82%;玉林市按照"并联办理、闭环运行、限时办结"的要求,创新部门"圆桌"会议集体商议、工作人员无偿代办、审批人员上门服务等工作机制,变企业群众"来回跑"为政府部门"协同办"。探索"三级联审",实现"上下协同"。以自治区自然资源厅为试点单位,自主研发并建立了"统一审批系统、统一数据平台、统一审查流程、统一审查标准"的建设用地审查报批系统,建立自治区、设区市、县三级联动审查机制,通过界定各级职责、统一会审岗位、规范报件内容和审查标准、严格落实"一次性告知"和"一次性补正"制度,实现跨层级网上多岗同步审查。实行"三级联审"制度后,全区用地审批报件一次通过率由原来不足20%提升至65%,用地审批平均缩减5个工作日。

(四)政务服务信息化水平不断提升

推进政务云平台建设。按照统一标准、整合资源、优化业务流程、共享网络服务工作思路,广西高起点、高标准、高质量地推进政务云平台建设。政务云通过临时使用现有政务外网安全防护体系,可以面向自治区各部门提供云服务,并承载业务。目前,广西正积极推动各政府部门非密专网向政务外网迁移整合,以及各政府部门非密业务应用系统上云迁移部署工作。打造数字政务一体化平台。通过建立广西数字政务一体化平台,将原来分散在各厅局委办的135套办事系统整合,推进全区跨地区、跨部门、跨层级业务的协同办理,以及政务数据的汇聚和共享,努力实现"让数据多跑腿,群众少跑路"。截至2019年底,系统部署已经基本完成,并提前完成了与国家平台对接的第一阶段任务,成为全国非试点23个省份中第二个完成任务的省份,位居西部省份第1名,比原定计划提前了6个月。通过开展数据政务"聚通用"攻坚战,17个自治区部门350个政务服务事项的业务系统实现连通。自治区市场监管局依托广西数字一体化平台建设企业注销"一网通"服务专区。数据共享交换平台不断升级。广西建立了数据共享交换网站,进一步完善了人口、法人单位、公共信用、空间地理、电子证照五大基础信息资源库。截至2019年底,已汇聚人口数据5874万条、法人数据83万条、社会信用数据3502万条、地理空间数据1473万条、电子证照2700多万条，同时健全了"一数一源"的数据更新维护机制，逐步实现跨层级、跨地域、跨系统、跨业务的数据调度能力。建立网上"中介超市"。推进全区统一的网上"中介超市"建设，对中介服务机构实行"统一服务承诺时间、统一服务合理收费、统一服务质量要求、统一服务评价标准"的"四个统一"管理机制。截至2020年12月底，梧州、贵港、玉林、北海、河池、来宾6个市建成网上中介超市，已成交中介服务费用226万元，资金节省率达4.3%。

二、存在问题

（一）行政审批改革不够深入

目前，广西各市、县按照百日攻坚要求实现7项营商环境重点指标一窗办理，由于行政审批工作中横向、纵向衔接不紧凑，审批事项动态调整不及时，导致行政审批"一事通办"实现水平仍较低。重点领域"一事通办"改革相对滞后，一方面有些地市由于尚未开通并联审批信息系统，部分业务无法在前台窗口快速办结，仍需部门在后台进行独立审批。另一方面，有些地市虽然成立了审批综合窗口，或者推出网上办理功能，但只是在物理空间层面实现了"一窗受理"，不少部门数据在一定程度上仍无法共享，无法满足企业对"一网通办"的需求。

（二）政务基础能力仍需提升

广西一体化网上政务服务平台作为全区统一政务一体化平台，其设计存在一定缺陷，该平台虽然与政务服务通用软件系统连接，政务窗口人员能线上受理，但没有给受理部门、业务科室提供线上接口，在没有科室、局领导把关的情况下窗口人员无法全权决定审批事项，除第一步对申请材料能实现网上提交、受理审核外，其余步骤仍需按照原来方法开展，目前尚无法真正实现网上办理。如企业全程电子化登记管理系统易用性不高，企业全程电子化登记实施以来，很多企业表示系统难以操作，而很多企业的相关电脑知识较弱，这造成在一些小问题上耗费大量的时间。"信息孤岛"尚未完全打破，区市之间、各部门间业务协同和信息共享机制尚未全面建立，难以满足"一网通办"要求，市平台与国垂系统、区建系统尚未实现直连，重复提交材料和办事难、办事繁等现象依然存在。政府部门和企业之间的数据对接渠道不畅通，特别是银行、电力等企业还无法共享政府部门的信息数据，一定程度上影响了服务效率。部分系统过多，仍未实现有机整合。目前国家、自治区的有关业务部门基本建立了本部门的业务系统，一些业务系统需使用内网整合数据，一些业务系统需使用外网整合数据，极大地影响了数据业务信息整合速度，导致数据共享滞后。

（三）部分政策监管难

目前，国家和自治区出台了一系列简政放权、放管结合和优化服务改革等政策，但广西部分优化营商环境的政策配套细则和管理办法仍不完善，地方存在监管困难。传统监管模式有待改进。部分基层部门仍习惯于传统的"以批代管、以费代管、以罚代管"的审批监管模式，不同程度存在制定事中事后监管措施难、监管任务重、监管队伍少、监管手段单一等问题。目前监管方式手段更多侧重事前把关，多围绕事前的审批而设定，无法满足事中事后监管的动态性、全面性、专业性要求，事中事后监管不精细、不及时。

（四）基层政务服务保障能力有待提升

随着"放管服"改革的深入，一些部门按照国家及自治区的相关要求落实简政放权，将业务下放到下一级部门办理，但承接部门又因人员编制少、专业人员配备少、业务培训不够等因素影响，存在接不住、接不好、管理不到位的问题。尤其是下放事务涉及领域新、内容多、要求高、标准严，窗口公务人员及部分基层执法人员数量配备不足，特别是面临人员年龄老化、业务知识不够全面等问题，出现工作量剧增与窗口公务人员配置少的突出矛盾，难以保障基层的政务服务水平。

第五章　国内部分省份推进工业绿色高质量发展经验启示

自2005年时任浙江省委书记的习近平在浙江省安吉县首次提出"绿水青山就是金山银山"科学论断以来，各地经过十几年的实践，积极探索经济发展与环境保护、经济效益和生态效益的双赢之路，涌现出一批成功案例和经验推广，借鉴"他山之石"可以为广西推进工业绿色高质量发展拓思路、促提升。

第一节　国内部分省份推进工业绿色高质量发展做法

一、浙江省

（一）创新驱动释放绿色活力

创新是引领绿色发展的第一内在动力。2021年浙江省全社会研究与试验发展（R&D）经费支出占地区生产总值比重为2.9%，科技进步贡献率达到66%。高新技术产业增加值比上年增长14.0%，占规模以上工业增加值的比重达到62.6%，比上年增加了3个百分点。高技术产业、战略性新兴产业增加值分别比上年增长17.1%、17.0%。"互联网+"、生命健康和新材料三大科创高地建设成效显著，"产学研用金、才政介美云"十联动①的创新创业生态系统加速构建，基本建成创新型省份。

自主创新能力进一步提升。高水平推进国家自主创新示范区、杭州城西科创大走廊等建设，布局建设省实验室及各类重大科创平台，打造全球先进制造业基地的创新策源中枢。大力培育高新技术企业和科技型中小企业，推动规模以上工业企业研发机构全覆盖，支持龙头企业牵头组建创新联合体、省实验室、制造业创新中心等重大科创平台。2021年全省拥有省级重点实验室9家，国家重点实验室15家。国

---

①　指产业、学术界、科研、成果转化、金融、人才、政策、中介、环境、服务等十方面因素融合提升、协同创新的一个生态系统。

家级企业技术中心138家（含分中心），累计有效高新技术企业28581家，科技型中小企业86597家。全年专利授权量46.5万件，其中发明专利授权量5.7万件，比上年增长13.8%。全年技术攻关取得进口替代成果101项，19项成果获国家科学技术奖。集中龙头企业、高校、科研院所等优势力量组建了10家省级创新联合体。

建设全球人才蓄水池。深化实施"鲲鹏行动"、青年英才和万名博士集聚行动，为人才提供全生命周期、全过程优质服务。大力实施新时代工匠培育工程和"金蓝领"职业技能提升行动，培育更多浙江工匠。持续推进"万人计划"，引进培育一批急需科技人才。推进新生代企业家"双传承"制度，培养新一代浙商企业家。加快建设工程师协同创新中心，大力实施海外工程师引进计划。打造人才飞地，不求所在、但求所用。

（二）利用"互联网+"推动传统制造业转型升级

2013年以来浙江实施"四换三名"工程，加快推进"腾笼换鸟""机器换人""空间换地""电商换市"，着力培育知名企业、知名品牌、知名企业家，加快淘汰落后产能，全省产业结构朝着"高端、智能、绿色、低碳"方向发展。建立工业项目决策咨询服务机制，凡是环保、能耗等达不到标准的项目一律拒绝。实施标准强省、质量强省、品牌强省战略，2021年度共有295个产品入选"浙江制造精品"。全年新增"浙江制造"标准627个，累计2606个。

专栏5-1　浙江"四换三名"工程

"四换三名"工程，即全面推进腾笼换鸟、机器换人、空间换地、电商换市和培育名企名品名家。

推进"腾笼换鸟"：深化资源要素市场化改革，加快产业梯度转移和淘汰落后产能，为战略性新兴产业和高新技术产业腾出发展空间。

推进"机器换人"：加强企业技术改造，利用先进装备替代低端劳动力。每年组织实施100个示范项目和10个区域性行业试点示范。

推进"空间换地"：推进土地节约集约利用，不断提高单位土地、能源、环境容量等要素产出率。

推进"电商换市"：大力发展电子商务，建立全方位的浙货网络销售体系。

实施"三名"（知名企业、知名品牌、知名企业家）工程：创建一批总部型企业、品牌型企业、协同制造型龙头企业、绿色与安全制造型企业、高新技术型上市企业，全面实施标准强省、质量强省、品牌强省战略，加快构建"浙江制造"标准体系，积极培育经营管理人才队伍、研发设计队伍和高级技工队伍。

资料来源：《中国制造2025浙江行动纲要》。

为促进传统制造业提质增效，浙江省以"中国制造2025"浙江行动、"互联网+"蓬勃发展为契机，加速新一代信息技术在传统制造业领域的运用，加快由"制造"到"智造"的转型升级发展。2021年浙江省数字经济核心产业增加值总量达到8348.27亿元，比上一年增长13.3%，占地区生产总值比重达11.4%。（1）构建了"1+N"工业互联网平台体系。即"1"个基础性平台（supET平台）和"N"个行业级、区域级、企业级平台，并推进"1"和"N"两类平台间互联互通、资源共享。全面推动工业互联网进集群、进园区、进企业，培育行业级、区域级和企业级工业互联网平台65个，接入工业设备约20万台。持续深化企业上云和深度用云，上云企业已超35万家。（2）组织实施"十百千万"智能化改造工程。实施分行业智能化技术改造、百项智能制造新模式示范应用、千项智能化技术改造项目、万企智能化技术改造诊断，加速推进十大传统制造业向数字化、绿色化、品质化、资本化和集群化方向转型。（3）实施"企业上云"三年行动计划。推动企业从资源上云逐步向设备上云、管理上云、业务上云、数据上云升级，并逐步实现深度应用工业互联网平台。助力企业加速从"制造"向"智造"转型，产业数字化发展指数居全国第一。

（三）利用国际产业合作园吸引外资

浙江省早期的国际产业园区是成立于2002年的镇海北欧工业园，那是国内第一个北欧园区、第一个由外国私人发起的园区和第一个由外籍管理团队管理的园区，园区内集聚了数十家优质纯外资企业，其中80%来自北欧国家，是浙江国际合作的一张重要名片。2014年浙江启动国际产业合作园创建工作，国际产业合作园发展迅速，成为全省产业转型升级的重要载体。2018年12月29日，浙江省商务厅印发了《关于加快国际产业合作园发展的指导意见》（浙商务发〔2018〕152号），从总体要求、平台建设、合作模式、产业项目、保障措施等5个方面对国际产业合作园建设发展提出了具体要求。

专栏5-2　《关于加快国际产业合作园发展的指导意见》（浙商务发〔2018〕152号）

总体要求：经过3～5年的努力，全省建设20～30家开放程度高、产业结构层次高、研发创新功能强、国际交流渠道畅、综合服务效率好的国际产业合作园。

平台建设：深度研究对接合作国家生产、生活特色，落实"国际理论、国际标准、国际技术"，做好整体规划、形象设计和基础设施建设。按照"一园、一院、一基金"的模式，加强与重点国家科研院所的合作，探索建立产业发展基金，健全国际化综合服务体系，完善园区平台功能。

合作模式：积极争取参与国家层面双边经贸活动，建立完善高层互访机制和友城关系，深化与相关商协会、中介机构的合作关系，扩大园区影响力。构建灵活开放的运营开发模式，鼓励和引导包括来自合作国家的资本在内的各类社会资本参与园区建设。

产业项目：立足本省产业发展基础，高标准集聚高端产业项目。有针对性地选择合作国家和产业，实施精准招商、精准合作，力争落户一家企业、引进一批关联公司、形成一个新兴产业。同时，加强科技创新、人才培养等方面的合作，推动双方合作从具体产业项目向科技创新、项目孵化、人才培养、生产服务等方面延伸。

保障措施：积极引导政策资源向国际产业合作园集聚，强化梯队建设和考核督查，建立有进有出的国际产业合作园管理机制。

资料来源：《关于加快国际产业合作园发展的指导意见》（浙商务发〔2018〕152号）。

　　2020年，全省17个国际产业合作园实际使用外资占全省实际利用外资约9%。2021年浙江增设了9个国际产业合作园，26个山区县将逐步布局国际产业合作园，吸引优质外资项目，解决"山海"发展差距矛盾。

表5-1　2020年浙江国际产业合作园名单

序号	名　称	级别	园区发展特色
1	中意宁波生态园	国家级	以发展循环经济、低碳经济和生态环保为重点，设有新能源汽车及新材料产业基地、节能环保产业基地、通用航空产业基地、生命健康产业基地、综合产业基地和中意启迪科技城
2	中澳现代产业园（舟山）	国家级	首家以农产品为切入点，提升农产品供给侧能力为主的国际产业合作园
3	新加坡杭州科技园	省级	重点发展人工智能、软件研发、生物制药、工业设计、电子商务
4	浙江中瑞（萧山）产业合作园	省级	重点发展装备制造、信息通信、生物医药
5	温州韩国产业园	省级	汽车（整车、关键零部件）、高端装备、电子信息、时尚产业、商贸物流、生命健康产业
6	浙江中德（长兴）产业合作园	省级	以中小型德资企业为主，主要发展新能源汽车及关键零部件、智能装备制造、大健康产业和生产性服务业
7	浙江中德（嘉兴）产业合作园	省级	重点发展高端（精密）机械设备制造、汽车关键零部件制造、电子信息产品制造等先进制造业；配套发展科技研发、工业设计、科技检测等科技服务业
8	浙江中荷（嘉善）产业合作园	省级	工业智能制造、电子信息、现代农业、物流结算、创新设计、工业旅游、国际贸易、荷兰文化、地区总部
9	浙江中日（平湖）产业合作园	省级	光机电和生物医药（食品）两大新兴产业链
10	浙江中法（海盐）产业合作园	县级	核电关联、电子仪器设备、装备制造、新型建材等
11	浙江中韩（衢州）产业合作园	省级	以韩国晓星集团、LG集团为龙头，重点引进培育新能源、新材料、动力电池、电子信息、食品饮料、现代服务业等产业
12	浙江中丹（上虞）产业合作园	省级	节能环保、生物医药、食品安全、医疗服务
13	浙江中德（台州）产业合作园	省级	汽车关键零部件、高端精密机械设备、航空航天、工业服务

续表

序号	名　称	级别	园区发展特色
14	浙江中以（余杭）产业合作园	省级	引进和培育一批以色列等国先进健康医药产业中小型企业，同时逐步推进在健康医疗产业方向上的国际化合作
15	浙江中捷（宁波）产业合作园	省级	高新材料产业和高新机电产业为主导产业，以生物制药、环保技术以及水晶、啤酒等中东欧特色产品制造等为特色产业
16	浙江中韩（吴兴）产业合作园	省级	建设集化妆品检测、研发、认证、咨询、成果转化等服务于一体的专业检测中心，打造美妆产业高地
17	浙江中美（湖州）产业合作园	省级	以生物医药产业基地、新能源汽车产业基地为拓展的总体格局

资料来源：浙江省商务厅。

表5-2　2021年浙江省国际产业合作园创建培育名单

序号	名　称	所属区域
1	浙江中芬（南浔）产业合作园	湖州市（浙东北）
2	浙江中德（德清）产业合作园	湖州市（浙东北）
3	浙江中英（秀洲）产业合作园	嘉兴市（浙东北）
4	浙江中德（平湖）产业合作园	嘉兴市（浙东北）
5	浙江中英（海宁）产业合作园	嘉兴市（浙东北）
6	浙江中韩（桐乡）产业合作园	嘉兴市（浙东北）
7	浙江中日（武义）产业合作园	金华市（浙西南）
8	浙江中德（丽水）产业合作园	丽水市（浙南）
9	浙江中德（缙云）产业合作园	丽水市（浙南）

资料来源：浙江省商务厅。

（四）打造科创飞地+产业本地化发展模式

"科创飞地"孵化器是依托长三角G60科创走廊优质创新资源，突破各类束缚设立异地研发机构，解决人才和项目两大难题的重要创新。科创飞地实行"孵化在异地、产业化在本地，研发在异地、生产在本地"的两地协同创新发展模式。例如，衢州市在北京、上海、杭州、深圳等地打造科创飞地，建设产业实验室，形成了研发—中试—产业化的科技创新链条。科创飞地成为衢州吸引项目和高层次人才的"新高地"，带动经济转型发展。以设在杭州的科创飞地衢州海创园为例，入驻企业注册地在衢州，但是可享受杭州市余杭区项目、金融、人才等政策，并为高层次人才子女入学、医疗服务等方面提供便利，形成"海外—杭州—衢州""引才链"；杭州余杭区政府和衢州市政府按比例进行税收分成。再如，嘉兴市在上海建立嘉善国际创新中心，鼓励上海高科技企业入驻设立研发中心，形成"前台在上海、后台在嘉善”的沪善协同创新模式。同时，强化招商引入优质创业项目，孵化成熟后转移回嘉善进行产业化发展。目前嘉兴已经成为长三角对外开放程度较高的地区之一，有近100个国家和地区的7400多家企业投资落户，实际利用外资总量居全省前列。“科创飞地”也不局限于长三角，还能“飞”向全国、“飞”向海外。嘉善在荷兰、萧山在以色列成立了“科创飞地”，探索“海外飞地”发展新路径。

（五）优化产业发展环境

一是持续深化“最多跑一次”改革。深入实施优化营商环境“10+N”便利化行动。这里的“10”指企业开办、建筑许可、用电、用水用气、不动产登记、跨境贸易、获得信贷、纳税、执行合同、办理破产等世行营商环境评价高度关联指标；“N”指浙江走在改革前列的“企业注销、知识产权保护”等特色指标，通过系统集成、数字赋能、“一件事”办理、“证照分离”改革、优化审批权限审批流程等为市场主体提供便利化营商环境。加强长三角一体化营商环境建设，推进长三角“一网通办”。二是切实落实好企业减税降费政策。推出企业研究开发项目信息管理系统，有效解决项目信息不对称、研发项目鉴定难、企业研发费辅助账核算复杂等难题，确保高新技术企业研发费用加计扣除政策全面精准落实。三是加快建设中小企业服务中心+中小企业公共服务平台+中小企业示范服务机构“三位一体”的中小企业服务体系。

二、广东省

（一）加快推进战略性产业集群发展

2020年，广东省政府出台《关于培育发展战略性支柱产业集群和战略性新兴产业集群的意见》，重点发展新一代电子信息、绿色石化、智能家电、汽车产业、先进材料、现代轻工纺织、软件与信息服务、超高清视频显示、生物医药与健康、现代农业与食品等十大战略性支柱产业集群和半导体与集成电路、高端装备制造、智能机器人、区块链与量子信息、前沿新材料、新能源、激光与增材制造、数字创意、安全应急与环保、精密仪器设备等十大战略性新兴产业集群。2021年全省20个战略性产业集群实现增加值49069.97亿元，同比增长8.3%，增加值占全省生产总值比重约为40%，推动了广东省工业经济高质量发展。其中，10个战略性支柱产业集群实现增加值43262.03亿元，占全省生产总值比重34.8%，成为全省经济社会发展的压舱石；10个战略性新兴产业集群实现增加值5807.94亿元，同比增长16.6%，高于全省生产总值增速8.6个百分点，成为广东省新的经济增长点。

坚持制造业立省不动摇，加快构建以国内大循环为主体、国内国际双循环互相促进的战略新格局，全面推动制造业高质量发展六大工程。组织实施“强核工程”

"立柱工程""强链工程""优化布局工程""品质工程""培土工程"等六大工程，提升产业基础高级化、产业链现代化水平，加快先进制造业和现代服务业深度融合发展，深度融入全球产业链。推动"三新"（新产业、新业态、新商业模式）经济在工业领域进一步发展壮大，加快建设实体经济、科技创新、现代金融、人力资源协同发展的产业体系。

专栏5-3　广东省制造业高质量发展六大工程

强核工程：坚持创新在现代化建设全局中的核心地位，加快推动产业基础高级化发展和关键核心技术攻关，推动"卡脖子"问题成体系解决，构建完善全省制造业协同创新体系，积极融入全球制造业创新网络，打造全球重要的制造业创新聚集地。

立柱工程：瞄准国际先进标准打造先进制造业基地，构建大中小企业融通发展的企业群，培育打造十大战略性支柱产业集群和十大战略性新兴产业集群，加快推动先进制造业和现代服务业深度融合发展。

强链工程：着力抓好产业链稳链、补链、强链、控链工作，保障重点产业链稳定安全，扩大制造业设备更新和技术改造投资，推动重点产业高端化、数字化、智能化、网络化、绿色化升级发展，深度参与构建国内国际双循环新发展格局，打造制造业高水平开放合作先行地，构筑互利共赢的产业链供应链合作体系。

优化布局工程：坚持统筹谋划、分类指导、协调推进，以产业园高质量发展为抓手，打造珠三角高端制造业核心区、东西两翼沿海制造业拓展带、北部绿色制造发展区。

品质工程：加快推动全省制造业品质整体升级，提升广东制造业的标准化能力和水平，提高制造业供给质量，夯实全省质量技术基础，增强"广东制造""广东品牌"的国际竞争力和影响力。

培土工程：优化营商环境，加快建设信息、融合、创新基础设施，强化人才、土地、金融等制造要素供给，构建国内最优、国际一流制造业发展环境高地。

资料来源：《广东省制造业高质量发展"十四五"规划》。

（二）坚持创新第一动力

建设国家科技产业创新中心是中央赋予广东创新发展的总定位。广东牢牢抓住这个总定位，充分发挥市场化程度高、科技成果转化能力强的优势，聚焦产业发展、突出科技支撑、强化技术转化，积极推动科技成果转化为现实生产力，走出了一条培育技术市场和加速科技成果转化"双着力"的创新之路。2021年广东省高技术制造业增加值占规模以上工业比重达29.9%。全省建成国家级创新型产业集群17个、国家火炬特色基地27个、国家级高新技术产业化基地11个，省级创新型产业集群12个。拥有3家国家级制造业创新中心，省级制造业创新中心33家。累计培育国家级制造业单项冠军85家、国家级专精特新"小巨人"企业429家。

支持高端孵化器建设。广东省一直将孵化器建设摆在创新驱动发展的突出位置，积极引进we work、PNP（plug and play）等国际知名孵化器在广东投资建设和运营，与此同时，大力扶持力合科创（深圳清华大学研究院旗下唯一的企业化资本平台）、瀚海控股、深圳湾创业广场、太库等国内知名孵化器在粤发展，并支持孵化器在美国、以色列、日本、德国等地建立海外孵化基地，如力合科创在海外设立4个国际技术转移中心，在全球甄选高科技技术，帮助企业在产品、人才、技术、市场等方面与国际接轨。目前，评定为"国际化科技企业孵化器"项目，最高资助为100万元/项；聚焦支柱产业、特色产业和战略性新兴产业发展的专业技术领域的孵化链条的建设和发展项目，资助可达200万元/项。

委托著名孵化器运营产业园。为顺利实现科技成果落地实现产业化，广东各地市积极探索将高新技术产业园委托第三方著名孵化器运营。如力合科创集团，相继与佛山市、惠州市、东莞市建立力合佛山科技园、力合惠州创新基地、力合双清创新基地（东莞）。例如，力合惠州创新基地位于惠州市仲恺高新区（国家级高新区），园区首期开发建设面积为十三万平方米，充分依托深圳清华大学研究院及力合科创集团"产学研"深度融合的科技创新孵化体系，聚焦惠州仲恺高新区支柱产业及战略新兴产业，重点面向粤港澳大湾区高科技创业企业与国内外顶尖高校校友创新创业人才，打造国内领先的独具仲恺特色的集科技服务、股权投资、创新基地运营、科技金融、国际业务、重大产业于一体的科技创新孵化体系与产业发展服务体系。

深化与国内外创新资源合作。与科技部签署部省共同推进国家科技重大专项综合性成果转移转化试点示范框架协议。与中科院空天信息研究院、中科院苏州纳米所、中科院西安光机所等30多家国家大院大所开展项目合作。其中广东与中科院开展项目合作累计近7000项，共同设立科技产业基金8只，总规模接近30亿元。同时，推动创新国际化进程。充分利用中新（广州）知识城、中德（揭阳）金属生态城、中德（佛山）工业服务区、中以（东莞）国际科技合作产业园等国际科技合作重大平台和产学研协同创新平台，为广东产业转型升级提供强大的科技服务支撑；支持华为、美的等高科技企业在全球的创新布局，积极在欧美发达国家设立研发中心，形成全球性的研发体系，融入全球创新网络，全面提升企业全球竞争力。抓住粤港澳大湾区建设的重大机遇，把香港、澳门、广州、深圳打造成一个综合的、世界级的科技创新中心，加快广深港澳科技创新走廊建设。

（三）坚持"绿色工业"发展道路

一是加强工业节能，实施高耗能行业能耗管控。按照单位工业增加值能耗逐年下降的目标，严格把控高耗能行业的能源消耗，推广使用节能与清洁生产技术。2021年广东省单位工业增加值能耗强度约为全国工业能耗强度的一半，能源利用效率居全国前列。二是大力发展新能源产业。大力发展核能、海上风电、太阳能等优势产业，加快培育氢能、生物质能、智能电网和先进储能等新兴产业。三是推进工业污染物减排，加强污染物处理。严格环保准入调控，落实"三线一单"（生态保护红线、环境质量底线、资源利用上线和环境准入负面清单）约束；加大对工业废气、废水、固体废物等的处理，减少对环境的危害。四是大力发展绿色制造，构建现代绿色制造体系。通过开发绿色新产品、建设绿色工厂、发展绿色园区、打造绿色供应链、壮大绿色企业、强化绿色监管等措施，促进工业企业的"绿色发展"。至2021年底广东省累计创建国家级绿色工厂241家、绿色设计产品871种、绿色工业园区10个、绿色供应链管理企业41家，绿色制造示范数量居全国首位。

专栏5-4　广东加快建设现代绿色制造体系

以促进全产业链和产品全生命周期绿色发展为目的，以绿色工厂、绿色设计产品、绿色园区、绿色供应链为主要内容，支持优势企业及园区积极创建国家级绿色制造试点示范，推动全省打造绿色制造体系。支持重点行业开展绿色工厂创建，推动工厂用地集约化、生产洁净化、废物资源化、能源低碳化。推动绿色设计，支持绿色设计共性技术研究应用和绿色产品开发。打造绿色园区，加快实现园区能源梯级利用、水资源循环利用、废物交换利用、土地节约集约利用。支持重点行业企业确立可持续绿色供应链管理战略，实施绿色伙伴式供应商管理，搭建企业供应链绿色信息管理平台，带动上下游企业绿色发展。

资料来源：《广东省制造业高质量发展"十四五"规划》。

（四）强化企业上云推动工业数字化转型

制造业企业供应链上云。帮助中小工业企业提高管理水平，广东鼓励行业龙头企业建立互联网云平台，与中小企业供货商实时交换生产数据，推动生产协同进行，实现产品生产全过程的质量可视、可控。如广东美的公司建立云平台，将上下游千家企业统一接入，实现在线供应链管理和资源共享，整个库存下降90%，交货周期缩短60%。制造业企业生产设备联网，广东大力推动制造业企业的生产设备连接工业互联网。对于联网的企业，运用工业互联网采集他们的生产设备信息，并进行优化分析，帮助提高设备运行效率。如广西迪森热能公司将工业锅炉链接工业互联网，运用人工智能技术提高锅炉安全使用水平。

（五）撬动社会资本助力产业创新

2018年广东省财政出资71亿元设立创新创业基金，引导带动社会资本290多亿元，共设立58只子基金，重点投向天使创业孵化培育、新兴产业前沿科技创新、重大科技成果产业化、产业技术升级等创新创业重点领域，扶持高新技术企业做大做强。至2020年省创新创业基金认缴总规模370.07亿元，实缴总规模208.57亿元；基金已设立60只子基金和3个出资平台，已投项目380个，投资金额合计124.22亿元，其中财政出资21.20亿元。发动成立30亿元规模的大湾区绿色技术创业投资基金，为粤港澳地区绿色发展提供资金支持。2020年安排1亿元专项支持粤港澳科技合作及粤港澳联合实验室等项目，推动粤港澳三地科技合作和资源整合。完善科技信贷风险准备金体系，投入 3.323 亿元设立科技信贷风险准备金，地市风险准备金池总规模达 10.948 亿元。

（六）提高存量土地资源配置效率

推进"三旧"改造，进一步降低创新创业成本。"三旧"改造是指对旧村、旧厂、旧场进行全面改造整治，提高存量土地资源配置效率。2008 年广东在全国率先开展"三旧"改造试点工作。截至 2020 年 12 月底，全省共实施改造面积 92.60 万亩，节约土地 22.77 万亩。一是解决建设用地紧张情况；二是探索向存量要用地的方式方法；三是可以提升城市生活环境。

专栏 5-5　广东率先出台"三旧"改造管理办法

2021 年 3 月 1 日《广东省旧城镇旧厂房旧村庄改造管理办法》正式施行。该管理办法对广东的"三旧"改造所包括的几种类型以及规划、用地管理、收益分配等方面进行明确，提出"三旧"改造应当遵循政府引导、市场运作、尊重历史、分类施策、统筹规划、共建共享的原则。

"三旧"改造的类型：全面改造、微改造和混合改造。

"三旧"改造的基本依据：以国土空间规划为基本依据，不得违背国土空间规划的强制性内容，并以国土空间详细规划作为规划许可、改造实施的法定依据。

"三旧"改造用地管理：专项规划批准后应当纳入同级国土空间基础信息平台，叠加至国土空间规划"一张图"上，并将主要内容按照规定程序纳入国土空间详细规划组织实施。政府、原权利人及其他市场主体都可以作为改造主体实施"三旧"改造。国有企业、集体经济组织或者其他公有经济成分占主导地位的原权利人选择合作改造主体应当采用招标、挂牌等公开方式。

"三旧"改造用地审批：集体土地完善转用、征收审批，旧村庄集体建设用地转为国有建设用地审批，"三地"及其他用地办理转用、征收审批等类型。

资料来源：《广东省旧城镇旧厂房旧村庄改造管理办法》。

三、山东省

（一）新旧动能转换推动高质量发展

坚决淘汰落后产能。2018 年山东传统产业占工业比重约 70%，重化工业占传统产业比重约 70%，转型升级压力大，传统动能主体地位尚未根本改变。实施新旧动能转换，山东发展基础好、有优势的产业，例如钢铁、煤炭、电解铝、地炼等，恰好是产能过剩的重点淘汰对象。通过逐步提高环保、能耗、水耗、安全、质量、技术标准，加上财税、金融、价格、土地等政策，严格审批核准、严控新增融资、实施差别化水价电价等"组合拳"，依法依规倒逼落后产能加快退出。截至 2021 年底，山东省累计治理"散乱污"企业 11 万多家，化工园区由 199 个压减至 84 个，关闭退出不达标化工企业 2344 家、危化品仓储经营企业 168 家；压减焦化产能 1866 万吨，关停淘汰落后煤电机组 305 台 852.6 万千瓦。

> **专栏5-6　山东省新旧动能转换重大工程实施规划**
>
> 　　2018年山东新旧动能转换综合试验区获得国务院批复建设，成为我国唯一以新旧动能转换为主题的区域发展战略综合试验区。规划首先把去产能作为加快产业结构调整、优化存量资源配置的首要任务。明确生铁粗钢电解铝、煤炭煤电、玻璃水泥、电动车轮胎等行业是去产能的重点行业。努力发展新一代信息技术、高端装备、新能源新材料、智慧海洋、医养健康等新兴产业培育形成新动能，提升传统产业，加快发展高端化工、现代高效农业、文化创意、精品旅游、现代金融产业，改造形成新动能。

资料来源：《山东省新旧动能转换重大工程实施规划》。

　　集中培育"十强"[①]产业，建立"6个1"[②]协调推进机制。强化考核"指挥棒"，"十强"产业和"四新"（新技术、新产业、新业态、新模式）经济发展情况被纳入全省经济社会发展综合考核。2020年底，山东"四新"经济增加值达到30.2%，7个优势产业集群入选全国首批战略性新兴产业集群，数量居全国首位。建立起多层次项目体系。2018年以来，山东建立起覆盖省市县三级的多层次项目体系，以"谋划一批、储备一批、开工一批、竣工一批"的项目推进机制梯次配备。

　　（二）加大省域内要素的统筹力度

　　针对项目建设中存在的要素瓶颈制约问题，山东建立"要素跟着项目走"机制，改革传统要素分配方式，加大全省土地、能耗、污染物排放总量替代指标、水资源、资金等统筹力度，为项目落地创造良好环境和稳定预期。此外，还试行能耗指标省级收储。省级统筹指标全部实行有偿使用，除国家和省重大产业布局项目外，全部用于支持非"两高"行业项目建设，优先保障重点项目能耗指标需求，对省重大项目、省动能转换重大项目库优选项目、省"双招双引"重点签约项目等重点项目给予重点支持，并在购买能耗、煤耗指标时按照基准价格给予不低于20%的优惠。

　　（三）加强科技研发创新

　　实施关键核心技术攻关。创新是新旧动能转换的引擎，山东省每年设立超过100亿元的省级科技创新发展资金，实施关键核心技术攻关。在全国率先以规范性文件推行揭榜组阁制，面向全球公开"张榜"，重点解决制约产业发展的"卡脖子"技术。目前，已组织实施200余项省级重大科技创新项目，关键核心技术加速突破。构建"1313"四级实验室体系[③]，打造一批高能级创新平台。目前建设6家省实验

---

　　① "十强"产业包括新一代信息技术、高端装备、新能源新材料、智慧海洋、医养健康、绿色化工、现代高效农业、文化创意、精品旅游、现代金融。

　　② "6个1"是指"1名省级领导牵头、1个专班推进、1个规划引领、1个智库支持、1个联盟（协会）助力、1只（或以上）基金保障"协调推进机制。

　　③ "1313"四级实验室体系是指，建立1家国家实验室、30家左右国家重点实验室、10家左右山东省实验室、300家左右省重点实验室。

室，省级创新创业共同体发展到31家。推动青岛海洋科学与技术试点国家实验室入列国家实验室。

加快建设"政产学研金服用"创新创业共同体。围绕山东产业技术研究院这个核心，发挥济南、青岛、烟台核心作用，重点依托山东半岛国家自主创新示范区和高新区，培育30个以上省级创新创业共同体，辐射带动各地建设一批不同主体、不同模式、不同路径、不同方向的创新创业共同体，形成"1+30+N"的创新体系。鼓励多元主体参与创新创业共同体建设，探索事业单位+公司制、理事会制、会员制等多种新型运行机制。省级财政资金对省级创新创业共同体最高补助达到5000万元。积极引导各市、高新区成立创新创业共同体基金，形成省市区联动的投资体系。

释放创新人才的带动作用。推动高等学校、科研机构横向科研项目经费管理改革，鼓励采取多种形式与企业合作开展横向课题研究，科技成果转化效益可作为科研人员职称评定的重要参考。选聘优秀科技企业家到高等学校担任"产业教授"，推行产学研联合培养研究生的"双导师制"。选派科技特派员到企业共同开展科研活动。深度推进产教融合，鼓励行业龙头骨干企业联合相关高校院所共建实习实训基地。强化在岗职工技能提升，组织举办行业性职工技能竞赛，加快知识型、技能型、创新型产业工人队伍建设，为产业高质量发展提供人才支撑。

专栏5-7　山东省创新驱动发展成效

2021年全省拥有198家国家企业技术中心，国家技术创新示范企业57家，数量均居全国首位；国家发展改革委公布的第一批66个国家级战略性新兴产业集群名单中，山东有7个新兴产业集群入选，位居全国第一；工业和信息化部公布的全国六批次制造业单项冠军名单中，山东制造业单项冠军企业达109家，位居全国第一；2018年以来山东实施投资500万元以上技改项目3.8万个，投资规模居全国首位；山东正在争创的国家新型工业化产业示范基地达30家，数量位居全国第一；万人有效发明专利拥有量14.8件。山东的国家级科技企业孵化器、众创空间分别达到101家、219家。

（四）塑造良好产业生态

实施产业生态创新行动计划，推进产业链供应链优化升级。系统谋划纺织服装、智能家电、造纸、家具、酒类、肉类、食用植物油等传统优势产业链，细化完善"1张图谱+N张清单"，明确发展路径，落实落细各项任务。依托产业链联盟举办产业链对接活动，促进上下游企业在市场、技术、人才、项目、资金等方面资源共享、深度合作，打造融通发展新格局，推动产业向集群化、链条化发展。

实施补链延链强链项目。开展产业链精准招商，聚焦优势潜力、短板弱项和空白环节，开展"专精特新"企业"卡位入链、融链固链"行动，精准招引一批产业带动强、科技含量高、经济效益好的补链延链强链项目，稳固产业上下游供应配套。

培育梯次产业链关键企业。遴选培育 10 家左右支撑带动力强的集群领军企业纳入领军企业培育库，实施动态管理、重点支持，推动有条件的企业争创产业链领航型企业。支持领航型企业加快研发创新、品牌、供应链等核心能力建设，增强对产业链的牵引带动作用。

（五）大力优化营商环境

2020 年以来山东先后出台了《〈关于持续深入优化营商环境的实施意见〉配套措施》《山东省优化营商环境条例》《优化营商环境创新突破行动实施方案》《营商环境创新 2022 年行动计划》等一系列文件，加快打造市场化法治化国际化便利化一流营商环境。文件聚焦重点领域和关键环节，清理一批妨碍要素市场化配置的隐形门槛和壁垒，开展企业全生命周期集成服务改革，进一步降低企业生产经营成本，培育一批创新性引领性的示范标杆，推动改革由专项突破向系统集成升级；聚焦土地、劳动力、资本、技术、数据五大要素，加快推进要素市场化配置改革；加大对中小微企业融资支持力度，推进科技成果使用权、处置权和收益权改革，强化科技创新和人才服务支撑；应用新一代信息技术推动政务服务"一网通办"，办好群众身边的"关键小事"，打造利企惠民的便利化营商环境。截至 2021 年底，山东省依申请政务服务事项可网办率达 90% 以上，2767 个事项实现全程无人工干预秒批秒办，超过 300 类电子证照实现亮证即用，爱山东 APP 接入服务事项超过 2 万项。2021 年营商环境建设整体水平位列全国第一方阵。

四、重庆市

（一）围绕产业加强交通物流建设

重庆积极将西部陆海新通道的功能建设与中新（重庆）战略性互联互通示范项目和自由贸易区建设紧密结合，打造枢纽经济。在交通物流领域。新加坡港务物流集团、太平船务、叶水福集团、辉联集团等知名物流企业，均与重庆物流企业开展合资合作，助力重庆内陆国际物流枢纽和口岸高地建设。中新（重庆）互联互通多式联运示范项目"1+1"运营平台在重庆揭牌运营。"陆海新通道"跨境公路运输、铁海联运和国际铁路联运等运输方式相继常态化开行，并先后实现与中欧（重庆）班列的无缝衔接。在航空产业领域。"重庆—新加坡"航班由每周 5 班增至 14 班。重庆机场集团与新加坡樟宜机场集团正组建合资公司，共同管理运营江北国际机场 T2、T3 航站楼商贸、餐饮、广告等非航业务。在信息通信领域。重庆借助新加坡智慧国建设经验，共同推动两地在物联网、云计算、大数据等领域合作，并已签署《深入推进中新互联互通项目信息、通信及媒体领域的合作备忘录》。在运营组织领域。重庆积极发挥运营中心作用，联动有关省区，在通道建设区域合作机制上进行了有益探索。重庆企业已先后在新加坡、越南、香港等地设立3个"陆海新通道"国际货物集散中心，将进一步提升通道分拨效率，助力形成全球性物流网络。

（二）瞄准制造业优势精准招商

充分利用国际陆海贸易物流大通道，大力承接沿海一带加工贸易企业的"跳板式"产业转移，如在珠三角的港资加工贸易企业，借国际陆海贸易新通道在重庆投资建设工业园，重点发展箱包皮具、五金机电、玩具、珠宝、钟表等优势产业，就近就地出口；发挥西部广阔市场优势，承接沿海中小企业"抱团式"转移，如雷士照明携30多家配套企业在重庆荣昌打造了西部灯饰生产基地。瞄准高端制造业的配套需求，承接沿海零部件生产企业"增量型"转移，如引进长安汽车等国内外9家汽车制造商打造的汽车产业集群，迅速吸引了大批汽车零部件商，包括福耀汽车玻璃、攀华汽车板、正新轮胎、双钱轮胎、中铝萨帕铝型材、上海普利特车用新材料等企业的持续进驻，目前汽车行业的零部件商达到1000多家。发挥劳动力等要素成本低的优势，承接沿海劳动密集型产业"存量型"转移，如广东10多家港资钟表企业，以及其相关的配套企业集体落户垫江，从而形成了以钟表产业和精密加工制造业为核心支撑的"大精密加工"全产业链。

（三）有序承接打造特色产业链

构建"整机+配套"形成产业集群。如在对惠普招商的过程中，同时把富士康、广达、英业达等代工企业和主要下游企业一并引进，从零起步形成了亚洲最大笔记本电脑生产基地。创建"上下游一体化"产业链，如涪陵区依托东方希望精对苯二甲酸（PTA）项目，承接沿海转移企业打造下游产业链，成为西部地区唯一的PTA产业基地，年产值达50亿元。创建生产关系形成循环经济，如永川区依托理文造纸，按照生产工艺关联引进清华紫光、新格铝业和维达纸业等一批企业，其中紫光为理文提供辅助化工原料，理文为维达纸业提供生产原料，理文造纸的废碱液又作为新格再生铝的辅助原料，形成循环经济产业链。

（四）推进产融深度融合系列行动

深入推进产融合作国家试点。重庆市人民政府办公厅2017年6月出台《重庆市产融合作试点实施方案（2017—2019年）》。按照"政府引导、市场主导、产融互动、互利共赢、突出特色、重点突破"的原则，力求提升金融服务实体经济的能力和水平，实现工业贷款余额保持平稳增长，企业平均融资综合成本保持较低水平，利用债券市场融资和股权融资均实现加快增长的目标。方案设计推动以重点产业为核心的产融合作、推进金融产品及金融服务方式创新、优化财政金融有效互动模式、鼓励和引导企业用好直接融资渠道和工具等四个方面的20条工作措施，在全国率先发布了银企对接"白名单"和建立信息共享平台。

启动工业企业上市融资专项行动。重庆市经信委、市财政局、市金融办等部门联合制定出台《重庆市工业企业上市融资专项行动方案》。一是建立拟上市企业储备库。每半年确定一批重点拟培育上市企业。二是支持证券公司等中介机构进入区县、园区挖掘培育拟上市资源。市经信委、市金融办支持证券公司帮助企业引进战略投资者，帮助企业引入高端金融人才。三是实施分类培育。培育一批暂时不符合上市条件的企业对照培育进入新三板、重庆OTC（股权转让中心）挂牌。

建立银企对接清单名录库。重庆银监局、市经信委明确入库企业或项目的范围为有市场、有项目、有自主技术集成、有发展前景的企业，符合重庆市战略性新兴产业发展方向的企业，双创领域专精特新企业三类企业以及两化融合、传统产业转型升级、新型工业化示范基地等四类项目，每年对入库企业的新增贷款给予一定额度的贴息。

启动中小微企业转贷应急专项行动。重庆市中小企业局牵头负责中小微企业转贷应急专项行动，支持一批"三有一难"（有市场、有回款、有效益、资金周转暂时困难）企业使用转贷应急资金，预防企业资金链断裂风险。人行重庆营管部计划两年内小微企业应收账款融资规模突破150亿元。商业银行对信用好、前景好、产品好的中小微企业不断贷、不抽贷。积极督促重庆国企通过"企业留存收益、股票上市、私募资金、股权转让"等多个路径来补充资本，进一步降低资产负债率。

五、四川省

（一）做好顶层组织保障

2018年四川省发布《中共四川省委关于全面推动高质量发展的决定》，提出加快传统产业转型升级，积极布局发展战略性新兴产业，重点培育电子信息、装备制造、食品饮料、先进材料、能源化工等万亿级支柱产业，大力发展数字经济，推动数字经济与实体经济融合发展。同年11月，四川省委、省政府出台《关于加快构建"5+1"现代产业体系推动工业高质量发展的意见》，提出，力争通过5年努力，基本建立以五大万亿级支柱产业和数字经济为主体的"5+1"现代产业体系，基本形成"一干多支、五区协同"的区域产业发展新格局。为了更好地推进工作，四川省委统筹推动构建省领导联系指导重点产业工作机制，建立起"一位省领导、一个牵头部门、一个工作方案、一套支持政策"的推进模式。建立省领导联系指导16个重点产业领域和数字经济工作推进机制。

> **专栏5-8　四川省构建"一干多支、五区协同"的区域产业发展**
>
> 成都——聚焦建设全面体现新发展理论的国家中心城市，重点打造世界级新一代信息技术、高端装备产业集群，建设全国重要的先进制造业基地。
>
> 环成都经济圈——与成都形成产业协同配套，重点打造高端装备制造、电子信息产业集群，培育国内领先的清洁发电设备、轨道交通装备、核技术应用、医药健康、新能源、先进材料等产业集群。
>
> 川南经济区——重点打造世界级白酒产业集群，培育国内领先的食品饮料、节能环保装备、智能终端、信息安全、工程机械、轨道交通、精细化工、新材料、通用航空和航空发动机研发制造等产业集群。
>
> 川东北经济区——重点培育国内领先的绿色化工、机械汽配、绿色食品、丝纺服装、建材家居等产业集群。
>
> 攀西经济区——重点打造世界级钒钛、稀土等产业集群。
>
> 川西北生态示范区、大小凉山地区——重点发展清洁能源、民族工艺、生态经济等，充分发挥生态屏障功能。

资料来源：中共四川省委、四川省人民政府《关于加快构建"5+1"现代产业体系推动工业高质量发展的意见》。

目前"5+1"现代产业体系正逐步形成。2021年，四川电子信息产业实现营收14611.5亿元，产业规模位居中西部第一；装备制造产业实现营收8069.8亿元；食品饮料实现营收10030.2亿元；先进材料实现营收7674.2亿元；能源化工产业实现营收8556.2亿元；数字经济核心产业增加值达到4012亿元。培育国家级企业技术中心87家、国家级技术创新示范企业35家，居西部第一。

（二）抓好重点特色园区集聚发展

围绕"5+1"现代产业体系，组织培育"5+1"重点特色园区。2021年3月印发了《四川省"5+1"重点特色园区培育发展三年行动计划（2021—2023年）》，优选出西南航空港经济开发区等33个园区作为首批四川省"5+1"重点特色园区。园区突出"特色化、专业化、集约化、市场化"发展方向。从亩均营收、亩均税收、人均营收、R&D投入、单位能耗产出等5个方面入手，实施"亩均论英雄"效益评价。大规模开展规模以上工业企业效益评价，促进工业企业质量效益双提升。实施高新技术企业倍增计划、科技型中小企业壮大计划和独角兽企业培育计划。2021年，四川省获批国家级新型工业化产业示范基地26个，数量位列中西部第一、全国第三。形成了成都生物医药、绵阳电子信息、德阳重大装备、宜宾动力电池、乐山多晶硅、遂宁锂电、攀枝花钒钛等特色产业集群。

（三）强化金融、人才支持

破除金融紧缺难。2019年中共四川省委、四川省人民政府印发《关于推进"5+1"产业金融体系建设的意见》，围绕"5+1"产业发展提供金融精准支持。推进国有产权、知识产权、环境权益等交易市场建设，完善区域性股权融资平台，支持创新型、科技型、成长型企业挂牌、融资。拓展"军民融合""一带一路""科技金融""双创企业"等特色业务板块。省级工业发展专项资金引导推进"5+1"产业培育发展工作，整合用好规模超过1000亿元的省级产业投资引导基金，引导社会资本支持产业发展，切实激发要素活力。

破除人才紧缺难，也是推动四川"5+1"现代产业体系建设的核心要素。2020年底，四川省委组织部、省发展改革委、省经济和信息化厅等十部门联合印发了《加强现代产业发展人才支撑的十条措施》。同时，省经济和信息化厅紧紧围绕构建"5+1"现代产业体系对高层次人才的需求，制定了政策措施，细化工作方案，大力支持、引导企业育才、引才、聚才。

专栏5-9　四川现代产业发展人才支撑的十条措施（部分）

（1）精准引进急需紧缺人才。分类编制重点产业人才发展规划，定期开展人才需求预测，全球搜集掌握前沿科技成果、具有行业领先水平的顶尖人才和团队分布图，动态发布急需紧缺人才目录和人才地图。同时，优化省海内外高层次人才引进计划实施机制，动态调整引进人才专业结构，每年支持重点产业企业引进100名以上高层次人才和10个以上人才团队。

（2）加大产业人才培养力度。支持在川高校、院所根据现代产业发展需要，调整优化学科专业结构，为重点产业"订单式"培养急需紧缺人才，对新增重点产业和未来新兴领域急需学科专业给予资助。依托省高层次人才特殊支持计划，四川每年将遴选资助100名左右重点产业企业高层次人才。

（3）建强产业人才集聚平台。鼓励重点产业园区加强国家和省重点实验室、工程技术（研究）中心等平台建设，对新建四川省重点实验室给予50万元经费后补助，新建国家重点实验室给予1000万元经费支持，新设立的省部共建国家重点实验室在建设运行期内给予每年1000万元经费支持。对获批的四川省院士（专家）产业园给予300万元资助。

（4）加强科技成果转移转化。明确赋予科研人员职务科技成果所有权或长期使用权，鼓励高校、院所中拥有符合四川省现代产业发展方向科技成果的科研人员创办领办科技型企业。每年遴选一批科技成果转化项目和创新产品项目，给予每个项目30万元至200万元资助。

（5）优化产业人才评价机制。建立激励创新和科技成果转化的职称评审导向，将技术创新创造、成果转移转化、发明专利转化等方面取得的成绩，以及所创造的经济效益和社会效益等因素作为职称评审的重要条件。

（6）强化企业人才薪酬激励。赋予创新领军人才更大的经费支配权和技术路线决定权。支持企业对高层次人才实行年薪制、协议工资制、项目工资制等灵活分配方式，鼓励具备条件的企业开展核心骨干研发人才跟投和超额利润分享。企业人才以四川省单位为第一完成单位取得科技成果，获得国家自然科学、技术发明、科技进步奖的，按照1∶1给予配套奖励。

（7）发挥企业聚才主体作用。鼓励采取设立"人才开发券"等方式，对企业引进高层次人才投入给予补助。对于符合条件，且具有高级职称或博士研究生学历等高层次人才创办的企业或核心成果转化，在三年内实现营业收入超过5000万元、1亿元、2亿元的，综合质量效益情况，分别给予最高50万元、100万元、300万元的奖励。

（8）加大人才发展资金投入。统筹安排产业、科技等项目与人才开发培养经费，加强部门间财政人才资金统筹使用。在实施重大工程和项目时统筹安排人才开发培养经费。

（9）完善产业人才荣誉体系。将重点产业高层次人才纳入各级党委联系服务专家范围。对做出突出贡献的重点产业高层次人才，在科研项目、评先推优、培训研修、休假疗养等方面优先支持。

（10）建立健全支持保障机制。在省级重大工程、重点项目、重要平台中增加人才评估环节。建立完善容错机制，对富有开创性、探索性、失败风险高的科研项目，按照应免尽免原则宽容失败，鼓励科研人员不畏挫折、大胆创新、勇于试错。鼓励产业园区、企业为人才提供租房补贴、购房补助、购房贷款贴息等多种形式的住房资助。

资料来源：四川省《加强现代产业发展人才支撑的十条措施》。

破除大企业培育难。四川实施了"百亿强企""千亿跨越"大企业大集团提升行动，对标世界500强，培育一批主业突出、竞争力强、具有全球影响力的大企业大集团，支持企业跨国经营。实现世界500强本土企业零的突破，制造业领域世界500强企业1家，全国制造业500强15家，全国民营企业500强8家，A股上市企业达158家，营收超千亿元大企业大集团7户等。

（四）加速打造国际（地区）产业合作园区

通过打造国际（地区）合作园区，积极承接国际产业，推动产业高质量发展。2020年出台《四川省国际（地区）合作园区发展规划（2020—2023年）》，这是中西部地区首个省级层面出台针对国际合作园区的发展规划。2021年四川省有国际（地区）合作园区18个，数量居中西部第1位、全国第3位。国际产业合作园区对标国际规则优化营商环境，积极与合作国家开展科技、人才交流合作，与合作国家企业开展产能合作。通过国际产业合作园，四川积极融入全球技术创新体系。加强与合作国的联系，积极收购境外科技企业或研发机构，建设境外研发平台，加速打造国际创新孵化器，通过这些平台孵化器，参与国际科研活动，加强与国际资本、高科技项目对接。积极探索机制模式创新，包括支持探索"两国双园""多国多园"建设模式，逐步走出特定国家（地区）合作框架的限制，促进形成"一国（地区）为主、多元共生"融合发展新格局；鼓励引入外资、民营企业参与园区建设运营，依法依规在准入、投融资、服务便利化等方面给予支持；鼓励采用公共私营合作制（PPP）模式、引入境外园区管理机构等方式推进合作园区建设发展。

专栏5-10　四川省国际（地区）合作园区发展定位

（1）中法成都生态园：以"公园城市"和"智慧城市"建设为核心，打造中法经贸合作中节能减排和绿色低碳发展典范。

（2）中德创新产业合作平台（德阳、绵阳、成都蒲江）：以智能制造、精密机械、食品饮料、职业教育等为重点，打造中德创新合作"升级版"。

（3）中韩创新创业园（成都、资阳）：以人工智能、数字文创、科技服务等新经济产业和医美、现代装备制造为重点，构建新一代创新创业活力区和对韩经贸交流示范平台。

（4）新川创新科技园：重点围绕5G、人工智能、新医学，打造5G创新发展试验区、人工智能创新应用先导区、国际合作示范园区。

（5）中意文化创新产业园：连接意大利文化创意、时尚艺术、工业设计等资源，打造"一带一路"交往新平台和国际文创产业新中心。

> （6）川港合作示范园：以国际贸易、金融创新、智慧科创、教育培训、医疗服务为重点，打造川港全面合作示范园。
> （7）中法农业科技园：围绕生态农业、旅游、康养和文创产业，打造法国现代农业"样板区"和产城融合综合体。
> （8）中日（成都）地方发展合作示范区：以文创产业为主，同时围绕先进制造、信息技术和高端服务等领域，打造中日双向开放发展引领区。
> （9）海峡两岸产业合作区（成都青白江、德阳、眉山）：将充分发挥成都、德阳、眉山产业园各自优势，加强与台湾产业合作、与东部沿海地区台资企业对接，引导台商参与"一带一路"建设，打造两岸产业合作示范区。
> （10）乐山电子信息半导体产业园、遂宁欧美产业园：将围绕电子信息、汽车配件、智能制造和新能源新材料等领域，打造高端电子信息产业聚集地。
> （11）中欧（成都）智能制造合作园区：以临港智造、供应链管理服务为重点，打造"两头在外"适铁适欧临港产业聚集高地。
> （12）川港（南充）丝绸产业合作园：打造从栽桑、养蚕、缫丝、织绸、练白、印染、成衣、家纺制造到出口的一条龙丝绸产业服装全产业链。

资料来源：四川省《关于深化对外开放合作推进国际（地区）合作园区差异化建设和高质量发展的指导意见》。

（五）设立"海外贸易中心"开拓海外市场

四川省抢抓西部大开发机遇，主动融入"一带一路"建设，构建了欧洽会、中德经济论坛等与"一带一路"国家紧密合作的机制；在"一带一路"沿线9个国家和地区设立了境外商务代表，成立了4家四川"海外贸易中心"，与境外机构和商协会建立了15个合作机制，在沿线设立380个经贸网点；设立了已有英国、法国、德国等国50余家机构企业入驻的"中国—欧洲中心"。并以构建现代综合交通运输体系为重点，加快西向国际贸易经济走廊建设；采取"平台+园区""政府+机构+企业"的共享开放合作模式，将中德创新产业合作平台纳入《成渝城市群发展规划》，加快引进项目入住中法成都生态园、中意文化创新园，将四川打造成为内陆开放型经济高地。

六、江西省

（一）注重优化产业链升级发展环境

2020年4月28日，江西出台《关于实施产业链链长制的工作方案》，由11位省领导任14个重点产业链链长。14个重点产业链包括有色金属、现代家具、汽车、纺织服装、虚拟现实、生物医药、电子信息、航空、信息安全、绿色食品、钢铁等11个制造业产业链以及文化旅游、商贸物流和房地产建筑产业链。按照"一位省领导、一个牵头部门、一位厅级负责同志、一个工作方案、一套支持政策"工作模式，协力推进产业链发展。江西省委、省政府主要领导担任了有色金属和电子信息产业链链长，其他担任链长的省领导也通过专题调研、座谈会、调度会等形式研究部署产业链链长制工作。江西省产业链链长制被称为"江西经验"，得到工业和信息化部的表扬和推广。

坚持政策体系引领。关于产业链链长制工作的总体部署，江西省从2020年先后制定了《关于实施产业链链长制的工作方案》《江西省制造业产业链提升行动计划（2021—2023年）》《2021年全省产业链链长制工作要点》《江西省推动产业链链长制深入实施工作机制》等一系列重要文件，在具体操作方面制定《江西省产业关键共性技术发展指南》《江西省产业链科技创新联合体建设方案》《重点招商项目手册》等文件，并根据工作推进中遇到的新情况新问题，有针对性地印发了《关于进一步明确产业链链长制问题办理有关事项的通知》《关于加速推进产业链链长制工作的通知》等文件，进一步补充完善了产业链链长制政策体系。

坚持精准施策、重点突破。建立产业链重大问题协调会议制度，用好产业链链长制问题收集、重点企业工作专班、企业特派员等跟踪服务机制，及时发现问题，定期召开会议协调解决产业链发展问题。坚持一链一策、一企一策，既统筹解决产业链发展中的共性问题，又精准解决链主企业发展壮大中的关键难题。围绕"接断板、补短板、厚底板、锻长板"，组织开展产业基础再造、企业技术能力提升、智能制造升级、重点创新产业化升级等专项行动，以及产业链产销对接、招商对接、产融对接、技术对接、人才对接等合作活动，逐项破解产业链优化升级的制约瓶颈，进一步提升产业链稳定性和竞争力。

专栏5-11　部分省份产业链链长思路

（1）江西：省领导担任链长，按照"一位省领导、一个牵头部门（责任人）、一个工作方案、一套支持政策"的工作模式，更高效调配资源，填补链条缺口。加强"链主"企业和产业集群培育，每条细分产业链遴选确定2～3户"链主"企业，每条产业链打造2～3个重点产业集群。搭建产销对接平台，每年分行业分领域举办20场左右产供销对接活动。

（2）浙江：首家实施产业"链长制"的省份。要求各个开发区聚焦产业链，通过做好"九个一"机制（一个产业链发展规划、一套产业链发展支持政策、一个产业链发展空间平台、一批产业链龙头企业培育、一个产业链共性技术支撑平台、一支产业链专业招商队伍、一名产业链发展指导专员、一个产业链发展分工责任机制和一个产业链年度工作计划），实现"巩固、增强、创新、提升"产业链。

（3）广东：省长担任"总链长"，省领导定向联系负责20个战略性产业集群。具体机制包括全体会议抓总、省领导定向负责联系、产业集群牵头单位具体推进落实等。

（4）河北：推进新兴产业"强链、补链、延链"工程，建立产业链"链长制"，实施"一链一图、一链一制、一链一策"，培育形成若干以科技领军企业为龙头、关键核心技术自主可控、大中小企业融通发展的战略性新兴产业集群。

（5）山东：聚焦10个重点产业、35条关键产业链，每条产业链形成"1个图谱"和"N张清单"，以工程化、项目化的方法展开规划设计。政企携手"双招双引"，精准实施一批强链补链项目。

（二）注重规划引领战略性新兴产业发展

江西省注重战略性新兴产业发展，2011年制定了《推进江西战略性新兴产业超常规发展的若干意见》。积极围绕新能源、新能源汽车、航空制造、新材料、生物医药、健康食品、文化创意等新兴产业上下游重点环节，编制和修订战略性新兴产业延伸链具体规划，根据延伸链建立重大项目库，实行项目库动态管理，严格按照规划执行。2019年2月，江西出台《江西省"2+6+N"产业高质量跨越式发展行动计划（2019—2023年左右）》，计划通过五年左右的努力实现产业、集群、企业三个高质量跨越式发展目标。大力培育新兴产业链，重点打造半导体照明、中医药、通用航空、移动物联网、VR（虚拟现实）、人工智能、节能环保等高成长性、高技术含量的新兴产业链。

（三）注重利用扶持政策引导VR产业发展

江西省VR产业的从无到有、从弱到强集中体现了政策引导的重要性。早在2017年，江西省出台了《关于加快发展新经济培育新动能的意见》，明确VR产业作为江西省新经济发展的重点领域；后续出台了《关于加快虚拟现实产业发展的若干措施》等一系列政策性文件；2019年产业发展列入《江西省"2+6+N"产业高质量跨越式发展行动计划（2019—2023年左右）》。2018年南昌市印发《关于加快VR/AR产业发展的若干政策（修订版）》，其中，设立天使投资基金10亿元，专项用于VR/AR产业孵化和投资发展；母基金10亿元，另募集社会资金20亿元，设立产业投资基金30亿元，吸引企业和项目落户南昌。在教育培训方面，制定《江西省教育厅关于加快推进虚拟现实产业发展行动方案（2019—2023）》，大力开展VR教育培训、实现VR资源共享、推进VR专业建设、成立VR产业学院、创新VR课堂教学。2021年全省VR及相关行业营业收入超过600亿元，比2018年增长了近14倍。

（四）注重营造优质的产业发展环境

一是围绕打造"政策最优、成本最低、服务最好、办事最快"的"四最"营商环境目标，2016年以来江西省持续开展"万名干部入万企"行动，出台152条降成本措施，三年累计为企业减负3020亿元。二是不断深化"放管服"改革。新赋予国家级开发区和赣江新区34项省级经济管理权限，赋予乡镇（街道）首批98项县级审批服务执法权限。在全省推开延时服务，打造24小时"不打烊"政府，从接件、办理到出件实行延时服务。政务服务中心实现省市县乡四级全覆盖，村（居）便民服务代办点基本实现全覆盖。三是严格实行"以票管费"。市场主体进出更加便利。在赣江新区等5个国家级功能区开展"证照分离"改革试点，共计101项行政许可事项纳入试点范围。开通了"企业简易注销公告"功能，缩短了企业注销时限。生产许可和认证更加简便。

第二节　对广西推进工业绿色高质量发展的启示

一、政府引导和扶持是工业绿色高质量发展的前提

顶层设计是践行"两山"理念引领工业绿色高质量发展的前提。首先，要进一步解放思想，全面提高对工业绿色高质量发展重要性和战略意义的认识，形成"资源向工业配置，政策向工业倾斜，精力向工业集中"的共识，持续推进"工业强桂"战略深入实施、措施精准到位。其次，通过落实制定产业发展规划、构建产业集群产业链、培育优质骨干企业、促进两化融合发展、开展技术创新、抓项目促投资、深化改革开放、振兴县域工业、实施八大工程、提升要素支撑、人才队伍建设等方面的工作，各级政府作为责任主体，成立相应的协调机构，形成上下协同、部门联动、齐抓共管、运转高效的工业绿色高质量发展新格局。最后，要进一步健全完善区市县三级领导联点帮扶企业机制，持续推进企业精准帮扶，建立工业重大项目协调推进机制，推进重大项目建设。

二、创新赋能是推进工业绿色高质量发展的主动力

人才、资金、载体、环境和政策是影响创新驱动发展的主要因素。广东省建设高端孵化器，以孵化器运营园区，利用社会资金促进成果转换，加强国内国外创新合作，通过教育培训支撑产业发展；浙江省大力实施科创飞地，吸引海内外高层次人才和项目，带动经济转型发展。这些都是从不同的方向实施了创新驱动发展战略的成功案例。广西应加大创新资金投入，深化金融改革，为工业创新发展提供有效资金保障；创新人才招引和产学研协同发展模式，建立多层次、多梯队、适应产业发展和创新需求的人才支撑体系，促进科技成果快速转化；加快引进产业创新平台、科技企业研发中心、企业孵化器等创新载体，加快建设创新载体服务体系。

三、产业链条式发展是推进工业绿色高质量发展的关键

江西实施全产业链提升工程。以"产业链全局观"的视角谋划产业转型升级，研究全周期、全链条、全要素、全主体的产业升级保障。广西要结合汽车、机械、电子信息、高端金属新材料、绿色高端石化、高端绿色家居、生物医药等关键产业链，聚焦建链、补链、强链、延链，瞄准产业发展的龙头企业、关键技术，加强与央企和500强企业对接，主动对接粤港澳大湾区，引进一批投资强度高、产业效益高、科技含量高的项目。加快产业链向中下游延伸，推动传统产业向精深加工延

伸、价值链高端发展。加快推进制造业数字化、网络化、智能化升级，发展智能制造，实施机器换人、设备换芯、生产换线，创建一批"黑灯工厂"、"无人车间"、智能工厂、数字化车间、智能工厂示范企业，提高附加值，提升产业现代化水平。

四、制造工业精品是推进工业绿色高质量发展的助力

浙江省通过大力实施"四换三名"和"互联网+"等一系列发展行动，倒逼钢铁、煤炭、水泥、电解铝、平板玻璃、船舶等产能严重过剩行业淘汰落后产能，优化全省产业结构。"浙江制造"认证自2014年实施以来，制定完成一千多份浙江制造团体标准，颁发了一千多张浙江制造认证证书，极大促进了"浙江制造"迈向产业链高端。因此，广西要深入开展工业产品质量提升行动，打造广西精品制造。建设一批高水平检测认证中心，引导企业建立健全先进质量管理体系、企业标准体系、计量检测体系和质量信用体系，开展贯标对标工作。全面实施商标品牌强桂战略，推动老字号品牌复兴工程。着力培育一批有核心技术、市场竞争力的知名品牌、知名企业，打造一批具有较强影响力和较高美誉度的驰名、著名商标，形成品牌经济聚集效应。支持企业与国际品牌企业合作，开展商标品牌海外布局，提高品牌国际化运营能力。

五、融入全球产业链体系是推进工业绿色高质量发展的重要手段

目前我国制造业在全球产业链深度融入，但具体到各个省份，参与融入全球产业链条的程度仍存在巨大差异。浙江、四川的国际产业合作园是"引进来"和"走出去"的重要载体，是实现国内、国际"双循环"的重要抓手。因此，广西要加快升级补短板，培育新增长点、激发新动能，努力在更深层次、更高水平融入全球产业链分工体系。鼓励广西工业企业投身"一带一路"建设，加强与"一带一路"沿线国家产业链互补、供应链协同。支持广西工业企业以收购、投资等方式，在海外建设原材料供应基地、加工基地；鼓励龙头企业走进东盟，建设汽车、机械组装工厂、零部件产业园以及纺织初加工产品供应链基地。

六、高端制造业发展是推进工业绿色高质量发展的核心

广东省把制造业作为推进工业化的主战场，以制造业支撑实体经济发展，并积极培育智能终端产业制造业等优势产业，通过工业质量品牌提升行动计划，促进精细磷化工产业等传统优势产业转型升级，集约发展。四川省则高度重视先进制造业的发展，积极打造西部制造强省和"中国制造"西部高地，通过建起门类齐全、结构完善、层次清晰的工业产业体系，振兴实体经济。因此，加快推进制造业高端

化、智能化、绿色化是广西工业发展的重点方向。广西应利用新一代信息技术，对传统产业进行技术改造，推动其向新兴产业跨越、向价值链中高端迈进；重点发展高端装备及智能制造、数字产业、大健康及文旅装备制造、新能源汽车、前沿新材料、节能环保六大战略性新兴产业。

七、"制造业+互联网"发展是推进工业绿色高质量发展的必要手段

随着大数据、云计算、物联网、移动互联网为代表的新兴互联网技术加速向制造业领域融合渗透，"制造业+互联网"融合创新的新一轮产业变革已经来临，成为各地推进工业化的必经之路。如浙江省大力培育以互联网为基础的工业企业，以网络市场带动工业发展，以阿里巴巴为代表的新经济正在迅速崛起；江西大力推进VR技术和产品与智能制造快速融合。广西应抓住产业变革机遇，发展以"智能装备+智能软件+网络互联"三位一体的智能制造架构。大力推动机械、汽车、电子信息等制造业应用互联网、大数据、人工智能等新一代信息技术，促进产业智能化升级改造，在柳州、贵港、南宁、桂林等市谋划布局5G通信设备和5G手机、智能网联汽车、智能家居等产业。鼓励服装、机械等行业开展大规模定制、个性化、柔性生产等现代生产方式，增强传统制造业企业对市场的反应能力。

八、提升开放型经济发展水平是推进工业绿色高质量发展的活力所在

广西要以提升开放型经济发展水平为目标，借鉴四川融入"一带一路"建设的做法，由政府大力推动，采取各种有力措施，进一步明确开放型经济发展重点，致力构建开放型经济发展平台，提供开放型经济政策扶持，加大招商引资力度等，引导促进开放型经济加快发展。同时，四川省意识到开放型经济需要经济支撑、科技支撑、教育支撑和人才支撑。因此，广西要加快构建以先进制造业为主导的现代产业体系，大力提升广西科教实力，引进、培养、开发一批开放型高素质人才，不断增强推进"三大定位"的综合经济实力和发展后劲。尤其是学习四川，注重与发地区建立产业协作机制，有目的地"走出去"，瞄准合作地区的优势产业和优质企业实施精准招商、精准合作。广西也应积极"走出去"，建设海外服务综合体，有针对性地吸引外资，并在广西建设合作产业园，加强合作项目深度对接，促使广西产业快速链接到国际产业体系中。

九、加速打造区域性枢纽经济是推进工业绿色高质量发展的关键支撑

广西要积极将通道经济变为枢纽经济，学习重庆积极将西部陆海新通道的功能建设与中新（重庆）战略性互联互通示范项目和自由贸易区建设紧密结合，大力推

动临港产业、临空产业以及国际贸易发展。广西应积极将西部陆海新通道的功能建设与中国—东盟信息港、面向东盟的金融开放门户和广西自由贸易试验区建设紧密结合，重点聚力打造集中统一的操作中心、单证中心、结算中心、信息中心，提升广西在西部陆海新通道中的物流枢纽地位。同时，学习重庆大力发展制造业和建设海外仓，为通道集结货源。广西应基于沿线产业园区，大力发展优势产业集群，并促进产业集群供应链、产业链、创新链、价值链的形成。

十、优化产业发展环境是推进工业绿色高质量发展的重要保障

浙江省全面推进"最多跑一次"改革，全面提升服务水平；江西打造"四最"营商环境，实实在在为企业减负，努力提高公共服务水平；'为降低制造业发展成本，广东省出台了《降低实体经济企业成本工作方案》；浙江省于2016年开始实施"企业减负三年行动计划"。切实降低发展成本、优化产业发展制度环境是推进工业化急需的，广西应深化"放管服"改革，围绕政务、企业建设经营、融资、税费服务、人力资源、通关、信用、法治八大方面加快改革创新进度，力争80%以上依申请办理的行政审批和公共服务事项"一次不用跑"，大部分营商环境指标与全国先进省区并跑，力争营商环境综合水平进入全国前列。

第六章 推进广西工业绿色高质量发展重点领域

遵循"两山"理念，大力推进工业转型升级和提质增效，走绿色发展之路。在不断发展壮大工业经济的同时，始终不忘与大生态战略行动协同推动、耦合联动，全力打造高效、清洁、低碳、循环的工业绿色制造体系，推动绿色产业、绿色园区、绿色企业全面发展，努力实现工业强和生态美有机统一。

第一节　培育壮大绿色产业集群

一、促进"存量优化"，推动千亿产业绿色发展

按照提升科技创新"高度"，拉长产业链"长度"，扩大市场空间"厚度"的思路，以产品技术创新和产业化发展为重点，坚持全产业链发展方向，实施传统优势产业提质工程，打造"二次创业"升级版。

（一）推动制糖产业与休闲食品产业融合发展

积极落实乡村振兴战略，促进农业高质量发展，巩固拓展脱贫攻坚成果。充分发挥企业的市场主体作用，完善财税政策激励机制，加快推进制糖企业战略重组，重点支持实力雄厚、技术装备先进、管理水平好的区内八大制糖企业集团，以及国内外年主营业务收入超过百亿元的其他企业集团通过参股、控股、资产收购等多种方式兼并重组广西制糖企业，促进资源向优势企业集中，进一步提高产业规模化和集约化水平。加强技术投入开发糖深加工产品，拓展食品加工涵盖领域，引进广东、福建、浙江、港澳台等地食品加工及配套企业进入专业产业园区，向特色产业集群发展，提高产业链附加值。积极打造糖果小镇，挖掘甜蜜文化，突出发展工业旅游，充分展现食品产业加工工艺，增强旅游观光、文化创意、互动体验、商业功能与制糖产业的嫁接。依托广西口岸、港口优势，引导企业开展跨境食品加工，开拓国内外市场，做大做强国际贸易，充分利用国际国内两种资源、两个市场拓展发展空间。重点支持农垦

集团、农投集团与柳工集团、玉柴集团合作着力开展广西特色农业机械研发、制造、推广应用等。以甘蔗、水果收获机为核心，快速拓展甘蔗、水果全程（耕、种、管、收、运、收）机械化产品线，探索开展水稻、木材等宜机作业的大宗农产品作业自动收获装备。推动农投集团规划建设广西冷链物流仓储中心。广西应出台相应的优惠政策加大对冷链的扶持力度。支持供销社以及新型农业经营主体建设一批规模适度的预冷、贮藏保鲜等初加工冷链设施，鼓励在南宁临空经济区、国际铁路港等区域规划建设广西冷链物流仓储中心，同时，加快建设一批现代化的生鲜农产品低温加工配送中心，推广使用标准化冷链运输车，发展城市冷链配送，合理规划冷链配送停靠装卸设施，逐步形成立足广西、辐射东盟的重要冷链加工和集散分拨中心。打造"桂"字号农产品品牌。推动农业优势产业向高端化、智能化、绿色化转型，全力打造"农投系"品牌。广西应制定推进"桂"字号农产品品牌建设实施方案和支持政策，以项目支持的形式，支持农字号企业不断提高"桂"农产品品牌影响力和知名度。加快打造国家重要的粮油加工储运基地。争取国家加大对防城港、钦州港、北海港、水口口岸、友谊关口岸等北部湾经济区范围内的广西进境粮食指定口岸建设的支持力度，大力支持北部湾经济区临海粮油加工产业发展的同时，将北部湾经济区发展成为国家粮食战略储备区，并在粮食进口配额方面给予相应倾斜，保障国家粮食安全。重点支持以防城港为核心的粮油加工产业发展，打造北部湾粮油加工集聚区。

（二）推动汽车产业向轻量化高端化智能网联方向发展

深入落实工业强桂战略要求，依托广西汽车产业基础，充分发挥广西汽车集团的龙头企业引领作用，聚焦国际、国内知名整车及零部件企业，围绕中游汽车关键零部件、新能源汽车整车制造及下游服务市场、汽车应用等领域谋划、引进一批重大项目，着力推动汽车零部件产品提质升级。大力推动汽车"新四化"（电动化、智能化、网联化、共享化）发展，推进新能源汽车整车产品规模化、重要零部件本地化、关键技术自主化，加快发展电池储能、电机、电控核心部件及零部件，提高关键零部件本地配套率。积极引进汽车金融企业，整合二手车、维修保养、汽车租赁等后市场服务，促进第三方物流、电子商务、房车营地等其他相关服务业同步发展。充分利用云计算、大数据等先进技术，拓展包含交通物流、共享出行、用户交互、信息利用等要素的汽车网联生态圈。加大对广西汽车集团在汽车芯片方面的扶持力度。在自治区层面帮助企业寻找芯片资源，拓展芯片采购渠道。支持广西汽车集团开展芯片国产化工作，对企业开展新车型国产化芯片选型、标定、研发等研发应用项目予以资金支持。在广西汽车集团内组建从事汽车芯片研发的"飞地型"新型技术研发机构，支持广西汽车集团、系统供应商、芯片供应商建立联合攻关芯片项目。支持广西汽车集团零部件绿色升级发展。碳达峰碳中和背景下，交通运输业的温室气体排放约占总排放量的1/4，所以汽车领域是碳中和重中之重，欧盟已经开始对进口的汽车零部件设置了碳排放标准，建议加大对广西汽车集团提升零部件产品性能的绿色项目的支持力度，如持续开展电机、电控及三合一电驱动系统等新能源产品的研发和强化优化品质等。推动北部湾投资集团与柳州市开展车路协同领域合作。运用北部湾投资集团在交通领域的研发力量，以柳州获得国家人工智能自动驾驶先导区为契机，加强车路协同领域的合作研究，为国内打造"智慧的路，聪明的车"起到引领示范，并开发相应车路协同智能产品，扩大北部湾投资集团盈利点。支持广西汽车集团开展换电物流车开发。统一新能源电池标准是未来发展的方向，同时新能源电池也是重要储能产品，因此换电运营模式实现车电分离是可探索的方向。对广西汽车集团开展换电物流车开发项目应给予支持，同时支持换电站、动力电池集中充电储存等换电模式基础设施的建设。

（三）推动有色金属产业向新材料高端化方向发展

着力践行"两山"理念，立足广西矿产资源优势及产业发展基础，继续以推进铝产业"二次创业"为主，以广投银海铝业、龙头企业和重大项目为依托，以优化产品结构为主线，以规模化、一体化、基地化、生态化为方向，完善有色金属深加工产业链，重点发展铝、铜、铅锌、镍、稀土产品链。构建原材料保障可靠、冶炼基础雄厚、精深加工能力强的有色金属材料产业链，推动产业向高效绿色节能、产品向高性能高附加值方向发展。按照"集约发展、高端突破"的原则，全面提升广西有色金属产业的核心竞争力。支持北港集团做大做强有色金属板块。通过混合所有制改革，引进战略合作者，建链补链，做大锡、锑等广西储量丰富的有色金属材料的产业链。支持北港集团建立有色金属新型研发机构，为有色金属新材料的研发培育力量。大力发展铜铝精深加工。研究制定《支持铜制品铝制品产业超常规发展若干政策》，通过政策鼓励铝制品从建筑用铝向汽车用铝、家电用铝延伸，铜制品从电解铜向汽车用铜（如电机用的特种漆包线）和家电用铜产品延伸，促进广西产业之间的配套。开展有色金属大宗商品交易。引导数字广西集团在铝贸通基础上，开展铜产品、锑产品、锡产品等现货交易平台交易。充分利用东盟、非洲的有色金属原材料资源，采取国际物流海运，发展有色金属原料保税仓储，适时与上交所、深交所、港交所等交易平台合作，建立有色金属交易中心，提升广西在有色金属行业的地位。

表6-1 有色金属研究机构

机构名称	简介
西北有色金属研究院	西北有色金属研究院是我国重要的稀有金属材料研究基地和行业技术开发中心，是稀有金属材料加工国家工程研究中心、金属多孔材料国家重点实验室、超导材料制备国家工程实验室、中国有色金属工业西北质量监督检验中心、层状金属复合材料国家地方联合工程研究中心等的依托单位，地处西安、宝鸡两地五区
有研科技集团有限公司（原北京有色金属研究总院）	有研科技集团有限公司（原北京有色金属研究总院，简称有研集团）成立于1952年，是中国有色金属行业综合实力雄厚的研究开发和高新技术产业培育机构，是国资委直管的中央企业。总资产超过110亿元，拥有包括4名两院院士在内的职工4100余人。有研集团主营业务领域包括：有色金属微电子-光电子材料，有色金属新能源材料与器件，稀有-稀土金属特种功能材料，有色金属结构材料-复合材料，有色金属粉体材料，有色-稀有-稀土金属选矿冶金技术，环保与二次资源回收利用技术，特种制备加工与装备技术，有色金属分析检测评价，科技期刊出版，风险投资，研究生培养等
中南大学有色金属材料科学与工程教育部重点实验室	作为教育部面向有色金属行业的重点实验室，其总体定位是：继续保持在铝合金、铜合金、镁合金、军用金属基电子封装材料等研究方面国内领先的地位，在相图与材料设计、有色金属强韧化理论等研究方面达到国际先进水平；面向国家重大需求承担更多的国家重大科研项目，成为解决有色金属新材料、新技术发展关键问题的国家级研究中心
湖南有色金属研究院	湖南有色金属研究院有限责任公司创建于1958年，现隶属于湖南省人民政府国有资产监督管理委员会，是湖南省知识产权密集型科研院所，同时是湖南省内具备有色金属产品质量监督检验机构

（四）推动石油化工产业向精细化绿色化方向发展

按照"创新引领、绿色安全"的思路，推动广西石油化工产业加快结构调整、完善发展产业链条，积极推进广西石油化工产业向炼化一体化方向发展，全面提升石化产业整体竞争力。以中石油钦州分公司、中石化北海分公司、钦州华谊、钦州恒逸等企业为龙头，大力发展炼化一体化、化工新材料、精细化工主产业链，积极发展海洋化工、现代煤化工、轮胎制造产业链，着力打造炼化能力超4000万吨的全国重要石化基地。以减油增化为方向，发展乙烯、丙烯、芳烃等产品，加大轻烃裂解、烷烃脱氢、甲醇制烯烃等技术研发，扎实推进炼化一体化。着力解决影响核心基础零部件产品性能和稳定性的关键材料技术，发展柔性材料、特种功能性材料、高性能纤维、功能膜材料等产业，构建化工新材料产业链。扎实推进精细化工发展，发展环保型涂料、医药中间体、电子化学品、橡塑助剂等产业，加大应用于新能源汽车、电子信息、医药等领域的关键技术研发。积极发展氯碱、纯碱、盐化工、氟化工、无机盐等产业，加快海水化学资源综合开发利用技术研发。鼓励煤基多联产和产品高端化发展，延伸发展甲醇、乙二醇、丁辛醇、工程塑料等精深加工产品，加快煤炭气化技术、焦炉气综合利用技术攻关。发展高性能轮胎、高端专用轮胎、高端乘用车轮胎，开发新型环保、节能的轮胎翻新技术。着力突破一批高端功能材料、专用化学品等领域的关键技术和成套装备。积极开展对石化产业聚集地江苏、广东、山东、辽宁等地的定点招商活动，大力引进下游企业精细化工项目，不断开发纺织及制品、日用日化等衍生产业链市场，形成石化产业下游增长极。充分利用东南亚地区丰富的天然橡胶进行延伸加工，发展塑料加工、橡胶加工等石化延伸产业，面向东盟出口精细化工产品，形成产业双向互动。

（五）推动机械装备制造产业向数字化智能化品牌化方向发展

贯彻落实广西工业绿色高质量发展的决策部署，加快机械装备产业向智能化、高端化转型升级，提升产业链供应链现代化水平。推动机械和钢铁产业链协同发展，上游以柳钢集团为龙头，重点引入原料供应企业及下游钢材深加工项目，推动高附加值钢铁产品产业化。引导相互关联的企业纵向配套、横向协作，加快企业集聚，延伸产业链条，重点发展建筑钢、汽车钢、船舶用钢、不锈钢新材料四条主链，实现钢铁全产业链发展，为中下游提供支撑。中下游以广西柳工集团有限公司等企业为龙头，重点引进自动化、智能化机械项目，开展下游产业链招商，增强本地零部件配套能力。以柳工集团、玉柴集团等企业为龙头，着力推进建设广西智能制造城（柳州）、广西先进装备制造城（玉林）。支持柳工集团和玉柴集团拓展海外市场。工程机械装备是广西国企"走出去"较为成功的项目，为推动工程机械产品适应全球市场发展需求，以及推动产品高端化发展，建议运用自治区政府产业引导基金支持柳工集团和玉柴集团实施国际化战略。深入混合所有制改革，引导柳工集团参与玉柴股份混改，成为工程机械发动机板块的合作伙伴。充分发挥玉柴集团在商用车、工程机械领域车用动力市场的优势，针对柳工集团的农用机械车、矿山机械车、高空业务车、建筑垃圾粉碎车等专特细高端机械车的动力需求，科技厅加大对开发配套相应的发动机产品的研发力度，使广西机械装备产业实现内部配套。推动柳钢集团与柳工集团合作。工程机械是由钢材料构成的机械，两家企业合作空间广阔。支持柳钢企业在生产建筑钢材的基础上，研究上马生产工程机械钢材，实现工程机械用钢本地配套。支持玉柴集团建设成为商用车新能源动力总成供应商。设立玉柴发动机提质改造绿色研发专项，给予玉柴集团在动力总成的研究开发支持。引导玉柴参股东风、柳汽两家企业合作，共同在商用车动力总成开展研究，提升主机厂本地配套率。

表6-2　2021年中国机械工业部分百强企业名单

序号	企业名称	所在地区
1	潍柴控股集团有限公司	山东
2	中国机械工业集团有限公司	北京
3	上海电气（集团）总公司	上海
4	三一集团有限公司	湖南
5	中联重科股份有限公司	湖南
6	新疆特变电工集团有限公司	新疆
7	新疆金风科技股份有限公司	新疆
8	广州智能装备产业集团有限公司	广东
9	广西玉柴机器集团有限公司	广西
10	正泰集团股份有限公司	浙江
11	远东控股集团有限公司	江苏
12	卧龙控股集团有限公司	浙江
13	中国东方电气集团有限公司	四川
14	中国一重集团有限公司	黑龙江
15	白云电气集团有限公司	广东
16	三花控股集团有限公司	浙江
17	临沂临工机械集团	山东
18	郑州煤矿机械集团股份有限公司	河南
19	哈尔滨电气集团有限公司	黑龙江
20	广西柳工集团有限公司	广西
21	浙江省机电集团有限公司	浙江
22	江苏上上电缆集团有限公司	江苏
23	海天塑机集团有限公司	浙江
24	浙江人本实业有限公司	浙江
25	中国西电集团有限公司	陕西

（六）推动建材产业向新型化功能化方向发展

以信义玻璃、南宁浮法玻璃等企业为龙头，大力发展高端玻璃产业，重发展高档优质浮法玻璃、低辐射（LOW-E）镀膜玻璃、汽车前挡夹层玻璃、太阳能光伏玻璃、超薄电子浮法玻璃等产品，加大应用于能源、材料、环保、信息、生物等领域的关键技术研发。新型水泥重点发展高性能硅酸盐水泥，开发应用于核电、海工等领域的新产品及适应特种工程建设性能需求的特种水泥产品，加强高能效低预热预分解及先进烧成、数字化智能型控制与管理等关键技术攻关。大力发展装配式建筑产业，重点发展混凝土部品部件、钢结构部品部件、装配式墙体材料、装配式装修材料等，攻克结构技术体系、智能建造等核心技术，开发智能化运输系统、智能管家系统等智能化技术。积极发展建筑陶瓷、日用陶瓷、新型功能陶瓷材料，攻克半导体钛酸盐陶瓷、陶瓷电容器、精细陶瓷、电子陶瓷、陶瓷复合抗磨材料等关键技术。

（七）推动电力产业向虚拟化方向发展

实现碳达峰碳中和，电力是主力军。我国先后印发了《中共中央国务院关于完整准确全面贯彻新发展理论做好碳达峰碳中和工作的意见》《2030年前碳达峰行动方案》，对能源电力低碳转型进行了专项部署，要求推动能源低碳转型平稳过渡，稳妥有序、循序渐进推进碳达峰行动，确保安全降碳。建设新型电力系统是实现碳达峰碳中和目标的重要抓手。构建新型电力系统是一项长期复杂的系统性工程，要立足实际，充分考虑电力行业投资规模大、技术密集程度高、路径依赖较强等特点，用好存量资产价值，深度挖掘成熟技术，循序渐进实现平稳过渡。远期，随着新能源、储能、氢能，以及碳捕集、利用与封存等前沿性、颠覆性技术的加速突破和成熟应用，逐步完成全新形态的电力系统构建。加大产业链全环节关键技术创新力度，化解电力保供与能源转型之间的难点。构建新型电力系统需要政府部门、行业企业、高等院校、科研机构等社会各界广泛参与，共同推动研发模式由以企业自主开发为主向"政产学研用"深度融合转变，推动创新领域向源网荷储全链条纵向延伸。完善保障电力可靠供应的市场机制，保障电力供需能力和调节能力充裕度，引导发电行业合理投资。同时，建立多元化的辅助服务市场体系，针对新能源特性创新设计转动惯量、快速爬坡等新型辅助服务品种，推动辅助服务成本向用户侧疏导。探索需求侧参与市场交易机制，通过双边交易充分调动需求侧资源调节潜力，利用市场竞争促进需求侧"移峰填谷"。加强电力市场与一次能源市场、碳市场协同。电力市场反映用能成本，是能源系统衔接上、下游的重要环节。电力市场需要与一次能源市场有效衔接，在价格机制、合同履约等方面做好协调。此外，电力市场与碳市场既相互独立又存在联系，两个市场以火电作为共同的市场主体，通过价格进行连接，共同促进可再生能源发展，要加强两个市场在市场空间、价格机制、绿色认证等方面的统筹协调。

（八）推动木材产业向全产业链方向发展

着力践行习近平总书记"两山"理念，充分发挥广西森林覆盖率高的优势，聚焦木材加工及造纸产业集群、高端绿色家居产业链供应链，大力推进林业产业发展，将广西打造成为全国林业产业强区。以广西林业集团有限公司为基础，打造原材料基地—人造板—高端绿色家居全产业链，做大做强人造板产业，重点发展轻质纤维板、超强刨花板等技术含量高的板材产品。围绕高端绿色家具产业链开拓、完善产业链和供应链，加快发展家具产业，引进一批家具配套重点企业，带动配套产业链发展。实施林业版块战略重组。加快整合国有林业产业资源，建议由广西林业集团牵头，将13家区直国有林场及经营性林业企业、区直林业企业整合起来，强化林业集团的龙头带动作用，实现广西林业资源规模化、集约化开发，避免相互竞争抢夺资源。由广西林业集团牵头建设西部地区最大的林产品展示交易集散中心。在南宁东部产业园规划建设林产品集散中心，将集散中心建设成为集木材与木制品展销、木材加工制造、木业高新创研、木业文化推广、仓储物流配送等为一体的现代高新木材产业园。广西林业集团建立林产品线上交易平台。林产品电子交易平台是线上的广西林板、香料展示交易中心，实施林产品期货交易和电子交易，与林产品展示交易集散中心形成线上线下互动。规划打造中国—东盟林产品进出口贸易博览会。每年邀请世界知名木材和木制品商贸企业洽谈合作，建立林产品贸易关系，推进广西与全球间的国际林业产业合作。

（九）推动电子信息产业向智能化方向发展

大力推进数字广西建设，加快数字产业化、产业数字化。依托龙头企业带动，积极培育、引进一批中小型配套企业，引导龙头企业主动建设配套单位，鼓励本地相关企业主动转型服务产业配套。加大关键核心技术攻关力度，培育引领性产品和应用，以北投集团、数字广西集团、广西汽车集团、柳工集团、玉柴集团、广西农垦集团、广西林业集团等国有企业为主，完善电子信息、数字经济产业配套的引领带动作用，重点打造竞争能力强、特色优势突出的数字经济产业龙头企业，促进新一代信息技术与实体经济的融合发展。聚焦5G、大数据、云计算、人工智能、电子信息制造业、金融科技、信创产业等主导产业，通过产业集聚效应带动上下游产业链企业落户发展，进一步完善产业配套能力和水平。按照"综合布局、重点突破、构建生态、并购孵化"的发展思路，坚持数字政府、数字社会、数字经济和投资孵化四大发展主线。聚焦信创产业发展，与国内信创龙头企业开展合作，重点推进党政单位自主可控替代，并向社会全面推广，构建全区自主可控产业新生态。重点支持北投集团与广西汽车集团、柳工集团合作发展壮大智能驾驶产业。发挥广西交通强国建设试点优势，支持北投集团与广西汽车集团、柳工集团合作，加快推进智慧交通建设，加强车载感知、自动驾驶、车联网、物联网等技术集成和配套，大力发展智能驾驶产业，重点推动智能辅助驾驶、复杂环境感知、车载智能设备等智能网联汽车相关产品研发生产。推动基于5G的车联网（5G-V2X）示范建设，重点推进柳州市车联网先导区、南宁沙井至吴圩智慧高速公路等项目建设，探索车路协同自动驾驶应用。引导玉柴集团与广西农垦、广西林业等企业合作。发展适应广西地形特点的耕种与收割机器人、农产品采摘机器人、智能化自动传送与加工系统等智能农机装备。引导玉柴集团与数字广西集团合作布局服务机器人市场。开发具备视听、交流、判断和行为能力的服务机器人，推动服务机器人在医疗康复、教育教学、家庭服务、公共服务等场景应用。围绕应急救援、公共安全、科研、探险、高危环境作业等领域，推进特种机器人开发与产业化。支持北投信创研发一批智能软件应用产品。积极开展与海康威视合作，研发视觉分析软件、语音识别等智能软件产品，围绕政务、交通、安防、教育、金融、医疗、能源等细分领域研发人工智能计算系统与创新应用的智能解决方案。支持北投建设人工智能计算中心。为推动人工智能产业做大，支持大数据局尽快研究建设人工智能计算中心，推动智能计算中心、边缘计算中心等算力资源建设，为发展人工智能应用所需的算力服务、数据服务和算法服务，为海量数据存储、处理、分析及各类应用场景提供载体支撑。

表6-3   新一代信息技术产业集聚情况

区域名称	主要省市	具体行业及重点产品
珠三角	广州、深圳	下一代通信网络（5G）、物联网、三网融合、新型平板显示、高性能集成电路、云计算
长三角	浙江、上海、江苏	大数据、云计算、人工智能、工业物联网、集成电路
环渤海	北京、天津、济南	大数据、物联网、IT核心产业和高端软件、下一代信息网络
中西部	西安、成都、重庆、武汉、长沙、兰州	卫星导航、云计算、地理信息

二、推动"增量崛起"，培育壮大绿色新兴产业

按照"创新供给、需求引领、育引结合、集聚发展、人才支撑"的发展思路，以项目和产业园区为依托，以新技术为驱动，实施战略性新兴产业倍增工程，培育发展"新引擎"，打造综合实力强、产业链供应链完整的战略性新兴产业集群。

（一）培育壮大医药大健康产业

围绕建设健康广西的目标，发展壮大中药民族药产业，充分发挥广西中药材资源丰富、特色明显优势，运用先进技术改造传统中药民族药，推动中药壮瑶药产品研制，做强做大广西品牌，提升产业化水平。延伸壮瑶药产业链，促进壮瑶药衍生产业发展，推进壮瑶药与健康养生产业融合发展，加快壮瑶药国际合作步伐，实现

广西特色中药民族药产业全面振兴。大力发展化学药产业，按照原研药优先、仿创结合的路径，重点发展与主导原料药相匹配的精细化工产品、医药中间体。依托"中恒"等知名企业品牌和产品品牌，开发特色药品和保健产品，做大做强医药制造业，打造以中成药、岭南医药保健品开发为主导的中药民族药产业基地，打造成面向东盟、对接粤港澳地区的医药产业成果转化重点基地。聚焦康养产业，重点将公建民营养老、社区养老建设成为广西智慧养老产业标杆，构建覆盖全生命周期、特色鲜明、布局合理的医药大健康产业生态圈。利用广东对口帮扶广西机制，与广州高新区管委会建立产业协同创新机制，在广州高新区内建设广州（广西）生物医药"科创飞地"，并委托在运营孵化器和众创空间见长的企业，或者资本领域拥有丰富资源的企业进行运营，探索"广州孵化—广西生产"的产业培育新模式。

表6-4 医药大健康产业集聚情况

区域名称	主要省市	具体行业及重点产品
珠三角	广州、深圳	基因治疗药物研发、疫苗生产、创新药物研发、现代中药、海洋药物
长三角	上海、江苏	跨国生物药物研发、生物制品和现代中药
环渤海	北京、天津、济南	现代中药、生物制药、医药中间体
中西部	成都、长沙、武汉	生物医学工程、疫苗生产、现代中药和医疗器械

（二）促进新能源汽车整车产品规模化、重要零部件本地化、关键技术自主化

根据新能源汽车产业化发展的需要，积极推进充电设施的合理规划布局与适度超前建设，因地制宜发展慢速充电桩、公共快速充换电等设施，为新能源汽车产业发展提供有力支撑。围绕重点产品和关键零部件生产，开展系列应用示范工程，大力引进国内外顶尖技术，推进新能源汽车技术创新。加强新能源汽车配套产业与广西锰产业的联动发展，大力推进燃料电池电堆、发动机及其关键材料等燃料电池汽车核心技术研发，加强对其他类型的新能源汽车的开发。推动汽车厂商和科研机构或者高等院校联合发起广西新能源汽车产业技术创新联盟，引进吸收国外先进技术建设新能源汽车产业技术创新平台和成果应用技术及转化平台，推进产学研协同创新。加强与国内新能源汽车发展先进地区（企业）合作，以环渤海、长三角、珠三角、东北地区以及安徽、河南、湖北、江西、重庆等省份为重点，引入一批新能源汽车核心零部件企业。充分发挥毗邻东盟市场的优势，引入先进技术建设和完善整车平台，建立面向东盟的区域性研发制造基地和服务中心。

表6-5　新能源汽车产业集聚情况

区域名称	主要省市	具体行业及重点产品
珠三角	广州、深圳、佛山	纯电动客车，混合动力客车，动力电池、电机、电控等核心零部件
长三角	江苏、上海、安徽、浙江	纯电、氢能新能源汽车，高性能电机、电池、电控等核心部件
环渤海	北京、天津、山东、辽宁	智能纯电动车，电动汽车充放电系统与储能系统产品，电机及驱动控制
中西部	重庆、兰州、成都、南京、西安、南昌、武汉、襄阳	新能源汽车，智能网联汽车，动力电池

（三）促进新能源产业向绿色环保和性能优良发展

依托广西沿海地区区位优势和能源产业基础，加强统筹谋划，抓好中石化广西液化天然气（LNG）项目、防城港核电站、国投钦州电厂、中节能风电场等现有项目，完善能源输送管网设施。加大新能源领域与粤港澳大湾区深圳、广州等地的大型新能源企业对接力度，整体引进新能源发电、新能源装备制造和储能技术产业化应用龙头企业，坚持挖掘潜力、发挥优势，有序推动新能源开发应用，大力发展海上风电、核能、太阳能等优势产业，加快培育智慧能源、储能、氢能等新兴产业，推动能源结构优化，推动新能源开发与产业发展相互促进，不断提升能源产业整体发展水平。推进能源"新基建"建设，继续推进广西特高压输变电工程，完善电力能源基础设施建设。加强关键技术攻关，促进能源清洁低碳化转型，为广西区内能源结构调整优化、能源产业高质量发展提供有力支撑。

表6-6　新能源产业集聚情况

区域名称	主要省市	具体行业及重点产品
长三角	江苏、上海、浙江	光伏、海上风电、风电装备制造、核电站装机、生物质发电装机
环渤海	北京、天津、辽宁、河北、山东	技术研发、风电装备制造、光伏发电、输变电、新型储能、高效节能、电力自动化
西南	四川、重庆	多晶硅、硅材料、核电装备制造
西北	新疆、内蒙古、甘肃	风电、太阳能光伏发电、生物质发电

（四）促进节能环保产业高端化高效化和节能环保服务专业化特色化

抓住建设国家级承接产业转移示范基地的契机，以循环经济产业园为载体，着力构建以循环经济为主导的桂东节能环保产业带。依托广西冶金、有色、电力等传统行业的节能减排需求，吸引广东、江苏、浙江、四川、重庆、湖南、湖北等省的节能环保设备制造企业到广西投资。加强与珠三角、长三角和环渤海等地区的节能环保服务合作，大力开展粤桂环保科技协同合作，针对西江流域环境联防联控、城乡水网统筹治理等，引进粤港尤其是深圳地区环保领军企业等到广西开展点对点的专项合作。与壮美广西发展相适应，积极搭建创新平台，整合广西区内科研机构、高等院校、企业和政府资源，创建节能环保技术研发中心，突破高效节能核心技术、先进环保核心技术、资源循环利用核心技术，大力发展高效节能产业、先进环保产业和资源循环利用产业，提高节能环保产业现代化水平，促进人与自然和谐发展。

表6-7　节能环保产业集群

区域	主要省市	行业分类
珠三角	广州、佛山、东莞、深圳	环保服务业、资源综合利用和洁净产品、电工节能产品
长三角	上海、南京、无锡、苏州、常州、镇江、杭州、绍兴、温州、台州	水处理、大气污染治理、除尘器、节能与综合利用等设备
环渤海	北京、天津、辽宁、河北、山东	技术研发、环境监测、可再生能源回收利用、水和大气污染治理技术
沿江发展轴	四川、湖北、安徽、重庆、湖南	脱硫脱硝、固废处置、水处理设备制造业、环保成套装备

（五）促进新材料产业取得新突破

顺应新材料技术微型化、多功能化、高性能化、绿色化发展趋势，以战略性新兴产业重点领域发展需求为导向，增强自主创新能力，突破重点领域。建设桂林—柳州—河池—百色—崇左新材料产业科创走廊，打造百色生态型铝产业基地、河池生态型有色金属产业基地、崇左铜锰稀土新材料产业基地、柳州新材料产业园、桂林电工电子新材料产业基地，融合传统有色金属产业与生态型新材料产业，开展上下游协同创新。加强与国内新材料产业发展先进地区合作，积极引进和培育相关新材料产业，针对海洋工程装备、新能源汽车、智能装备制造等产业的新材料需求，加强与宝鸡、包头、乌鲁木齐、宁波、深圳等地的新型金属材料、高分子材料产业集群合作，加强与中关村、宁波、洛阳、连云港、大连等地的电子信息材料、新能源材料产业集群合作，加强与中关村、宁波、深圳等地的生物及环保材料产业集群合作，吸引集群内企业到广西建设研发制造基地。积极开拓以东盟市场为重点的"一带一路"国家市场，推进广西新材料产业融入全球高端制造供应链，为增强区域核心竞争力提供有力支撑。

表6-8　新材料产业主要产业集群

材料类别	主要园区	发展重点
高性能结构材料主要产业集群	包头高新区	新型金属材料稀土
	金昌新材料高新技术产业基地	镍钴新材料
	宝鸡新材料国家高技术产业基地	钛新材料
	柳州高新区	铟新材料
	宁波新材料高技术产业基地	高分子材料
	深圳高新区	高分子材料
	鞍山高新区	镁新材料
	烟台经济开发区	高分子新材料
电子信息材料主要产业集群	中关村科技园区	微电子材料、光电子材料以及新型元器件材料
	洛阳新材料产业园国家高技术产业基地	微电子材料
	宁波高新区	光电子材料、新型元器件材料
	连云港新材料产业园国家高技术产业基地	微电子材料
化工新型材料主要产业集群	广州新材国家高技术产业基地	有机高分子材料、精细化工材料
	长春高新区	化工材料
	大连高新区	高分子材料

第二节　加强绿色园区建设

一、促进区域园区协同发展

增强工业园区作为增长极的支撑作用，以强首府战略为重点，围绕南宁打造7条内外开放合作经济走廊，推动广西园区协同发展，建设内外经济联动走廊，夯实工业绿色发展的经济支撑网络。

南宁—柳州—桂林—长沙—武汉—南昌经济走廊。依托桂林—柳州—南宁高速公路、湘桂铁路和湘桂高速铁路等，串联区内沿线南宁高新区、南宁经开区、广西—东盟经开区、柳州汽车城、阳和工业新区、柳南河西工业园、桂林高新区、桂林经开区等各类开发区、产业园区，并向区外延伸至长沙、武汉、南昌等，加强与中部地区联系，加快连接长江经济带，形成大开放格局。

南宁—钦州—北海—防城港经济走廊。依托南宁—钦州—防城港—北海高铁、南宁到钦州高速公路、沿海公路等，串联南宁至沿海南宁经开区、广西自贸区南宁片区、钦北经开区、广西自贸区钦州港片区、北海工业园、北海高新区、防城港经开区、防城港高新区等各类园区和开放合作平台，打造服务"一带一路"发展的国际产业合作新高地，形成以北部湾港为陆海交汇门户，连接中国—东盟时间最短、服务最好、效率最高、效益最优的国际贸易大通道。

南宁—广州经济走廊。依托珠江—西江黄金水道、南广高铁等，串联南宁、贵港、梧州至广州的南宁经开区、六景工业园、贵港市产业园区、覃塘区产业园区、梧州工业园区、粤桂合作特别试验区等各大园区，加强产业协作，积极承接粤港澳大湾区产业转移，打造"一带一路"倡议的重要枢纽、泛珠三角区域合作升级的战略隆起带和加快珠江—西江经济带发展的支撑带。

南宁—新加坡经济走廊。依托南宁—友谊关高速、湘桂铁路及规划南宁—凭祥高铁，串联南宁至凭祥吴圩空港经济区、中国—东盟青年产业园、中泰产业园、宁明工业集中区、广西自贸试验区崇左片区等各类园区和经济合作区，并沿中南半岛延伸至新加坡，不断深化与沿线东盟国家产业合作，形成中国—东盟陆路大通道。

玉林—铁山港经济走廊。依托玉林—铁山港高速公路、玉林—铁山港铁路及规划贺州—梧州—玉林—北海城际铁路等，串联北流经玉林市区至博白的北流日用陶瓷工业园区、玉林高新区、玉林经开区、玉柴产业园、博白工业集中区、玉林龙潭产业园等各类园区，做大做强通道经济带，深化与粤港澳大湾区合作。

南宁—百色—昆明经济走廊。依托南宁至昆明高速铁路等，串联南宁、百色至昆明的南宁高新区、平果工业园区、百色高新区、百色新山生态铝产业示范区等各类园区，重点加强滇桂粤产业合作，构建云南便捷出海口。

南宁—贵阳—重庆—成都经济走廊。把握西部陆海新通道建设机遇，依托南宁—贵阳—重庆—成都高铁，建设西部陆海新通道主通道之一的重庆经贵阳、南宁至北部湾出海口通道，加强走廊沿线产业合作，携手"走出去"。

二、提升产业园区集聚水平

（一）加大对龙头企业的跟踪引进

围绕广西千亿元产业、"双百双新"、"千企技改"等产业项目，重点培育发展主导产业、支柱产业、特色产业和有发展潜力产业，按照生产经营规模较大、经济效益好、税收贡献大、主导产品突出、带动能力强、技术研发能力强、经营机制完善、国际市场竞争力较强等要求，加大政策支持力度，支持龙头企业培育库企业加快发展，同时强化企业梯队建设，着力培育壮大一批龙头企业，促进企业做大做强做优，更好发挥龙头企业的行业引领和标杆示范作用，引领产业高质量发展。深入实施"央企入桂""民企入桂""湾企入桂"行动，大力引进世界500强、中国企业500强、民营企业500强以及获得全国制造业"单项冠军"示范企业，鼓励龙头企业对上下游相关配套企业进行重组、改造，发挥龙头企业在技术创新、产品创新、管理创新、市场创新等综合优势，增强产业竞争力。

（二）扶持民营骨干企业壮大

在现有政策基础上尽快制定《关于扶持重点行业民营骨干企业做大做强的意见》，全力打造一批百亿级的民营骨干企业，以此带动产业链培育及中小企业发展。一是实施"百家重点成长型民营企业"培育工程。以提升规模、打造品牌、培育竞争优势为重点，按主营业务收入规模和增速重点选择50家骨干企业和50家高成长性民营企业作为培育企业名录，并授予自治区重点培育民营骨干企业牌匾，加大扶持力度，加强跟踪服务，在资金、税收、土地、上市等政策上给予优惠扶持。二是实施民营企业"十百千万"培训工程。即十场政策宣讲、百场专题服务、千家典型示范、万次培训人数。三是加快民营骨干企业上市步伐。通过税收优惠、财政补助、金融支持等手段支持规模以上民营骨干企业对接资本市场规范化公司制改制。重新修订《广西企业上市扶持资金管理办法》，在境内申请上市的民营企业，经证监部门辅导备案登记后，分阶段对企业完成公开发行之前支付的中介费用。

（三）激活企业配套需求动力

加大对园区重点产业龙头企业的扶持力度，支持龙头企业自身做大做强，重点加强龙头企业及配套企业的跟踪服务，加强研发适合市场需要、群众需求的新产品，推动重点产业龙头企业提高生产效能效益。鼓励龙头企业在全国范围内通过合作、控股、参股等多种资本整合手段，引进供应商或合作伙伴在广西注册经营，所引进企业实缴注册资本达到1000万元以上且投资产业不涉及禁止和限制类的，按实际投资额的1%给予原有企业一次性奖励。不断促进优势中小型重点产业企业扩大规模，建立健全大中小企业协作配套机制体系。

（四）加强"建链、补链、延链"

统筹推进产业园区建设，引导产业、企业、项目向园区集聚，推动工业园区扩总量、提质量、集约高效发展。将招商引资与产业培育有机结合，结合自身基础条件和产业实际，开展建链、补链和延链招商引资。严把园区项目准入关和排放关，每个集聚区集中力量发展1个主导产业和3～5个关联产业，促进配套企业和上中下游产业链集群发展。

（五）优化产业园区运营模式

充分利用东部帮扶西部的机制，与东部对口援建省（市）合作共建产业协作示范园区，着力实现产业合作项目深度对接、体制机制无缝对接。鼓励港澳地区及外国机构、企业、资本参与合作园区运营。支持各市与"一带一路"沿线国家产业园区建立"姐妹园区"合作关系，开展境外加工贸易和资源开发。推动园区配套升级，强化工业园区投融资平台和企业公共服务平台建设。提升园区承载能力，加快建设园区"五通一平"基础设施和标准厂房，推进园区产业升级、协同创新、分类发展，形成梯次结构更加合理、产业体系更加健全、生态环境更加友好的新格局。

（六）打造智慧园区

引导园区企业加大"机器换人""电商换市"的投资，形成智能化、网络化、协作化的园区产业生态。支持园区研究和制订5G产业应用方案，探索集数字产业环境、数字化生产要素保障、数字化园区运营模式于一体的服务平台，再利用平台数据挖掘未来独角兽。支持园区在物联网、大数据、云计算等领域布局，支持自治区级、市级及园区产业投资基金在各种具有市场爆发的智能改造节点处进行注资，培育一批融合型企业。

三、坚持园区与城市共生

（一）加强园区绿色建设

良好的生态环境是园区发展的根本依托。目前园区对投资者的吸引力主要依靠综合投资环境质量，其中区域生态环境质量所占权数越来越高。硅谷、新加坡裕廊工业区等世界成功经济功能区的实践表明，园区要聚集"财气"（创业）和"人气"（居住），必须实现工业化与生态环境的和谐发展。良好的生态环境可以成为园区的区域品牌和招商引资的"名片"。"先污染、后治理"的模式在国内外一些城市工业化进程中已经有过非常深刻的教训，园区决不能再走这条老路。因此，要建设绿色园区，必须加强生态环境的保护和建设。构建"林带、园林"多层次的园区绿化体系。林带建设主要包括园区主要交通干道两边的人工林带和河流沿岸水陆交接地林带的建设，要根据不同道路的位置、性质和功能特点，以及当地独特的地理、气候特征创建独具特色的景观林带。园林建设包括街旁绿地、公园、道路绿地以及厂区内绿地的建设，是与人们的生产生活紧密相连的绿化体系，园林的建设要体现以人为本，人与自然和谐共存的宗旨，按景观化、生态化的要求建设，通过构建多层次、多样化的绿化体系，形成"城在林中、林在城中"的绿色园区格局。

（二）推动园区生态化改造

推动广西园区开展生态化改造、循环化改造，加快污水循环处理回收等设施建设，引导梧州、钦州、百色等创建国家再生资源回收体系建设试点城市。科学规划建设园区污水集中处理设施及配套管网，大力发展循环经济，强化污染防治，推进节能减排，努力构建产业园区绿色发展长效机制。积极推广中滔环保模式，建设一批企业运营的绿色循环型工业园区。

（三）加大低碳产业园建设力度

结合新型工业化产业示范基地建设，鼓励园区和企业利用大数据、云计算、区块链等技术，对园区和企业用能系统进行智能化改造，建设区域智慧能源系统。开展低碳企业试点示范，引导工业企业实施低碳发展战略，开展低碳企业评价，建立激励约束机制，增强企业低碳竞争力。实施低碳标杆引领计划，推动重点行业企业开展碳排放对标活动。鼓励有条件企业和产业园开展碳中和试点示范。

（四）搭建产城一体化公共服务体系

按照"多规合一"的发展思路，统一编制产业发展、城乡建设、土地利用、基础设施、社会事业和生态环境保护等规划，合理确定产业、居住、公共服务和生态用地比例，拓展区域发展新空间。加大资金扶持，支持园区健全完善基础设施以及周边城镇的城镇功能。加快产城互动试点园区所在县城、重点镇与中心城区的同城化建设，提升服务配套功能，加快承接中心城区产业转移。

（五）实施产业化和城镇化整合互进战略

大力实施产业化和城镇化整合互进战略，鼓励引导各城镇立足本地资源条件和产业基础，明确主导产业和发展方向，以产业化促进城镇化、以城镇化推进产业化，实现城镇建设与产业发展的良性互动、融合发展。以优化产业结构、推进产业集聚、增强城镇吸纳就业人口集聚功能为重点，深化产业分工与合作，重点培育产业集群，加快建设以产业为主导的特色小镇，推动产业集群化发展。

（六）坚持政策考评与市场筛选协同

积极发挥政策引导作用。在项目投资建设模式、产业定位、合作运营机制、招商引资、人才引进等方面先行先试，进一步探索"飞地园区""共建园区"合作机制。推动联合企业型园区、综合型园区、"静脉"产业型园区等生态化改造。引导和推动以产业链延伸为主导，以共生企业群为主体，促进生产工艺纵向与横向耦合的能源资源循环化改造。发展特色优势产业主导型、产业链型生态产业园区。

（七）提高项目引进的质量

根据园区自身的资源条件，有选择地引进项目，坚持把效益好、低污染、科技含量高的项目作为引进的重点，避免急功近利。坚持引进外资与引进内资相结合，在园区内营造公平竞争的环境，促进外源型与内源型经济相融合，增强园区经济的内生性和可持续性。为了促进园区产业集聚发展，以"产业链全局观"的视角谋划园区产业转型升级，研究全周期、全链条、全要素、全主体的产业升级保障。给予各类经营主体同等的市场准入资格；聚焦重点产业链优化供应链，解决产业链发展中的短板问题；集中力量攻关产业链的薄弱环节；着力优化产业配套，扩展配套半径，形成关键产业、龙头企业配套数据库。通过龙头企业、"链主"企业的引领，带动众多企业效仿，最终形成全产业链创新的发展格局。

（八）建立健全园区绿色发展考评机制

为促进园区绿色发展，需要建立涵盖经济效益、资源、环境、投资、"亩均能源消耗"、"亩均产值"等指标的绿色园区综合性评价体系。要坚持"环保一票否决"制度，对于不符合环保规定的项目，坚决禁止入区入园投资，杜绝先污染后治理的发展模式。制定相应评价程序、奖优罚庸的结果运用等环节组成的综合考评办法，以此为导向，使绿色园区的建设得以制度化。同时，构建完善的园区环境监测和检测体系，加强对园区企业生产过程当中环保措施执行情况的检查，确保园区内工业企业实现持续稳定的达标排放，使区域水质、空气、噪声等达到国家规定的水平。

专栏6-1　绿色园区特征

生态环境良好。园区绿地率适度，园区空气、污水、噪音、废弃物等环境指标控制在国家一、二类标准范围内，具有良好的生活居住环境。

土地、能源等重要资源利用集约度高。在土地利用上，表现为土地利用总体规划科学，项目建设单位土地产出的生产总值、税收等经济效益指标高。在能源利用上，表现为单位生产总值、工业总产值耗电能、煤、水量低。

经济运行质量高。经济运行质量不仅仅是看工业总产值、生产总值、利用外资、出口等总量指标，更重要的是要看各产业的净产值率、利润率、全员劳动生产率及财税收入占生产总值比率等效益指标，看地区产业的集聚度及产业竞争力，以及当地技术、知识产权、品牌等内生性经济成长因素的发育程度。

第三节　打造绿色企业

一、着力促进企业自主创新

（一）积极建设绿色创新平台

加强企业科研机构建设，着力构建适应企业技术创新发展需要的研发体系和工作协作机制。在资金、技术、设备设施、人才等方面继续加大投入，加快建设一批高水平的企业研发中心和工程实验室。将部分产业相近、行业相关的区属科研院所和大型企业合并，整合科技资源构建研发平台，提升企业创新能力。鼓励企业通过合作研发、委托研发、并购等方式获取外部研发资源，联合高校、科研院所和中央企业等建立科研协作平台和产业创新联盟，重点突破一批产业共性技术和关键核心技术。鼓励科研机构以技术、专利等研究成果入股企业或与企业组成技术联盟，实现利益共享、合作共赢。

> **专栏6-2 柳钢集团的"产学研"之路**
>
> 柳钢集团以打造研发平台为支撑，积极探索"产学研"深度合作新模式。加快与国内科研院校、上下游企业开展科技合作，在立足掌握钢铁行业关键与共性技术的同时，全力打造面向产业快速发展的高水平技术服务平台，为广西钢铁行业发展提供全方位的技术支撑。目前，建设了广西千亿元产业钢铁研发中心、汽车用钢工程中心、人才小高地、广西博士后工作站、广西钢铁产业工程院等研发平台。2018年与北京科技大学签约共建柳钢—北科大冶金技术研究中心，与安徽工业大学签约共建柳钢—安工大环保与煤化工技术研究中心，与武汉科技大学签约共建柳钢-武科大钢铁研究中心。筹建了由孙优贤院士、桂卫华院士及其团队领衔的院士工作站。坚持"走出去"与"引进来"相结合，与东北大学、中南大学等科研院校及广西汽车集团、乘龙汽车、贵绳股份、广东冠立、马士基等终端用户，在品种钢开发、产品质量改善、冶炼和轧钢新技术应用、人才培养等方面开展广泛的合作和交流，以项目（课题）为载体，以市场为导向，在合作中加快项目成果转化，实现借力发展。

（二）努力突破绿色关键核心技术

立足当前着眼长远，聚焦产业链关键环节和制约行业企业发展的绿色技术短板，以关键共性技术、前沿引领技术、现代工程技术、颠覆性技术创新为突破口，大力开展绿色核心技术研发攻关，率先取得一批重大原创性成果，尽快在关键领域和"卡脖子"地方取得突破。建立健全企业自主创新管理体系，不断提升企业自主创新意识，积极培育以创新为核心的企业价值观，形成提倡创新、鼓励创新的氛围，营造和谐宽松的创新环境。将自主创新纳入企业战略规划，加强对企业自主创新的考核，强化自主创新在企业发展中的关键引领作用。建立适合企业发展需要的研发体系，发挥科技创新在全面创新中的引领作用，形成工艺及技术开发、应用研究、基础研究相配套的梯次研发结构。推动研发、设计、工程及生产的有机结合，促进科研成果向现实生产力的转化。提升知识产权创造、应用、管理和保护能力，完善知识产权管理的运作模式和工作机制，推动专利、专有技术等知识产权的集中管理。完善有利于创新的经营业绩考核制度，细化科技创新考核指标体系，对考核期内获得重大科技创新的企业予以年度加分奖励。健全科技创新市场导向机制，推进企业科技创新成果资本化、产业化。鼓励企业发展和保护自主知识产权，推动产业转型升级。坚持创新引领，重点突破，有选择地实施高新技术研发和产业化，着力发展新能源、新材料、新能源汽车、高端装备制造、生物医药等战略性新兴产业，抢占未来发展制高点，培育新的经济增长点。

专栏6-3　企业重点绿色技术

资源开发绿色技术。为保证源头实现资源开发与利用的节约高效，必须大力发展资源开发绿色技术，合理利用与开发化石能源，加大非化石类能源的开发，重点开发具有普遍推广意义的资源节约和替代技术、能量梯级利用技术，以及资源开发后的生态环境修复技术和污染治理技术。

原材料加工绿色技术。要减少原材料加工过程中废弃物的产生，就必须积极开展清洁生产，运用"零排放"技术、有害有毒原材料替代技术、降低再利用成本的技术等清洁生产技术、实现原材料加工过程废弃物的低排放，实现加工过程少污染甚至无污染。以有色、钢铁、化工、建材、印染等行业为重点，加大清洁生产扶持力度。支持培育工业低碳技术服务第三方机构，重点发展低碳科技研发与项目孵化，开展低碳生产设备的技术改造、生产信息咨询、产品检验检测和质量认证认可服务等科技服务，为重点行业的低碳转型提供技术支持。

产品生产制造绿色技术。加强不同产业不同企业间产业链延伸与联结，编制主导产业产业链架构图，精准开展产业招商，形成产业和企业之间互相购买产品和服务。鼓励企业加大能源系统硬件基础设备投入，建设企业端能源管控信息平台，形成集过程监控、能源调度、数据管理、能源决策一体化信息系统。在机械、轻工、装备、石化、汽车等重点行业大型企业，积极开展技术改造，大力推广生产过程自动化和成套装备智能化，打造数字化车间和智能工厂，实现产品生产制造过程的绿色化。

废物循环利用技术。生产环节产生的废物进行循环再利用是企业实现"绿色"生产的关键环节。充分利用废物循环再利用技术，加大对生产中的废渣、废料、废气、废水等废物的资源化利用，能保证企业生产过程以及生产出来的产品的绿色化。围绕废钢铁、废有色金属、废塑料、废纸等主要再生资源，加快先进适用回收利用技术和装备的研发及推广应用。加快再生资源产业集聚区建设，推进再生资源跨区域协同利用，构建区域再生资源回收利用体系。

商品流通绿色技术。企业积极采用绿色运输和绿色包装。在商品运输过程中，推广使用多式联运，加强产业链与供应链的融合发展，形成生产管理、供应链管理和服务体系融合等柔性制造模式，有效减少交通运输给群众生产生活环境带来的污染。同时加强绿色包装设计，尽量选择那些污染小、可重复利用、便于回收的材料，向群众提供优质环境与服务。

（三）充分发挥绿色创新要素合力

大力推动企业技术创新、制度创新和管理创新，突出重点产业重点领域创新发展，加速创新成果产业化。建设以企业为主体、市场为导向、产学研用紧密结合的技术创新体系，实现创新驱动发展。进一步明确国有企业科技创新方向和重点任务，整合新兴产业培育、知识产权保护、企业品牌建设等职能，推动企业完善技术创新体系，组建产业协同发展平台，协调落实重大科技政策和项目，更好发挥国有企业在大众创业、万众创新中的引领带动作用。加强与国际优质产品的质量比对，支持企业瞄准先进标杆实施绿色技术改造。开展重点行业工艺优化行动，围绕先进轨道交通装备、新型农机装备、通用航空产品、数控机床和机器人、电力装备、新能源汽车等重点产品和装备组织质量提升绿色关键技术攻关，推动企业积极应用新技术、新工艺、新材料。将科技投入纳入企业全面预算管理，建立健全科技发展专项资金制度，大力支持广西科技事业发展，加快提升自主创新能力，促进科技成果转化与产业化，充分发挥科技对经济社会发展的支撑引领作用。

二、着力抓好国有企业结构调整

（一）扎实推进战略性重组

遵循市场化原则，稳步推进农业、机械制造、基础设施建设等领域国有企业战略性重组，促进国有资本进一步向符合国家战略的重点行业、关键领域和优势企业集中。积极引进国内外要素资源，支持具有互补优势和战略协同效应的企业进行联合重组，支持企业在国家鼓励投资的产业中与世界 500 强企业、中国 500 强企业、央企、优秀民企等实施战略合作，支持优势企业开展跨区域、跨所有制并购重组、合资合作。对最近几年已完成重组的集团公司，要加强兼并重组企业的管理，推进管理、业务、技术、市场、文化和人力资源等方面的协同与融合，通过注入资源、整合业务、优化管理等措施，实现降本挖潜、提质增效，充分发挥资产的整合放大效应，促进重组后的企业加快发展，确保实现兼并重组预期目标。学习借鉴北京、重庆、广东、江苏、云南等省市做法，由政府财政和重点企业作为主要发起人，以"母子基金"的形式设立广西国有企业改革重组基金，建立国有企业改革成本市场化补充机制。

（二）积极开展专业化整合

鼓励自治区各企业之间、各市企业之间、自治区各企业与市属企业之间开展市场化、开放性重组，组建专业化平台，重组若干产业集团公司。鼓励房地产、物流、酒店、文化旅游等领域相关国有企业共同出资组建股份制专业化平台，加大新技术、新产品、新市场联合开发力度，减少无序竞争，提升资源配置效率。在国家产业政策、行业发展规划和自治区产业结构调整规划指导下，支持监管企业之间通过资产重组、股权合作、资产置换、无偿划转、战略联盟、联合开发等方式，将资源向优势企业和主业企业集中。鼓励优势产业集团公司对相关产业链上下游企业进行重组，打造全产业链竞争优势，更好发挥协同效应。通过制定国有企业上市规划，重点整合优质资源配置到拟上市企业，加快国有资产证券化进程，促进企业产业资本和金融资本的融合。

（三）大力推动瘦身健体

带头做好供给侧结构性改革这篇大文章，加快处置低效、无效资产，积极化解过剩产能，加大"僵尸企业"处置和特困企业治理工作力度，切实解决历史遗留问题，有效提升企业运营质量和效率。一是推动国有资本从一般性竞争领域退出。对于广西从事房地产业、建筑业、旅游产业以及投资经营等竞争性行业的国有资本，应通过引入民营资本、允许企业员工持股等形式，发展混合所有制经济，逐步降低国有资本比重，实现国有资本有序退出。二是推动国有资本从劣势企业中退出。对不具备竞争优势、无法发挥作用的国有资本，可以采取资产对冲、资产补贴等方式有序退出。抓紧处置"僵尸"企业，对于早已停止生产经营活动、"名存实亡"但没有进行破产清算关闭的企业，尽早开展破产清算关闭；对濒临破产的长期亏损企业和低效无效国有资产进行清理，将国有企业历史沉淀的不良资产划分为不同类别的资产包，采取拍卖、转让、划转等不同处理方式，清理盘活闲置的国有资产，促进国有资本退出。如，宏桂集团要加快对资不抵债、停业半停业的政企脱钩企业批量退出市场；港务集团、广投集团、柳工集团、北投集团等企业要加快"僵尸企业"的清理工作；广投集团要积极稳妥处置广西建设燃料公司债权债务问题；宏桂集团要加快处置低效无效酒店资产，即明园新都酒店、新慧物业公司、香港富海公司的处置问题，通过对外合作，彻底解决酒店板块小、散、乱等状况。三是推动国有资本从不符合环保要求的行业退出。坚决淘汰高耗能、高排放、低附加值产业和落后生产能力，促进国有资本从传统产业向新兴产业集中，从价值链低端向价值量高端聚集，从低附加值领域向高附加值领域转型，不断提升国有经济的发展质量和国有资本配置效率。

专栏6-4　南南铝的转型升级之路

南南铝紧紧围绕市场竞争力这一关键，以消费升级为导向，以供给侧结构性调整为方向，通过加大技术改造力度，不仅产业结构转型升级，产品也从低端供向中高端供给转换，实现了鸟枪换炮般质的飞跃，技术装备水平跻身世界同行业前列，一个以航空航天、轨道、汽车、IT、电子等新材料精深加工产品为主导的现代化企业逐步形成。这个曾主要靠建筑型材、门窗型材拉动，面临行业竞争激烈、产能过剩等挑战的传统企业焕发新生。如今在南南铝，最长的大推力重型火箭用锻环用坯、时速350公里的动车组型材等拳头产品不断涌现，代表铝精深加工最高水平的航空航天、船舶、轨道交通等领域实现不断突破、全面开花，加快转型升级的脚步，发展引擎得以更新换代。

三、全面提升企业产品服务质量

（一）推进全面质量管理

发挥质量标杆企业和国有企业示范引领作用，加强全员、全方位、全过程质量管理，提质降本增效。积极推广现代企业管理制度，广泛开展质量风险分析与控制、质量成本管理、质量管理体系升级等活动，提高质量在线监测、在线控制和产品全生命周期质量追溯能力，推行精益生产、清洁生产等高效生产方式。弘扬企业家精神、劳模精神和工匠精神，不断提高决策者、经营者、管理者、生产者质量意识和质量素养。

（二）重点加强品牌培育

首先，全面推进商标品牌强桂建设，强化《关于推进广西建设商标品牌强区合作框架协议》的落实。其次，积极鼓励企业申报工信部工业品牌培育试点企业、国家"质量标杆"称号等，对申报成功的企业给予一定的财政资金奖励。并积极开展自治区级品牌培育的工作，编制品牌培育发展规划。

（三）组织质量品牌政策宣传

一方面自治区层面相关部门应积极在全区范围内开展国家和自治区质量品牌政策及工信系统品牌培育的相关政策，邀请品牌专家为区内企业讲解品牌的塑造和营销。另一方面，充分发挥在自治区级以上工业园区建立的商标品牌指导服务站的作用，并不断拓展其功能，加强对企业一对一的商标注册指导、实施商标战略相关政策等咨询服务，不断提升广西企业"增品种、提品质、创品牌"的意识。

（四）增强绿色意识树立绿色企业形象

企业积极开展绿色生产教育和培养活动，充分调动企业员工自觉参与绿色生产、重视绿色生产的意识，共同营造加强打造绿色企业的氛围。完善企业绿色管理规章制度。加强企业资源开发过程绿色化、生产过程绿色化、生产管理过程绿色化，提高工作效率、增加公司绿色收益、增强企业绿色形象，需要制定出的企业绿色管理的依据和准则，从不同层面引导企业员工遵守绿色管理制度，增强绿色发展执行力。鼓励企业申报各类"绿色标志""绿色证书"等体现企业商品绿色性的绿色认证，以提升自身在社会上的影响力。

第七章　推进广西工业绿色高质量发展支撑要素优化路径

推进广西工业绿色高质量发展，需要各类支撑要素支持。针对当前和今后一个时期支撑要素存在的优势和短板，迫切需要从8个维度找准突破口、切入点、着力点，促进支撑要素不断优化，不断增强推进工业绿色高质量发展的能力。

第一节　以研发人才为重点加强工业人才结构优化

人才资源是永不枯竭的战略资源，人才优势是最具潜力的发展优势。要充分发挥人才是第一资源的作用，树立不唯地域、不求所有、不拘一格的人才观，大兴识才爱才敬才用才之风，为经济高质量发展汇聚更多人才力量。

一、坚持实用原则，补齐急缺人才

围绕广西传统产业升级和战略性新兴产业发展需求，建立产业对人才需求的预测调整机制，从源头上优化产业人才结构。深入实施人才强桂战略，大力实施高端人才聚集计划。继续试行八桂学者制度、特聘专家制度，吸纳海内外高层次人才聚焦"塔尖"。以多种方式引进"两院"院士等高端人才，开展科研、技术指导等活动。引进国家杰出青年基金获得者、新世纪百千万人才工程国家级人选、长江学者特聘教授等高端人才到广西工作，给予他们优厚的待遇。发挥广西国家级和自治区级各类科技平台作用，建立符合科研规律与特点的不同创新活动的科研团队组织和项目管理模式，培养一批战略科技人才、科技领军人才、企业家和高技能人才、创新创业人才和青年科技人才，优化人才队伍结构。合理配置人才资源，着力解决农村地区人才缺失的问题，以振兴乡村工业为目标，进一步加大自治区级财政对农村科技人才引进的扶持力度，提高津贴补贴和绩效工资水平，建立专项奖励制度，优化岗位设置，引导合理流动，推进人才资源的合理、均衡配置，培育一批服务乡村工业的人才队伍。

二、遵循人才规律，做到人尽其才

构建完备的人才梯次发展机制，彰显领军人才的团队领导能力，发挥中青年科技人才的骨干引领作用，大胆把青年人才放在重要位置上培养，不唯资历、不唯"帽子"，既不拔苗助长，又要做到人尽其才、才尽其用。遵循科研规律，针对不同类型科研活动的特点，对从事不同类型活动的人才予以分类支持，对从事基础研究和原创性应用性研究的人才，给予持续稳定支持，实行长周期评价，营造鼓励创新、宽容失败的学术环境，创造良好的创新平台和发展空间，激发人才创新活力。

三、完善评价机制，促进人才脱颖而出

充分发挥人才评价的"风向标"作用，建立健全人才科学分类评价体系，改变评价标准单一、唯论文唯职称唯学历、人才"帽子"满天飞等现象，树立正确的评价导向，坚持实事求是、正向激励导向，强化制度建设、政策保障和环境营造，鼓励科研人员甘坐冷板凳，努力在前瞻性基础研究、引领性原创成果等方面取得突破。完善评价方法，建立突出科技创新质量、贡献、绩效的分类评价体系，对科技人才采取差异化的评价标准，强化评价结果应用，明确荣誉型、岗位型、任务型、项目型等不同人才计划的定位，优化调整评价和支持方式，避免各类人才"帽子"化、标签化、永久化。

四、充分调动科研单位和人员的积极性

改革高校、科研院所创新活动考核评价机制和办法，把科技成果的转化和产业化作为主要导向和衡量标准，引导高校、科研院主动融入以企业为主体、以产业攻关为重点的创新活动中去。鼓励企业出资到高校、科研院所建立研发平台，引导高校、科研院所到重点企业共建研发中心，打造跨领域、协同化、网络化创新平台。建立健全科学合理的创新成果转移转化收益分配机制，加大科研人员股权激励力度。制定以知识价值为导向的政策实施意见，构建基本工资、绩效工资和科技成果转化性收入的三元薪酬体系，加快形成体现知识价值的收入分配机制，让科研人员在大胆走向市场中收获财富。

五、重视职业技术教育

打造高素质的技术工人队伍和技术专家团队，加快建设民族地区职业教育综合改革试验区，构建产教融合、校企合作、中高职衔接、职教普教沟通的现代职业教育体系，推进一批职教园区、示范职业院校、特色专业和实训基地建设。办好职业技术教

育，培养广西市场上紧缺的职业技术人才，对难以实现就业的初级长线专业的人才要逐步压缩调整。做好普通高等院校的调整工作，如调整其招生专业结构、新增紧缺专业。同时，政府应该加强人才资源的统计分析和预测规划，定期向社会公布人才需求。引导大中专院校根据社会经济的发展和人才余缺情况，及时调整学科和专业设置。根据广西产业发展和经济结构调整的需要，确定若干学科作为加强建设的重点，在高新技术产业开发区内创办高新技术学院，促进产、学、研相结合。

六、营造尊重人才、尊重创造的良好氛围

强化以人才为本的工作理论，加强政府公共服务资源统筹，在住房、子女入学、医疗健康、后勤服务等方面提供全方位保障，为人才解决后顾之忧。优化人才政策，完善人才的培养机制、使用机制和激励机制，出实际贡献和价值导向，建立有利于各类人才均衡发展的激励制度，充分发挥领军人才、骨干人才、青年人才等的作用。

专栏7-1　广东创新博士和博士后人才引进机制

引进海外博士后资助项目，采取"核实认定、不限名额"的方式，面向业内公认全球排名前200的高校引进国（境）外博士毕业生来粤从事博士后工作。省财政给予进站博士后每人每年30万元的生活补贴，资助期限为2年；出站后留在广东工作的，省财政给予每人40万元的住房补贴。对引进或毕业（出站）后留在珠三角地区工作的35岁以下博士、40岁以下博士后，由各市财政分别给予每人不少于10万元、20万元的生活补贴（中央驻粤单位和部属、省属单位由用人单位负担）。对引进或毕业（出站）后留在粤东西北地区及惠州、江门、肇庆市享受省财政转移支付县（市）工作的40岁以下博士、45岁以下博士后，由省财政分别给予每人20万元、每人30万元的生活补贴。对国（境）外引进博士和博士后另给予10万元的生活补贴。对引进博士和博士后创新创业团队最高给予2000万元资助。

第二节　以增强工业核心竞争力为导向加强创新能力建设

习近平总书记在视察广西时强调，"创新是引领发展的第一动力"，"只有创新才能自强、才能争先，要坚定不移走自主创新道路，把创新发展主动权牢牢掌握在自己手中"[①]。因此，广西要加快推进以科技创新为核心的全面创新，着力提高创新供给能力，全面增强创新对工业绿色高质量发展的支撑力。

一、激发企业创新创造活力

企业既是产业的主体，也是创新的主体，产业发展需要解决哪些问题，需要什

---

① 《构建全方位开放发展新格局（沿着总书记的足迹·广西篇）》，《人民日报》2022年6月16日。

么样的创新，企业最清楚。只有让企业在创新活动中唱主角，才能从根本上解决创新与产业发展"两张皮"问题。按照市场主导、政策引导、企业主体、院所协作、利益共享的原则，鼓励企业、高校、科研院所等创办或联办实行市场化运作的新型研发机构。加大力度引进国家级科研院所或高水平产业研发平台在广西建立分支机构，鼓励区内企业、高校、科研院所与区外科研机构联合创办产业技术研究院等创新平台，探索完善院地合作、联合攻关的长效机制。在企业中探索推行"首席技术官"制度，推动既懂技术又懂管理的复合型人才进入企业创新决策层，通过"首席技术官"把企业需要的各方面创新资源高效配置到企业，帮助企业更好把握未来产业发展趋势和技术创新方向。

（一）支持和鼓励企业建设高水平的研发机构

对经国家部门认定的国家工程技术研究中心、国家工程研究中心、国家工程实验室、产业创新中心等研发机构，采用后补助的方式给予资助；对经自治区级部门认定的自治区级研发机构，采用后补助的方式按自治区级科技项目配套标准予以资助。推进企业创新示范，对新认定的国家级制造业创新中心、技术创新示范企业、自治区级制造业创新中心、技术创新示范企业，分别给予资金支持。支持"专精特新"企业发展，对新认定为工信部"专精特新"小巨人企业给予资金支持。

（二）支持企业充分利用全球创新资源

支持广西国企围绕战略性新兴产业发展需求，消化吸收国外先进技术。促进广西企业与国际知名研究机构和实验室、国际学术组织和产业组织共同设立"境外飞地研究中心"，联合开展科技合作项目。鼓励有实力的国有企业加入国际产业技术联盟，充分利用国际资源成长为跨国集团。鼓励广西国有企业积极布局海外市场，在战略性新兴产业发达国家和地区建立研发、营销、品牌策划与咨询服务等分支机构，在广西建立成果转化基地，形成研发、生产、销售、服务的全球布局。

二、高标准打造产学研用一体的创新链

习近平总书记深刻指出："科技创新绝不仅仅是实验室里的研究，而是必须将科技创新成果转化为推动经济社会发展的现实动力。""科技成果只有同国家需要、人民要求、市场需求相结合，完成从科学研究、实验开发、推广应用的三级跳，才能真正实现创新价值、实现创新驱动发展。"[1]

（一）发挥高校和科研院所的生力军作用

按照"面向世界科技前沿、面向经济主战场、面向国家重大需求"的要求，支

---

[1]　中共中央文献研究室：《习近平关于科技创新论述摘编》，中央文献出版社，2016。

持引导高校、科研院所聚焦发展需要和产业实际开展科研攻关，真正把论文写在产品上、研究做在工程中、成果转化在企业里。支持高校、科研院所在事关广西长远发展的重点学科领域、战略性新兴产业、传统重点行业，部署建设一批多学科交叉融合、综合集成的国家和自治区级高水平科技创新平台。科研院所要紧跟前沿科技发展态势，加强重大问题研究和科技攻关，有条件的要努力建设成为全国一流、行业领先的科研院所，支持具有产业共性关键技术、技术开发实力强的科研院所发展成为新型研发机构。

（二）推进高校、科研院所与企业深度合作

加快推进产学研协同创新，鼓励高校、科研院所与企业建立创新联盟，围绕产业需求确定创新方向，着力培育组建一批科技协同创新体。以提高高校、科研院支撑地方产业发展的创新能力为重点，加大重大科学基础设施建设，改善产业重大关键共性技术研究开发条件，推动人才培养、学科建设、研究开发三位一体，建设一批高水平的产学研协同创新中心。拓展高校、科研院所与企业协同创新路径，支持高校、科研院所科技人员带科研项目和成果到企业开展创新工作或创办企业，使自由探索和目标导向研究相互衔接、优势互补，为广西创新发展提供更多的人才、智力和成果支持。

（三）联合高端创新资源开展重大科技攻关

针对产业发展最需突破而自身又难以解决的"卡脖子"关键技术、核心技术，要主动借助全国乃至全球最专业、最优秀的创新团队、创新力量集中攻关。克服本位主义和地方保护主义，加大科技计划项目申报实施的开放力度，打破只允许区内单位牵头申报的惯用做法，支持区外单位甚至境外科研机构牵头承担自治区科技计划项目，引导区内外创新团队同台竞争、公平竞争，鼓励更多创新团队为广西创新发展和产业发展贡献才智。大力推动创新和产业发展深度对接粤港澳大湾区，加快构建桂粤港澳区域科技创新走廊，引进更多高端创新资源为我所用。

（四）推动创新成果与产业发展、企业需求有效对接

聚焦广西特色优势产业发展、企业技术创新需求，有计划有重点地加快建设一批自治区级中试熟化基地，为创新成果走向生产过程提供专业服务，引导更多创新成果走向中试、进入孵化，最终实现产业化。引导高校、科研院所建立专业化的创新成果转移转化机构，通过研发合作、技术转让、技术许可、作价投资等多种形式，让创新成果走向市场。以超常举措吸引区外创新成果落地转化。围绕广西产业升级发展需求，面向前沿科技发展方向，千方百计吸引国内外优秀专家和企业带着有自主知识产权的创新成果到广西实现产业化。要特别注重加强与中国科学院、中国工程院、"985"高校等的合作，吸引其创新成果来桂转化，兴办联办科技企业、科研生产联合体，鼓励国内外高校、科研院所、企业来桂举办技术成果专场拍卖

会、推介会，支持其入驻广西各类技术市场。

三、突破产业发展创新掣肘

（一）全面推进工业重点领域关键共性技术大攻关

遴选出制约广西工业产业的关键共性技术项目，每个技术项目给予充足资金支持。本着不求所有但求所用的原则，向国内国际发布"技术项目需求榜单"。每个项目的中标单位要带团队加入新兴产业企业联盟平台，并最终实现项目成果在广西落地转化。打造智慧小镇，小镇内搭建一个产业技术转移转化与应用创新平台，为技术项目团队搭建良好的创新环境。项目引进的创新团队，摒弃发表论文作为考核指标，设计一套注重成果转化的考评体系，如若达到考评体系的要求可积极给予团队成员申报广西百千万人才团队层次支持计划，力求从全方位形成对技术项目团队的支持。

（二）充分发挥广西产业技术研究院作用

多种模式推进研究院技术成果研究与转化：一是"技术成果+合作企业"模式，研究院与企业合作研发的技术成果，参与企业可直接使用，按销售额提成或按年付费。二是"技术成果+创业团队"模式，从研究院遴选成果面向社会招募创业团队，团队与研究院（基金）共同出资组建企业创业。三是"技术成果+中小微企业"模式，企业与研究院共同出资，为企业量身打造新技术。四是"技术成果+龙头企业"模式，围绕龙头企业自身产业链规划研发一批技术，研发完成后企业转化实施。产业技术研究院可以在"985"高校聚集地区或者创新源丰富的国家、地区设立研发总部，通过建立"创新飞地"更好地利用国内外创新资源，以及跟踪好的科技项目和储备成果转化项目。建议设立产业技术创新基金。由自治区财政发起设立引导基金，再由引导基金募集社会资金，形成以资本为导向的技术开发投入模式，更好地放大财政资金的杠杆效应。产业技术创新母基金再通过发起子基金或者直接投资的方式实现创新投入，最终带动社会资本投向产业技术创新。根据企业创新需求，将由基金管理机构委托产业技术研究院或其他相关的研究机构进行研发。

专栏7-2　江苏省产业技术研究院概况

江苏省产业技术研究院（以下简称产研院）成立于2013年9月27日，是经江苏省人民政府批准成立的新型科研组织，是其创新体系的重要组成部分，主要功能是服务中小企业和突破产业共性技术问题。2017年，产研院已有36家专业研究所和1家参与共建的国家超级计算无锡中心。研发人员总规模近6000人，其中院士、863、973项目首席专家等领军人物80多人，场所面积合计近80万平方米，设备总值约26亿元，年研发经费总额约20亿元。各专业研究所累计转移转化2000多项技术成果，累计衍生孵化近400家科技型企业，其中已上市和拟上市的18家。产研院已引进项目经理41人，集聚了智能液晶、有机光电、芯片设计、高分子材料等高科技领域近300位全球高层次技术与管理人才（其中国外院士21人，国内院士8人）。

四、优化创新环境

（一）加快建设创新服务综合体

在高新技术开发区建设产业创新服务综合体，给予综合体创新大楼和注册资本金。综合体围绕国有企业优势产业和广西战略性新兴产业，有目的地"走出去"，瞄准合作地区的优势产业和优质企业实施精准招商、精准合作。鼓励创新服务综合体法人化运营，建成法人化、专业化、集约化、一体化的创新平台。鼓励创新服务综合体积极引进一批国际国内投资机构、民间资本和科技服务机构参与综合体建设，为综合体成员在知识产权、技术转移、融资及商业化等方面提供"产学研用金"一站式服务。鼓励综合体"走出去"，与世界一流高校、一流科研机构在技术研发、项目运营、人才等方面开展深层次合作。

（二）大力推进大众创业、万众创新

加快建设科技企业孵化器、大学科技园、留学人员创业园等各类孵化载体，着力打造一批创新创业中心和新兴产业"双创"示范基地，支持各方面力量创办创业咖啡、创客空间、微观装备实验室等各类新型孵化器，大力推广"孵化+创投"的创业模式，真正让创新创业人才千帆竞发、万马奔腾。

第三节　间接融资与直接融资相结合拓宽融资渠道

金融是实体经济的血脉，资金是企业运行的"血液"，没有"血液"工业运行不畅。因此，广西要积极推动金融服务实体经济，从工业绿色高质量发展出发，以拓宽融资渠道为切入口，围绕工业全产业链服务，实现上下游全链条、全流程覆盖，坚定不移支持工业绿色高质量发展。

一、推动财政金融良性互动

积极发挥政府性产业基金作用。完善子基金运作模式，按照"政府引导、企业+金融机构发起、引导社会资本投入"的原则，通过子基金分别成立基金管理有限公司，子基金变成基金管理公司的母子金，采取投资子基金和直接股权投资同步推进方式，最终带动社会投资投向实体经济。各地市也应积极探索设立产业投资基金，通过直接资金投资和股权投资两种方式，支持高技术、轻资产和现代服务业发展。充分发挥产业基金的引导、示范、增信作用，调整产业基金出资顺序，经批准，政府投资部分可先于其他有限合伙人拨付至基金账户，以增强基金管理机构募

资能力。建立产业基金发展机制。建立产业基金绩效考核制度。对自治区出资成立的产业基金的投资进度和业绩等情况，定期进行考核排名，促进基金管理机构更快更好地投资到产业发展中。对投资进度快业绩好的产业基金，给予相关政策奖励，作为财政增资支持的依据；对在期限内未实现投资或者投资比例低的产业基金，要追究产业基金管理团队的责任，并减少或不再给予该产业基金支持。完善产业基金约束机制，规范产业基金管理运作。可对产业基金设立投放作出时限等规定，如出现违反约定情况，政府将实行终止合作或退出。

（一）加强融资担保体系建设

调动银行业金融机构的积极性。"4321"政府性融资担保业务全面开展的关键在银行，应紧紧围绕"与银行建立良好合作关系"的思路，争取银行业金融机构将更多信贷资源向"4321"融资担保业务倾斜。引导和督促小微担保公司加快推进三方业务合作协议签署和银行准入授信工作建立激励机制，探索建立财政性资金存款存放和地方债务资金存放与银行投放"4321"融资担保贷款业绩适度挂钩机制，破除业务开展制度制约。做大政策性融资担保规模。通过财政注资不断壮大区级再担保有限公司的资本金，并通过区级再担保有限公司向县（市、区）政策性担保机构进行注资（参股或控股）；同时，要求每个县（市、区）着力培养一家政策性担保机构，将政策性担保机构培育成为本地区资本规模较大、风险管控能力较强的龙头担保机构。区级再担保有限公司要进行人员、技术输出，带动县（市、区）担保机构规范运作，逐步形成省市县三级再担保体系。

（二）建立信贷风险补偿机制和应急转贷机制

充分发挥财政资金的增信租用及杠杆效应，建立政府、金融机构、企业风险共担的风险补偿机制，按照不超过20倍融资规模撬动金融资源，支持产业稳健发展。推广南宁设立中小企业应急转贷资金的做法，设立自治区级应急转贷资金池，为广大符合银行信贷条件、具备后续还贷能力、无不良信用记录、还贷出现暂时困难的企业按期还贷、续贷提供短期周转资金，解决企业过桥资金问题，预防企业资金链断裂风险。进一步加大对民间资本进入融资担保、小额贷款和转贷行业的扶持力度，使民间资本成为融资转贷的有益补充。

二、加大信贷和保险支持力度

（一）鼓励信贷产品创新

结合南宁、柳州、桂林等国家级创业型试点城市建设，建立科技、知识产权、金融合作机制，推动科技与金融深度融合发展，拓宽抵押物应用范围，大力发展以知识产权、股权等为抵押物的新型融资业务。鼓励碳排放权抵押贷款，自主品牌商标专用权质押贷款等绿色信贷业务。鼓励银行推广科技贷、合同能源贷、光伏贷等创新型金融产品。对有市场、有前景的工业企业开展绿色技术创新活动贷款，对于企业制造装备升级类项目和互联网化提升项目，凡符合信贷条件和风控要求的，要做到应贷尽贷。创新贷款担保方式，推动政府性融资担保重点围绕工业企业的绿色产业项目提供担保和再担保服务。建立自治区知识产权评估体系，推动知识产权质押贷款，为绿色工业企业的发展和技术创新活动提供资金支持。支持推动企业兼并重组。一方面，深入推进供给侧结构性改革，加快富余产能的行业企业去产能；另一方面，建链补链延链，提升工业行业整体实力。鼓励金融机构开展并购贷款业务，推动金融机构对兼并重组制造业企业实行综合授信，积极稳妥开展并购贷款业务加大对企业并购重组资金支持。对"三高一低"企业、产能严重过剩行业、"僵尸企业"，实施压缩和退出相关贷款，逐户制定风险化解方案。

（二）鼓励保险产品创新

支持符合多元化需求的保险产品创新，推行环境污染责任险，探索开展安全生产责任险、食品安全责任险。研究推广关键零部件、国产首台（套）装备保险补助机制，推动新技术、新设备、新材料的推广。开展中小微企业安全责任综合险和财产险试点并给予专项资金扶持，为企业提供安全保障，吸引险资入桂。加强与保险资产管理机构对接，引导保险资产来桂发起设立产业发展基金，支持实体经济发展。支持信用保险加快发展，鼓励企业开展出口信用保险，助推外向型经济发展，提高广西金融对外开放水平。

三、提高工业企业直接融资比重

（一）支持工业企业发行绿色项目债券

根据国家发展改革委《绿色债券发行指引》及人民银行《绿色债券支持项目目录》，支持自治区符合节能减排技术改造、能源清洁高效利用、新能源开发利用、循环经济发展等绿色要求的企业申请发行项目支持票据或绿色债券，降低企业融资成本。鼓励工业企业加强绿色技术研发转化，支持偿债保障能力较强的广西工业企业利用直接融资工具，以发行企业债券、公司债、短期融资券、中期票据、中小企业集合票据等方式筹集绿色技术研发资金。

（二）拓宽制造业企业股权融资方式

充分利用贫困县上市绿色通道政策优势，积极引导企业加快推进股份制改造，逐渐推进资源资产化、资产资本化、资本证券化。支持科技型创新型工业企业，通过IPO、新三板挂牌、区域性股权交易市场交易等方式，在各层次资本市场进行股权融资。积极搭建企业与中介服务机构有效对接平台，建立与沪深交易所沟通交流机制，为企业上市提供一站式服务，对券商、会计师事务所、律师事务所等中介机构给予相应奖励。充分发挥广西北部湾股权交易所作为上市企业的"孵化器"作用，不断发展壮大企业上市挂牌后备库。从项目资源、信贷、产业、科技、人才、管理、资金、税收等方面对拟上市企业给予政策倾斜。鼓励优质上市企业利用资本市场以定向增发、资产置换等方式开展兼并重组，推进行业整合和布局调整优化。

四、营造良好融资环境

（一）构建银企互信信用环境

整合现有公共信用信息系统、企业信用信息公示系统等资源，实现企业信用信息采集、数据处理和综合运用，提高企业信用水平和信用资源利用效率。加强社会信用体系建设，继续深入开展金融生态环境创建活动，积极营造良好的区域信用环境。建立金融案件处置绿色通道。开辟金融案件"快立、快审、快判、快执"一站式通道，支持有条件地方设立金融审判庭，开展联合清理金融积案专项行动，尽快扭转金融案件处置周期长、受偿率低、执行难的局面，为化解金融风险、盘活信贷存量提供保障。

（二）防范企业金融风险

严防企业发生重大财务危机和债券兑付风险，督促相关企业严格按照中共中央办公厅、国务院办公厅下发的《关于加强国有企业资产负债约束的指导意见》的要求，完善国有企业资产负债自我约束机制，建立健全企业债券发行管理和动态监测机制，避免短贷长投，亏损严重、现金净流量为负的企业不得发行企业债券。增加资本金投入，加快返还国有企业上交的国有资本收益、整合注入优质资源资产、对自治区重大项目给予直接资金、基金或者专项债、贴息等融资支持，降低企业资产负债率，增强企业盈利能力。防范各级政府性债务风险。加强地方政府债务限额管理，严格限定举债程序和资金用途。严肃产出违法违规融资担保行为，坚决制止"明股实债"等变相举债。落实好中央关于治理政府隐性债务和自治区关于防范化解政府性债务的决策部署，坚决遏制隐性债务增量，适度盘活资源资金资产，妥善化解隐性债务存量。政府参与设立的各类投资基金和PPP项目，严控承诺回购社会资本，严控承担社会资本投资损失，严控承诺最低收益。防范金融机构业务风险。坚持"积极稳妥、依法合规、企业主体、政府主导、监管支持"的原则，妥善处理银行不良资产风险，加强对银行理财、信托计划等各类资产管理业务的全覆盖、全流程监管。

第四节　以供应多元化为方向加强能源保障能力建设

当前，清洁能源取代传统能源是大势所趋。党的十九大报告提出，要推进能源生产和消费革命，构建清洁低碳、安全高效的能源体系。近年来，随着清洁能源产业不断发展壮大，我国已成为全球最大的清洁能源投资国和清洁技术应用市场。加大清洁能源生产，优化能源消费结构，是我国能源结构调整的重要举措，也是我国经济社会转型发展的迫切需要。广西要顺应形势、抢抓机遇，积极融入国家能源生产和消费变革，立足本地资源，在加快清洁能源开发、能源结构调整上持续发力，特别是要科学合理布局风能、太阳能、生物质能源等清洁能源项目，不断扩大清洁能源应用范围和规模，在能源供给侧实现清洁替代。

一、坚持深度开发，推进绿色水电建设

抓好重大水电项目建设，续建大藤峡水利枢纽，抓好左岸厂房已有发电机组的投产发电工作，稳步推进右岸厂房发电机组安装建设、投产运营工作。充分利用红水河流域的电源规模，推进以龙滩水电站扩建为主的红水河干流水电梯级扩机工程，不断扩大装机容量。依托南盘江丰富的水资源优势，加快建设南盘江八渡水电站。统筹抽水蓄能发展与电源建设，综合考虑地形地质、水文气象等条件及电网调度需求，加快南宁抽水蓄能电站建设，谋划建设广西第二座抽水蓄能电站。积极支持农村水电增资扩容改造工程建设，不断提升装机容量和发电量。

二、坚持统筹规划、陆海并举，积极有序开发风电

有序推进陆上风电建设，在现有工作的基础上，因地制宜发展分散式陆上风电，续建浦北龙门风电场二期、新建岑溪大隆风电场等陆上风电项目，不断推进陆上风电技术进步、产业升级和市场化发展，提高风电装机容量。有序开发海上风电资源，按照规模化、集约化、可持续的思路，充分利用北部湾沿岸的风能资源优势，培育特色鲜明、布局合理、立足广西、面向东盟的海上风电产业。加大统筹海上风电开发建设，根据海上风电开发与海洋功能区划、海洋主体功能区规划等总体要求，修编广西海上风电发展规划、政策，统筹推进海上风电项目的建设、运营、维护等各项工作，促进海上风电项目有序开发及相关产业可持续发展。大力推动海上风电产业集聚发展，以风电开发和配套产业链建设为重点，以海上风电产业集群和海上风电产业园为核心，促进相关装备制造及服务业集聚发展，逐步构建形成"双园三中心"发展布局。加快推进海上风电创新示范建设，重点推进北部湾海上

风电示范项目、海上风电和海上牧场试点项目、广西北部湾海上风电基地、广西海上风电产业园南宁风电科技园等骨干项目建设。

三、坚持集中式、分布式相结合，持续优化光伏发电发展模式

加大"光伏+"综合开发利用，推进光伏建筑一体化建设，在学校、医院、机关企事业单位、工业园区、居民社区建筑和构筑物、个人家庭自有建筑物等区域建设一批"光伏+屋顶"分布式发电项目，推动光伏发电就地生产、就地消纳。在桂西、桂西北等土地资源相对丰富地区，利用废弃矿山、荒岛、荒山、荒地、坡地、低经济价值土地等土地资源，统一规划、集中连片、分步建设一批地面太阳能光伏并网发电站。大力发展"光伏+交通""光伏+通信基站"等新模式，不断推广分布式光伏电源。结合光伏项目建设以及设施农业、林业、牧业、渔业等，建设一批农光、林光、牧光、渔光等"光伏+综合利用"项目，促进光伏与其他产业有机融合。建立健全光伏发电应用服务体系，持续推行"光伏+技术进步""光伏+竞价上网"等模式，促进光伏发电技术进步、产业升级，综合提升光伏发电质量和效益。

四、坚持高效安全，积极稳妥发展先进核电

在确保安全的前提下，积极稳妥地推进核电发展，有序续建、新建防城港红沙核电（二、三期）、白龙核电（一期），争取早日建成投产运营，努力打造我国西部重要核电基地。积极推进先进三代及以上核电技术应用，有序提升核电装机规模，促进更多核电示范项目落地。持续开展其他核电项目前期工作，加强潜在核电厂址资源的勘探和保护，逐步提高核电比例。

五、坚持因地制宜、合理布局，推动生物质能源开发

统筹规划农林生物质发电、垃圾焚烧发电、生物天然气、沼气开发项目。发挥广西丰富的水稻、甘蔗、玉米、薯类和油料作物等生物质资源优势，推动生物质能资源的能源化循环利用和清洁利用。续建贺州理昂农林废弃物发电项目，新建兴安县生物质发电项目等重点项目。加快农林生物质发电向热电联产转型升级，提高生物质资源利用效率。统筹规划垃圾焚烧发电项目开发，严格规范环保、选址、垃圾资源量及社会稳定风险评估等工作，稳步推进生活垃圾焚烧发电项目建设。加大生物天然气开发，推进大型餐厨垃圾制气建设、农村种养基地生物天然气建设，鼓励生物天然气并入燃气管网。探索在集约化养殖场、养殖大户、工业有机废水无害化处理集中地区，合理布局沼气发电项目。

六、坚持优化天然气基础设施，完善天然气管网体系

发挥广西资源优势，推进油气、天然气水合物勘查开采，积极参与南海油气和天然气水合物试采。大力推进天然气管网建设工程，加快广西天然气主干管网、配套支线管道和互联互通建设。加快提升天然气接收和储备能力，建设北海 LNG 二期和三期项目、防城港 LNG 二期项目、钦州 LNG 项目。

第五节　以融入双循环格局为重点强化市场支撑

区域经济是地区间相互依存、分工协作的共同体。加强区域交流合作，融入双循环格局是促进经济高质量发展，工业融入全球产业链的正确选择。广西要充分利用国内国际资源和市场激发新一轮发展活力和动力，通过国内国际大循环实现产业技术高级化、产业链现代化，实现工业绿色高质量发展。

一、全面对接粤港澳大湾区

广西与粤港澳山水相连，是唯一与大湾区有陆地、江河、海上相连的省份，具有对接大湾区的优越地理位置和天然独特优势。

（一）推动产业发展联动

深化产业合作，加快实现与大湾区产业融合、优势互补、联动发展。传统产业要瞄准短板建链补链强链，围绕优势资源开发，面向大湾区引进建设一批建链补链强链的企业和项目，着力延长产业链、做深精加工、提升附加值。战略性新兴产业要强化协作做大集群，精准对接粤港澳大湾区的产业布局，做好上下游产业配套，实施点到点、链对链精准招商，实现产业功能整合、协同发展，联合打造一批辐射带动力强、具有国际竞争力的战略性新兴产业集群。加强与广深港澳科创走廊对接，重点推动南宁、柳州、桂林、梧州、贵港、贺州等市与广州、深圳、佛山等市开展深度合作，支持大湾区城市在广西建设发展飞地经济和科创飞地，打造高效益的产业基地和产业集群。现代特色农业要面向大湾区市场建设优质农产品供应基地，全力推进西江沿岸生态农业产业带建设，深入实施现代特色农业产业"10+3"提升行动，打造一批安全放心、绿色有机的农产品供应基地。抓农业合作，高水平建设玉林、湛江海峡两岸农业合作试验区、梧州—云浮粤桂合作现代生态循环农业示范区，促进特色农业质量和效益双提升。服务业要对标一流打造大湾区宜居宜游后花园，立足资源禀赋，为大湾区建设提供一流的生活、居住、养老、旅游等服

务，打造大湾区优质生活圈，依托民族风情、山水文化、边关特色、红色历史、养生养老等资源，做大做强生态旅游、红色旅游，做强休闲娱乐、户外运动、健身养生等服务品牌，加快培育发展现代物流、金融、会展等现代服务业，推进旅游文化深度交流合作，联手打造一批旅游文化品牌和精品线路。

（二）推动园区平台联建

做大做强一批重大跨省合作园区平台，培育发展一批产业转移合作集中区，为全面对接融入大湾区产业发展提供重要平台支撑。着力把粤桂合作特别试验区打造成标志性、战略性产业对接大平台，大力推进试验区体制机制创新，深入实施《粤桂合作特别试验区建设实施方案》"23条政策"，加强体制机制创新配套文件落实力度，推动试验区广西片区和广东片区同步建设、同步见效。加快建设粤桂黔高铁经济带试验区，充分发挥高铁交通便捷优势，加快粤桂黔高铁经济带试验区广西园及分园建设，推动广西高铁沿线地区与大湾区深入开展产业合作。以更大力度加快广西CEPA先行先试示范基地建设，推动落实内地与港澳CEPA货物贸易、投资系列协议在广西的落地实施，推动粤港澳企业入园投资中马"两国双园"、中印经贸合作区、跨境经济合作区，打造跨国产业链。因地制宜打造一批飞地产业园区，用活用好国家支持飞地经济发展的有关政策，瞄准大湾区重点转移产业、企业和项目，合理规划、建设一批规模大、集中度高、竞争力强的承接产业飞地园区和集中区。

（三）推动生态环境联治

把保护修复西江生态环境摆在突出位置，坚持全区一盘棋、全流域一体化，共同打造珠江—西江千里绿色生态走廊。优化沿江生态生产生活空间布局，发挥好生态规划的引导、倒逼和控制作用，加快形成节约资源和保护环境的空间格局、产业结构、生产方式。形成绿色发展方式，加快发展生态农业，发展绿色、有机高品质农产品，发展生态综合种养和林下经济，推动农业绿色转型、提质增效。因地制宜发展生态农业、生态旅游、健康产业等项目，切实将生态资源转化为生态产品、把生态优势转化为发展优势。抓好流域各类污染治理，全面排查沿江工业污染源，推行企业废水和水污染物纳管总量双控制度，积极开展工业园区循环化改造。实施生态恢复工程，加强漓江流域生态保护和修复，统筹推进左右江流域革命老区山水林田湖生态保护，加快实施九洲江水环境综合治理与可持续发展试点，大力推进南流江水环境治理工程，筑牢生态安全屏障。健全更加紧密的联防联控机制，加强生态保护源头联防，坚持上下游联动、水岸联治，加强水源地协同保护，推进重污染天气联动应对等共性问题突破，共同保障好环境质量，推动珠江—西江开发地区、受益地区与保护地区健全横向生态补偿机制，开展珠江—西江水环境补偿试点，建立建设项目占用水域补偿制度，从源头上建设绿色生态屏障。

二、加强与西部陆海新通道、长江经济带等省区市的多领域合作

（一）加强商贸物流合作

建设西部陆海新通道沿线国家或地区的铁路、公路、口岸、海港等基础设施大数据平台，支撑西部陆海新通道建设，将陆海新通道建设成为连接中国与东盟时间最短、服务最好、价格最优的西部陆海新通道。发挥广西大型物流企业的作用，积极与沿线省区和国家的物流骨干企业合资合股经营，探索建立"母子公司"合作模式，提供优质服务，共同做大西部陆海新通道流量。依托中国—东盟信息港建设，建立集港口信息、车、船、货源信息等物流综合信息共享并与国际"单一窗口"对接，集信息共享、贸易便利化以及配套服务于一体的综合物流信息平台，加快实现信息共享，提高物流配对效率。

（二）加强产业经济的对接合作

依托现有的国家级和自治区级开发区，积极搭建国际化产业合作平台，推动西部陆海新通道、长江经济带沿线省区市与广西合作共建产业园区，推动产业集聚发展。规划建设川桂、渝桂、黔桂合作产业园，积极参与广西自由贸易试验区建设，利用中国—东盟博览会，扩大面向东盟的经贸往来。通过合作建设内陆无水港、建立合资子公司、建立"飞地园区"等模式，发挥贵阳、重庆、成都、西安、兰州等关键节点作用，统筹布局建设广西北部湾港内地无水港集群。

三、继续加快开放型经济建设

（一）加强与先进发达国家的对接

积极与国外发达地区建立战略合作关系，并积极在合作地区创建海外产业服务综合体。开发区利用海外产业服务综合体，围绕自身主导产业和优势产业，有目的地"走出去"，瞄准合作地区的优势产业和优质企业实施精准招商、精准合作；同时，在自治区级园区内共建合作产业园，加强合作项目深度对接，促使广西产业快速链接到国际产业体系中。

（二）加强与东盟国家的对接

继续发挥广西在农机制造、钢铁冶炼、农产品流通等方面的优势，与东盟国家开展农林牧渔业、农机及农产品生产加工等领域深度合作，积极推进北部湾海水养殖、远洋渔业、水产品加工、海水淡化、海洋生物制药、海上旅游等领域合作。鼓励柳工、柳钢等竞争力相对较强的国企加快走出去步伐，加大投资并购力度，提升国际化经营水平。强化大局观念和国企协同作战理论，加大与东盟国家在煤炭、油气、金属矿产等传统能源资源勘探开发合作，积极推动水电、风电、太阳能、核电

等可再生清洁能源开发合作，形成能源资源合作产业链一体化发展。

（三）推动重点开放合作平台升级发展

围绕打造特色鲜明的开放合作平台，聚焦服务"一带一路"、中国—东盟命运共同体建设，全面提升综合保税区、东兴和凭祥国家重点开发开放试验区、东兴跨境经济合作区等现有开放平台功能和服务水平，加快建设西部陆海新门户港、中国（广西）自由贸易试验区等更高水平开放平台。深度参与中国—东盟合作，全力打造中国—东盟高水平合作先行区，推动"一带一路"倡议与《东盟愿景2025》全面对接，建设面向东盟的金融开放门户，充分发挥中国—东盟港口城市合作网络作用，推进与东盟国家建立多元化可持续发展的海洋文化产业网络和海洋生态旅游网络，构建面向东盟的科技创新合作平台，缔结更多国际友城。整合提升开放合作平台，优化钦州保税港区、北海综合保税区保税平台功能和政策，进一步完善中国—马来西亚钦州产业园区"两国双园"国际合作架构，推进中国东兴—越南芒街跨境经济合作区建设，建设国家级广西防城港边境旅游试验区，高水平规划、高质量推进防城港国际医学开放试验区建设，着力打造国际医学基地、交流中心、产业园区和合作平台。推动中国—东盟博览会与投资峰会朝智能化、绿色化、专业化方向转型升级，将博览会打造成为与东盟国家经贸交流的重要平台。

（四）做大加工贸易产业

坚持"抓龙头、带配套、谋增值"培育电子信息、装备制造、生物医药、中医药、服装鞋帽等加工贸易产业集聚发展，推动形成北海钦州沿海电子产业带、西江沿江装备制造产业带、沿边特色产业带以及北部湾经济区"三带一区"加工贸易集聚发展格局，认定一批自治区级加工贸易产业园区。探索通过"保税+"方式促进加工贸易向产业链高端发展，延长加工贸易国内增值链。大力推进加工贸易创新发展，鼓励区内加工贸易企业进行技术改造和创新，增加对核心、关键技术的研发投入，设立研发、检测等公共服务平台，鼓励发展与加工贸易相关的检测维修、物流配送等生产性服务业的发展。

四、促进贸易便利化

（一）加快贸易平台建设

加快建设一批内外贸一体化、辐射面广带动能力强的专业大市场和交易中心。重点建设中国—东盟商品交易中心，搭建服务中国和东盟乃至亚太地区供应商、采购商的世界级工业原料及商品交易平台，促进大宗商品、农产品、特色果蔬流通集散。建设集交易结算、仓储物流、检验检疫于一体的北部湾国际海产品市场。积极推进崇左（凭祥）—东盟水果批发市场、中国—东盟丝绸交易中心建设。建设线上线下一体化跨境电子商务基地，打通电子商务信息交互、通关、物流、支付等关键环节，全力搭建大通关、大物流、大金融三大支撑体系。依托中国（南宁）跨境电子商务综合试验区，引导我国面向东盟的电商平台联合东盟企业，共同建设公用电子商务网站或网上贸易平台，更好地贴近东盟市场需求。支持本土商贸物流企业"走出去"开展东盟业务，通过广泛的战略联盟、协作等方式，建立跨境物流分拨配送和营销服务体系。

（二）探索建立高水平开放管理体制

充分利用自由贸易试验区试点机遇，重点深化在服务业开放、金融开放和创新、投资贸易便利化、事中事后监管等方面的先行先试。利用东盟设立的驻南宁总领事馆/商务联络处，探索在对方国家级商务部门中或者所在地附近设立"一个窗口"，受理"中国—东盟成员国"相互之间贸易投资业务审批手续机构，建立"东盟外资走进来"和"我国企业走出去"机制。创新人员、货物和车辆出入境管理制度，对出入境人员实行分类管理，对于来桂的投资者、高级管理人员、科技人员等实行简化审批、允许长期居留等制度；对于货物通关便利化，重点改进跨境电商国际物流的进出口管理制度；改进国际道路运输车辆出入境管理制度，简化私人车辆出入境手续，促进广西中越自驾游发展。

> **专栏7-3　保税区开放管理体制改革**
>
> 　　放宽自由贸易区试验区范围内的综合保税区内产品向国内销售方面的限制,为综合保税区内企业拓展销售渠道。并在综合保税区企业产品内销补税的税收政策上,做到对待区内企业和区外企业在内销征税待遇上的一视同仁,产品内销时"按出区状态"征税改为"按产品折算成原材料"来征税。探索合适的海关管理制度与手段创新力度,改变海关对综合保税区内企业管理过严的现状,在不提高监管风险的同时最大限度地减少管理约束,做到真正"一线放开、二线管住、区内自由"。

（三）提升通关便利化水平

积极推进国际贸易"单一窗口"标准版实现全覆盖、地方版覆盖沿海和陆路口岸；加快建设广西电子口岸公共信息平台，实现口岸查验部门信息互换共享，并逐步实现与西南中南地区以及东盟国家主要口岸等信息的互联互通。争取国家层面给予中国—东盟检测互认政策，依托中国—东盟检验检测认证高技术服务集聚区，试行中国—东盟跨境检测互认。推动AEO互认，加快AEO制度建设，加强AEO互认合作，促进关企合作共赢。

五、着力提升商品市场适配性

（一）丰富商品种类

做大做强现代轻工纺织产业，积极引进一批在家用电器、不锈钢制品、五金水暖、纺织服装等产业领域辐射带动力强、具有竞争优势的重点骨干龙头企业，增加广西消费品工业品种。以柳州两面针、梧州奥奇丽等企业为龙头，重点发展中高档牙膏、中药健康、功能性个人护理、专业健康洗涤产品和化妆品，推动日化产业向高附加值高端产品升级。立足资源特色，积极发展生物制药、保健品和民族特色用品等系列产品。

（二）提高商品质量

开展"质量标杆"创建活动，推动广西企业构建以质量为中心的生产经营管理模式，加强商品质量方面技术创新，鼓励企业持续推进质量改进，包括工艺流程规范化、技术改造智能化和绿色化，对申请相关质量认证给予奖励。坚持标准引领，开展标准化示范区和企业试点，支持广西企业和技术专家牵头或参与相关制造业产品质量标准的制修订，鼓励实施标准化制造中参与国际竞争。探索建立现代质量监管体系。自治区质监局通过落实制造业企业的主体责任、强化制造业商品经营者的质量责任、发挥社会公众特别是制造业产品消费者的监督作用。通过运用大数据、物流网等技术手段，建立产品监督抽查、质量分类监管、质量安全追溯和召回等制度。

（三）培育商品品牌

抓品牌建设，加快实施"桂字号"系列品牌提升工程，大力培育百色芒果、柳州螺蛳粉、横县茉莉花、梧州六堡茶等国家级和自治区级农产品品牌，打造一批具有示范效应、有竞争力的"桂"字号区域公共品牌、全国知名企业品牌和特色农产品品牌。支持品牌企业开展商标和专利的国外注册保护，开展境外品牌并购，加大品牌推介力度，增强自主品牌带动效应。推动形成综合竞争优势，重点提升汽车、铝业、工程机械、石化、钢铁、旅游、农林养殖等领域在国际市场上的整体品牌效应，提升重点商品定价权或议价权，打造广西海外制造业、农业等"走出去"行业品牌及示范基地，树立广西企业国际品牌形象。

（四）开拓商品市场

组织广西企业与国内外大企业开展工业产品产销对接、配套合作，努力构建上下游企业间紧密、稳定的产品购销关系。研究制定每年度的广西工业产品推荐目录，在实际采购中，提升广西制造业产品的市场占有率。组织举办广西绿色工业设计大赛，广泛收集广西本地工业企业需求，以企业产品设计、研发需要等为设计内容，集全国智慧，加快创新步伐。深入推进实施企业网上营销工程，促进电商企业与广西工业企业对接，帮助企业开拓市场。

第六节　以互联网+工业为主线加快信息融合

当前，新一轮技术革命和产业变革深入发展，推动互联网、大数据、人工智能等同工业深度融合，新技术、新业态、新模式层出不穷。广西必须紧追时代发展步伐，全面实施"互联网+工业"战略，加快推进工业数字化、网络化、智能化转型升级，大力培育发展新动能，拓展经济发展新空间，加快广西工业化进程。

一、着力优化供应端

（一）打造工业云、工业大数据应用平台

加强工业云基础设施及开发平台建设，推进工业云数据采集、网络连接、云存储、云主机、云防火墙、云灾备等基础设施建设，面向中小企业提供统一标准和接口，提升工业云平台系统解决方案的供给能力，实现数据对接和资源共享。鼓励工业主要行业建立基于云计算的协同研发设计平台，优先开发企业"补短板"急需的信息化单项应用，以推进网络化生产体系和一体化经营管理新模式的形成，在重点领域率先突破形成有代表性的行业标杆。实施广西工业企业上云计划，鼓励汽车、机械等重点行业的中小企业走上云端，利用云服务缩短研发周期、提高响应速度、降低研发和生产成本。支持重点企业打造企业内部工业云，实现企业内部数据与信息的联通，并逐步与自治区工业云互联互通。打造工业大数据应用平台，从整合政府部门工业宏观数据入手，打造工业大数据应用系统，开发相应的战略研究、管理咨询及监测决策工具等，逐步形成工业大数据生态系统。鼓励汽车、机械等重点行业企业探索建立基于大数据的产品生命周期数据平台，打造产品质量管理、预测性维护等应用模式；鼓励冶金、有色金属、建材等高耗能行业企业开展基于大数据的能源管理，打造基于大数据平台的能源管理、能源诊断、能源需求智能预测等应用，加强能源的需求侧管理，提高能源管理精确度。

（二）加快突破工业与互联网融合的核心技术

面对日益激烈的竞争态势，可以考虑建立广西工业科技研究院。按照精干、高效、集成、联合的原则，对广西现有的主要工业研究机构进行重组，目标是建立机构精干、布局合理、力量集中、优势突出的省级工业科技研究院，重点支持广西工业产业升级转型，作为其技术持续创新的核心，主要从事与广西重点产业密切相关的基础研究、实验与发展研究、高新技术研究及重大关键技术研究等，着重解决重大产业发展中全局性、关键性、方向性、基础性和战略性的重大科技问题。为支持"互联网+工业"，应开展面向重点行业智能制造单元、智能生产线、智能车间、智能工厂建设

的技术研发和示范应用，为中小企业提供标准化、专业化的系统解决方案。

（三）加快双创平台建设

发挥互联网的创新驱动功能，大力打造基于互联网的新型创新模式，鼓励发展众创空间、创新工场等新模式，促进各类资源的开放、共享与聚集。扶持一批工业领域的众创、众筹、众包、众扶平台，鼓励企业、高校科研院所以互联网为平台进行协同创新，全面激发中小企业的创新活力。以南宁、柳州、桂林高新区为依托，扶持一批互联网+为特色的创新工场、孵化器等创新平台。鼓励有条件的龙头企业利用自身基础设施、科研设备等，通过服务外包、专业分工等方式，面向全行业企业搭建"双创"平台，加强与各类创业创新基地、众创空间的合作，利用互联网搭建孵化平台和协同创新平台，形成合作共赢的创新生态。各类创新平台，比如创新园区、科技企业孵化器等，可结合广西工业企业的需求，以共享技术、设备和服务为突破口，积极发展面向工业制造环节的共享经济，全面提升中小企业的快速响应及柔性制造能力。

（四）加快互联网基础设施建设

依托"中国—东盟信息港"建设，加快光纤宽带网络及新一代移动通信网络在全区范围内的普及，进一步提升互联网基础设施水平和服务能力。加快城乡宽带网络光纤化改造，提高速率，降低网络资费。加快建设基于IPV6.0的下一代高速宽带网络，推动电信运营商骨干网络升级。争取利用2～3年的时间，基本实现全区工业企业全光纤覆盖，以及人、机、物泛在互联。

（五）加强软件产业与工业的融合

进一步做大做强广西软件产业，鼓励软件企业与工业企业的合作，加强协同攻关、跨界融合，鼓励软件技术在研发设计、生产制造、经营管理等领域的应用，实现工业企业生产经营全流程和全产业链的智能管控。注重在若干重点行业形成一批具有自主知识产权的核心产品，开发服务于全行业的互联网+解决方案和产品，培育一批示范企业并加以推广。

（六）大力发展物联网

加强嵌入式系统、应用软件的研发，鼓励物流企业采用移动互联网等技术，利用智能移动终端，促进物流信息化发展。引进吸收国内外先进物流技术与设备，培育一批物联网技术创新应用示范企业，提高现代物流技术的应用水平。鼓励和支持城市配送企业广泛采用北斗卫星定位系统（BD）、地理信息系统（GIS）等技术构建全程可控、可视的新型配送体系；推广物联网技术在产品可追溯、在线调度管理、全自动物流配送以及智能配货等领域的应用。在钢材等行业开展无线射频识别（RFID）技术的应用示范，提高物流管理的智能化水平；推广应用电子数据交换

（EDI）、货物跟踪、自动分拣、自动导引车辆（AGV）等物流新技术，加强物流新装备的研发与生产，加强物流新技术和装备在采购、生产、管理等环节中的应用。

二、着力做强生产端

（一）推进基于互联网的工业新模式

大力发展个性化柔性定制，可借鉴酷特智能的模式，利用互联网、工业云等平台，以电子消费品、服装皮革、特色农产品加工、汽车等行业为重点，采集客户的个性化需求及参数，大力发展个性化柔性定制，以用户为中心，以消费者的需求为切入点，构建具有互联网特色的向后传导的生产模式。促进工业企业通过互联网跨界融合，支持工业企业与联网企业在技术研发、产品创新、平台建设等方面深度合作，打造合适广西的本土技术体系、商业模式和竞争规则等，打造跨界融合的制造业新生态。推动基于互联网的供应链、价值链协同创新。鼓励汽车、有色金属、食品等行业的核心企业利用互联网平台加强对市场及产品的动态监测，以此作为供应链调动调整的依据，缩小客户响应时间。鼓励这些产业的上下游中小企业通过互联网形成协同化的产业链、价值链，与核心企业开展更为紧密的协同创新，形成区域协同制造发展新模式。

（二）推动企业智能化生产改造

加快推进数字化车间建设工程，鼓励企业采用分布式数控技术（DNC）构建数据交换平台，实现车间制造设备的数据联通，以及与上层控制系统之间的数据交换。推进数据收集技术（MDC）的采用，以实现生产过程的实时监控。推广产品数据管理技术（PDM）及制造执行系统（MES），以实现企业的精细化管理。加快智能工厂示范工程建设，重点支持企业对加工中心、生产线及车间进行智能化改造，促进生产过程向柔性化、集约化、精准化发展。鼓励研发机构围绕广西中小企业建设智能工厂所面临的企业核心装备、关键工序智能化改造等关键共性技术开展研发，制定具有推广价值的智能化中小企业智能化改造方案，推进智能工厂建设。适时发展互联网工厂，鼓励汽车、机械等行业中具有优势的核心企业，面向上下游的产业链相关配套企业，打造行业工业云平台，构建集用户需求、产品设计、生产制造、售后服务为一体的行业互联网平台，并输出标准统一的互联网工厂整体解决方案，全面提升产业链配置项目，推动全行业"互联网+"水平的提升。

（三）发展军民融合智能装备

整合军民科研资源，进一步加强与相关部门的对接，力促大型军队科研机构到广西设立分支机构，围绕广西海洋、航空、电子信息等重点产业的发展，打造一批军民融合的科研平台。支持军民两用技术的推广和应用，推动军民科研成果的双向转移，利用广西的区位、政策等优势，重点促进军队科研机构的研究成果在广西转化。在沿海工业园区建设一批军民融合产业园，加快北斗卫星导航、航天、航空、高技术船舶、海洋工程、海洋装备制造等高端产业在广西的发展。

三、着力拓展服务端

（一）发展生产性服务业

突出发展总部经济，尤其是发展生产型总部、专业市场商贸型总部、承接产业转移总部等。积极吸引企业总部进驻，依托产业、服务等优势和上下游产业链关系，有针对性地招商，鼓励企业将行政、销售、核算、研发等职能机构迁入，实行财税独立核算，或鼓励国内外大企业集团分支机构设立具有独立核算性质的销售总部、采购总部等。建立金融服务实体经济的产融平台，以供应链金融手段助力产业链健康发展。鼓励汽车、工程机械、电子信息等产业的企业，利用互联网开展故障预警、质量诊断、预测性维修等增值服务，拓展服务领域的增值空间，推动广西制造业向"互联网+服务+制造"转型升级。发展粮油、矿石、辅料等大宗工业品交易平台，支持重点行业骨干企业围绕大宗工业品，建立行业在线采购、销售、服务平台，发展工业电子商务等新业态。

（二）实施"电商换市"计划

优化电子商务发展环境，加快电子商务发展规划编制，加快并规范集交易、电子认证、在线支付、物流、信用评估等服务于一体的第三方电子商务综合服务平台发展，支持面向跨境贸易的多语种电子商务平台建设、服务创新和应用推广。加大对电子商务服务企业的引进，提升物流服务专业化水平，增强对电子商务发展的配套与支撑能力。促进大宗原材料网上交易、工业产品网上定制、上下游关联企业业务协同发展，引导小微企业依托第三方电子商务服务平台开展业务。

第七节　硬环境与软环境相结合加快交通物流发展

物流业是国民经济的基础性、先导性、连通性行业，贯穿一二三产业，衔接生产与消费，涉及领域广、发展潜力大、带动作用强。顺应新一轮消费变革需求，广西加快推进工业绿色高质量发展需要进一步提升物流基础设施互联互通水平，加快供应链体系建设，提高区域物流体系与对外开放的有机衔接，推动国内国际市场双向互联互通。

一、加速推进基础设施补短板

（一）加速铁路扩能

以畅通进出广西铁路通道为重点，进一步形成并完善"4+4"路网体系，促进大能力通道建设。一是加快4条货运大通道建设。推进高速铁路建设和实施既有线路扩能改造，把部分较低登记货运线改造为高等级货运通道。开工建设黄桶—百色段铁路，协同加快叙永—毕节段铁路建设、推动隆昌—叙永段铁路扩能改造。加快推进涪陵—柳州铁路、南昆铁路百色—威舍段增建二线、黔桂铁路增建二线开工建设，打通西南地区通往北部湾最近出海货运大通道。二是加快4条高铁项目建设。进一步完善对外高标准客运大通道，启动建设南宁—玉林—深圳—香港、张家界—桂林—玉林—湛江—海口、南宁—崇左、合浦—湛江高铁项目。三是加快构建面向东盟的国际铁路大通道建设。加快推进南宁—凭祥铁路扩能改造，推动凉山—河内铁路扩能改造，促进南宁—河内跨境集装箱班列高效运行，打通经越南通往中南半岛国家的陆路通道。

（二）加速公路畅通

打通完善中南、西南等内陆地区经广西面向东盟、通往粤港澳大湾区的高速公路通道，形成对外多节点互联、内部多通道共担的格局，加快形成西部地区与中南半岛国家相连通的跨国公路通道。一是加强与周边省份便捷互联。打通田林—西林（滇桂界）、乐业—百色（黔桂界）、南丹—下老（黔桂界）、贺州—连山（粤桂界）、玉林—湛江（粤桂界）、浦北—北流（粤桂界）等6条升级高速公路通道断头路。积极推进南宁—湛江、博白—高州（粤桂界）、龙胜—城步（湘桂界）、天峨—平塘（黔桂界）、荔波—环江（黔桂界）、兴义—西林—广南（滇黔桂界）等6条高速公路项目规划建设工作。二是完善通往边境主要口岸高速公路。加快建成通往沿边口岸的靖西—龙邦、崇左—水口、隆安—硕龙等高速公路项目。积极推进百色—平孟口岸、崇靖高速—岳圩口岸、崇左—爱店口岸、南宁—上思—峒中口岸等高速公路项目规划建设工作。三是提升出海通道能力。加快建成松旺—铁山港东岸、南宁—钦州—防城港改扩建工程、钦州—北海改扩建工程等高速公路项目。积极推进南宁—上思—防城港（东兴）、钦州勒沟港区疏港通道、来宾—贵港—钦州港、梧州—玉林—钦州港等高速公路项目规划建设工作。

（三）加速港口提优

以国际化、大型化、专业化、深水化、网络化为发展导向，积极推进北部湾港超大能力的深水航道和专业化深水泊位建设，加快北部湾港智慧港口建设。加快钦州港东航道扩建工程，提高航道通行能力。加快推进集装箱码头建设，稳步发展散货码头，加快建设钦州20万吨级集装箱航道码头、钦州港30万吨级油码头、防城港40万吨级散货码头，提升码头生产能力。加快推进建成钦港线钦州港—大榄坪支线、钦州港—钦州动电气化改造、钦州港东站集装箱办理站、北海铁山港进港铁路等项目，消除进港"最后一公里"瓶颈。

（四）加速口岸升级

进一步完善口岸基础设施，提升口岸通关便利化水平，优化口岸通关环境，降低口岸收费。推动完成友谊关口岸、东兴口岸、防城港口岸扩大开放，以及峒中口岸、硕龙口岸升格国家验收工作。推动水口口岸扩大开放基础设施建设工作。申请新设南宁（铁路）口岸，龙邦口岸升格并扩大开放。完善钦州港口岸、东兴口岸、友谊关口岸、凭祥铁路口岸、龙邦口岸等基础上设施及查验基础设施建设。

（五）加速水运疏浚

加快推动来宾至桂平、柳江柳州至石龙三江口、左江崇左至南宁宋村三江口等航道项目的提级改造。加快建成西津、红花水利枢纽二线船闸工程，推进柳州梅林航电枢纽工程、百色水利枢纽过船设施建设。进一步完善南宁港六景、牛湾港区功能及配套设施，打造南宁港铁公水联运枢纽。

（六）加速航空提升

大力发展航空货运，支持开行南宁—达卡、南宁—马尼拉、南宁—新加坡、南宁—香港等航线全货运班机，积极利用已有的客机腹舱发展航空货运，逐步实现东盟国家主要城市航空货运全覆盖。加快推进吴圩机场军民分离、南宁国际空港综合交通枢纽建设，规划建设南宁吴圩机场第二跑道和T3航站楼。

二、积极构建现代物流四大体系

（一）构建多式联运体系

大力发展铁海联运，加大"渝桂""蓉桂""滇桂""兰桂""黔桂"等班列开行密度，拓展经北部湾港的海铁联运线路。大力引进国际班轮公司开通或加密经北部湾港的国际集装箱航线，推动班列与班轮的无缝衔接，形成低成本、高效率、进出平衡的铁海联运主干线。扩大中越跨境运输规模，加密中越跨境公路货运直通车，支持中越跨境铁路集装箱班列常态化运行，推动经广西边境口岸连通越南及中南半岛其他国家的跨境陆路通道实现规模化运行。拓展公水海联运，加快集装箱班车线路与北部湾港集装箱班轮衔接，推动"广西货走广西港"。推动西部陆海新通道铁海联运、跨境陆路运输实现与"渝新欧""蓉欧""兰新欧"等班列无缝对接，共同形成国际化多式联运体系。

（二）构建冷链物流体系

充分利用广西作为我国重要农产品生产基地以及与东盟农产品贸易往来前沿门户的生产及区位优势，构建以南宁为中心，以防城港、钦州、崇左、百色等区内重点城市为节点，以中新互联互通西部陆海新通道、南菜北运通道、粤港澳通道为主线的冷链物流体系。支持开行从北部湾（南宁、防城港、钦州、凭祥）至重庆、成都、兰州、昆明等通道沿线城市的8条以上冷链班列；加快建设南宁农产品交易中心、钦州保税港区国际冷链中心、凭祥综合保税区国际智能冷链产业园等一批冷链物流重大项目和物流园区；引育全国冷链物流星级企业；加强区块链、物联网、RFID等技术在冷链物流中的具体应用。将广西建设成为"一带一路"的冷链物流核心枢纽、通往东盟的国际冷链物流大通道、中国—东盟冷链物流集散中心。

（三）构建物流标准化体系

推动物流服务标准化，推进中新互联互通西部陆海新通道海铁联运班列、中越国际联运班列实行集装箱专列运输，全程"一票制、一口价"服务，规范入箱货物联运商品名录标准化，实现物流标准化。推动运输工具标准化，在适用领域加快推广规格统一、质量合格的标准托盘，推动包装箱、周转箱、货运车辆、集装箱等物流载具标准相衔接。

（四）构建物流运营体系

联合组建"两局四地多方"（成都铁路局、南宁铁路局等两局，重庆、四川、贵州、广西等四方，北部湾国际港务集团以及其他重点物流企业）多式联运平台公司，整合铁路和港口资源，实现"班列+班轮"的高效匹配和集约发展。支持平台公司形成对海运班轮和西南四省班列的总调度功能。支持多式联运平台开展供应链金融，降低企业综合物流成本。支持平台公司在成都、贵阳、钦州等沿线关键节点布局建设集装箱还箱点。推动铁路货运企业、港航企业、公路货运企业、冷链物流企业、多式联运科技金融服务企业联合建立多式联运企业联盟。

专栏7-4　发展海外仓物流

广西外贸企业要适时"走出去"，在市场相对成熟的东盟国家率先建立海外仓，拓展境外营销渠道和品类，通过线上线下互动，实现国内国外联动，不断扩大影响力和市场份额。通过在海外租用仓库建立海外仓，或进驻海外保税区，融入当地境外零售体系并提供售后服务，以保证产品品质，提升跨境电子商务业务的成交量，并同时提高物流配送速度，降低运输成本，提高顾客满意，改善客户体验，巩固本土顾客基础。考虑到海外仓的海外属于线上销售，保税区属于线下销售。

三、扎牢中国—东盟港口城市合作网络

（一）增强港口集结货物能力

继续在港口降费上下功夫，政府加强与船务公司和检验检疫部门的谈判协商，将船务公司收取的舱单录入费、换单费、设备交接单费、报关报检费等高于全国主要港口的费用下浮至与主要港口持平的标准。对港务费、港口设施保安费实行下浮优惠。

（二）积极参与多国多港建设

加快马来西亚关丹港、文莱摩拉港、柬埔寨贡布港基础设施建设，加强与越南海防港、泰国林查班港、印度尼西亚泗水港、马来西亚巴生港、柬埔寨西哈努克港、缅甸仰光港等主要大港合作，联合开通班轮航线，互通航线，参与港口建设，开通环南中国海邮轮航线，进一步促进中国与东盟的海上互联互通。

（三）打造北部湾国际航运中心

融合高新技术元素，对标上海洋山港、宁波—舟山港，加快实施集装箱码头智能化改造、港口基础设施智能化、运营管理智能化。综合运用H986等高科技查验设备和智能化管理系统，建成使用海关集装箱船舶智能理货系统、集装箱智慧查验系统，缩短甚至消除集装箱港口与国际大港的技术水平，打造现代智能的大型港口群。整合重庆、贵州、宁夏等省市力量，与新加坡共建国际陆海贸易新通道智慧物流通道，重点升级"泛北"港口网络，建设智慧多式联运枢纽场站、建设一体化物流信息系统以及培育智慧物流承运人，打造国际物流枢纽。加强与越南沟通，建设中越智慧口岸，推进"两国一检"试点，规划在中越跨境合作区建设中国—东盟国际智慧物流基地。与"泛北"国家共建海洋物联网、海上宽带通信、海洋工程装备等海洋信息基础设施网络，着力开展海洋生态、环境、灾害、科考等信息观察，增强海洋信息感知、分析、处理、挖掘能力，完善海洋信息交互传输网络。

第八节　以结构调整为主线优化工业发展环境

工业绿色高质量发展是一个不断持续深化的过程，也是一个综合系统工程，既要充分发挥市场"无形之手"的决定性作用，又要更好发挥政府"有形之手"的作用，强化政策导向，优化服务保障，营造良好环境，扎实有序推动广西工业绿色高质量发展进程。

一、营造工业绿色高质量发展的深厚氛围

（一）树立工业绿色高质量发展意识

进一步在全社会营造推动工业绿色高质量发展的浓厚氛围，坚持党政同责、齐抓共管，加快构建区市县联动、各部门协同、全区一盘棋的工作格局，全方位、多维度、深层次投入和扶持工业绿色高质量发展，充分激发企业家队伍和全社会对创造财富的激情。进一步建立健全高规格推动工业绿色高质量发展的领导机制。始终把工业绿色高质量发展当作经济社会发展的首要任务抓紧抓好，定期召开联席会议、协商会议和现场办公会，统筹研究解决广西工业进程中遇到重大事项、重大问题。

（二）做好支持工业绿色高质量发展顶层设计

积极围绕汽车、机械、新材料、新一代信息技术、新能源汽车、生物医药等产业上下游重点环节，编制和修订产业延伸链具体规划，根据延伸链建立重大项目库，实行项目库动态管理，严格按照规划执行。计划通过五年的努力实现产业、集群、企业三个高质量跨越式发展目标。

二、强化绿色发展激励政策

（一）绿色财税政策

通过税收奖补等政策，鼓励企业更新绿色环保设备，实施绿色技术创新。探索绿色采购制度，严格推行政府采购节能和环境标志产品清单制度，进一步扩大节能和环境标志产品政府采购范围，同等优先采购高效节能、节水、环境标志产品。建立和完善政府节能和环境标志产品采购评审体系和监督制度，确保节能和绿色采购工作落到实处。

（二）绿色信贷

广西应研究制定细化"绿色信贷"指导目标和信贷指南，对"两高一资"和"产能过剩"行业的子行业做进一步细分，鼓励"两高一资"产业发展高精尖深加工项目，发展循环经济，搞好再生利用，推进"两高一资"产业结构调整和优化升级。将环境违法信息纳入银行征信系统，为商业银行"绿色信贷"评审提供支持，限制环境违法企业贷款和上市融资。推动企业加快技术改造，研究并出台促进战略性新兴产业发展技术路线创新图谱，设立新兴产业创新投资基金。出台鼓励淘汰落后产能的政策措施，指导商业银行选择性参与大型实力企业的兼并重组项目。

（三）绿色保险

广西应加大政策引导，鼓励当地的保险公司开发出适合广西特点的保险产品。选择部分高污染行业和企业进行试点试行。环保部门、保险监管部门和保险机构三

方面各司其职。环保部门提出企业投保目录以及损害赔偿标准；保险公司开发环境责任险产品，合理确定责任范围，分类厘定费率；保险监管部门制定行业规范，进行市场监管。

（四）绿色土地政策

充分挖掘土地潜力，让有限的土地发挥最大的效益。提高项目的准入"门槛"，保证引进项目的质量。对于围绕做大做强主导产业引进的产业项目，利于产业之间企业之间建立清洁生产关系的项目，按照"资源跟着项目走"的原则，给予供地上的优先考虑。同时，实行供地量与投资额、产生效益等指标挂钩，规定项目投资总额和密度必须达到一定的标准，才能供应土地。

三、利用技术手段打破工业信息孤岛

（一）积极推进各部门及各市信息系统上云

引导各厅局、各市级部门推动信息系统上云，做到"应上尽上"。逐步将各部门纸质信息电子化并逐步上云。对一些业务专业性强、安全要求高、确需内部管理运维的单位，可先开放接口实现数据共享，同时完善保密管理制度，逐步迁移到统一的政务云平台。重点打造信息资源共享交换和数据开放平台，打通信息共享的"任督二脉"。加强与国家政务信息资源目录系统对接，打造广西政务信息资源共享交换平台，重点完成国家、省、市三级平台级连接。打造系列基础信息资源库，如人口、电子证照、公共信用、宏观经济等，构建跨部门、跨系统、跨业务的一体化数据资源体系。

（二）利用技术手段提高审批效率

推进各审批部门审批材料电子化、建立电子印章、电子文书和电子档案库，以适应审批电子化的需要。推行政务服务"随时办、异地办"。利用人工智能、云计算、大数据等技术，建设智能审批系统，对一些事实清楚、复杂度不高的事项实行智能审批，在提高效率的同时，允许申请人在任意时间、任意地点提交审批材料，实现让数据多跑路、群众少跑腿。进一步推广网上中介超市服务模式，出台"网上中介超市"管理办法，实现中介服务机构的统一服务收费、统一服务质量要求、统一服务评价管理及统一办结承诺时间等。

四、狠抓基层落实

（一）重视解决政策"最后一公里"问题

要建立起包括政府部门自评、第三方评估、企业获得感调查在内的评估机制，找出政策落实的薄弱点，提出意见建议，从而促进政策措施尽快落到实处、见到实

效。要加强政策的适时调整，深入基层跟踪政策落实情况，及时发现并掌握苗头性、趋势性问题并进行调整。

（二）进一步完善容缺受理监管机制

规范容缺受理运用机制。根据不同的事项，对于申报材料的性质和重要程度，设置零容缺、低容缺、高容缺三级容缺等级。零容缺材料必须提供，并按规定的流程严格办理，严格把材料；低容缺和高容缺部分，将把每个许可事项的申报材料分为主审要件、次审要件两部分，对次审要件实行"容缺受理"，进入审批流程，所缺资料"容缺后补"。建立红黑名单。对申请人书面承诺补齐材料期限内，对于补齐材料的，下一年度申报中给予更大的容缺便利；对于未能补齐材料的，纳入"广西行政审批诚信档案黑名单"，由此产生的后果由申请人承担。对于纳入黑名单的申请人，不再适用相关容缺受理制度，同时记入相关诚信记录。

五、鼓励民间资本加大工业绿色投入

（一）进一步放宽市场准入

鼓励民间资本投资建设风光电、生物质能等可再生能源项目，鼓励民间资本积极参与天然气发电、热电联产、清洁高效煤电和燃煤电厂节能减排升级改造项目，积极吸引民间资本参与电网、油气管网、煤炭储运设施建设运营。支持民间资本参与生态环保领域投资，在电力、钢铁、水泥、化工等重点行业以及开发区等重点区域大力推行第三方治理，由排污企业付费购买专业环境服务公司治污减排服务。鼓励民间资本参与排污权和碳排放权交易，积极推进排污权有偿使用和交易试点，加快碳排放权交易市场建设。

（二）建立政商阳光沟通

探索建立完善阳光化政商沟通机制，打造新型和谐、健康、双赢的政商关系。建立完善各级领导，以及各相关部门定期走访非公企业、外来投资企业的工作机制，与中小企业业务往来较密切的重点部门可探索建立中小企业接待日制度。深入实施"千名干部进千企"工程，建立企业联络员制度，坚持深入企业了解情况，听取企业诉求、帮助解决问题，营造领导干部带头深入企业一线了解反映企业诉求，关注非公企业和外来企业思想困惑和实际困难的良好氛围。加强对企业的引导，建立健全非公和外来投资企业家诉求表达、建言献策的长效制度安排和常态工作机制，畅通非公经济人士有序参与渠道。

参考文献

［1］习近平.决胜全面建成小康社会夺取新时代中国特色社会主义伟大胜利：在中国共产党第十九次全国代表大会上的报告［N］.人民日报，2017-10-18（1）.

［2］习近平谈治国理政第三卷［M］.北京：外文出版社，2020.

［3］张希良，齐晔.中国低碳发展报告（2017）［M］.北京：社科文献出版社，2017.

［4］孟渤，高宇宁.全球价值链、中国经济增长与碳排放［M］.北京：社科文献出版社，2017.

［5］曾绍伦，于法稳.生态经济与新型城镇化［M］.北京：社科文献出版社，2017.

［6］潘家华，陈孜.减少不平等与可持续发展［M］.北京：社科文献出版社，2017.

［7］张剑.社会主义与生态文明［M］.北京：社科文献出版社，2016.

［8］覃娟.民族地区资源开发与惠及民生实证研究［M］.北京：知识产权出版社，2020.

［9］奥康纳.自然的理由：生态学马克思主义研究［M］.唐正东，臧佩洪，译.南京：南京大学出版社，2003：331.

［10］戴利.超越增长：可持续发展的经济学［M］.诸大建，胡圣，等译.上海：上海译文出版社，2001.

［11］王建国.河南践行"两山论"推动绿色发展研究［M］.北京：中国经济出版社，2019.